54 | 계명한국학총서

18세기 경주의 문인과 문학

계명대학교 한국학연구원 편

계명대학교 출판부

머리말

계명대학교 한국학연구원은 18세기 영남의 한문학을 장기간의 연구 주제로 잡고 있다. 그 성과로 『18세기 嶺南 한문학의 전개』(2011), 『18세기 영남의 한문학-봉화 지역을 중심으로』(2015)라는 두 책을 간행한 바 있다. 이제 세 번째로 18세기 경주 지역의 한문문학 자료를 발굴, 연구한 결과를 한 책으로 묶는다.

이 책에서 살펴본 18세기 경주 지역 문인은 모두 8명이다. 먼저 우와寓窩 이덕묘(李德標, 1664~1745)는 회재 이언적李彦迪으로부터 이어져 온 가학家學을 계승하여 의리의 실천에 진력한 인물이다. 경종 즉위 뒤 신임옥사가 일어나자 이덕표는 1722년에 영남 유생의 소두疏頭가 되었고, 3년 뒤 1725년 4월에 이전 상소로 노론의 탄핵을 받아 평안도 용천龍川으로 유배되었다가 1727년 7월 해배되어 고향으로 돌아왔다. 이 유배기가 이덕표의 문학 일생에서 가장 정채를 띠는 시기인바 시문의 상당수가 이 시기에 생산되었다. 유배기 시문에 집중해서 연구를 진행하였다.

다음으로 자희옹自喜翁 최치덕(崔致德, 1699~1770)은 「역대사기歷代史記」라는 장편 영사시를 남겼다. 「역대사기」는 전체 115수, 7언 1,402구에 9,814자로 이루어진 장편 영사시로, 분량에서 기존의 연작 영사시를 압도한다. 그 전반부는 중국과 한국의 역대 정통 왕조의 역사를 시로 읊었고, 후반부는 중국과 한국의 신화와 전설 속 인물과 비정통의 크고 작은 국가로까지 소재를 확대하였다.

활산活山 남용만(南龍萬, 1709~1784)은 기왕에 연구가 있는 인물인데, 이 책에 수록된 논문은 독특하다. 활산은 금수禽獸를 소재로 한 시편들을 남겼다. 다섯 마리 새의 울음소리를 소재로 한 작품 「해조음사解鳥音詞」는 당대 현실 사회의 모순을 형상화하였다. 「초해시誚解詩」는 꾀꼬리, 까마귀, 노루, 올빼미, 황계의 울음소리로 동물에 대한 인간의 왜곡된 인식을 지적하고 있다.

약남藥南 이헌락(李憲洛, 1718~1791)은 과거를 포기하고 산야에 은거하며 평생 학문에 정진한 사림이 아니라 서울의 중앙 정계에 진출을 시도한 관료라는 점에서 18세기 영남 남인의 전형과는 차별성을 지닌다. 약남의 인생 행로와 관력은 '경영京嶺 분리' 혹은 '영남 소외'의 현실을 보여준다. 미관말직은 18세기 남인 출신 관료의 숙명이다. 유리천장은 강고했고, 계층의 사닥다리는 부러졌다. 이러한 현실 앞에 약남은 안분安分과 관조觀照의 시세계를 구현했다. 약남이 이룬 시세계가 드높은 것은 사실이나 약동하는 18세기 상황을 담아내는 데엔 다소 아쉬움이 있다. 학문 풍토와 성장해 온 과정이 달랐고, 그로 인해 지향하는 학문의 최종 목적지나 내다보는 내일의 세상이 달랐기 때문이다. 18세기 영남 출신 관료였던 약남의 삶과 문학은 오늘날 우리 영남 지역의 한문학 연구 내지 이른바 지역학 연구에 반성적 자료로서도 의미를 갖는다.

목재牧齋 황곡(黃斛, 1721~1790)은 전형적인 향촌사대부로 18세기 경주 지역을 중심으로 활동한 인물이다. 그는 일반적인 시문 이외에 『남강만록』과 「의화식전」이라는 문제작을 남겼는데, 그의 사상이 집약적으로 표출되어 있다.

몽암蒙巖 정희(鄭熺, 1723~1793)는 18세기 후반의 유수한 문인 학자인 청성靑城 성대중成大中과 교유가 있는 사람이었다. 성대중은 50대 전반에 4년간 현재의 경북 흥해에서 군수로 재임하였다. 성대중은 재임 기간에 경주의 학자인 몽암과 교분을 맺었고, 서울로 돌아간 뒤에도 편지로 교유를 지속하였다. 몽암은 옛 법도에 매이지 않은, 대단히 현실적인 자세를 지닌 사람이었다. 그는 하도낙서河圖洛書의 존재를 부정하였다.

성인의 마음은 그런 도식으로 표현될 수 없다고 한다. 또 조세제도는 국가 재정 수요 충족을 위한 징세 기능뿐만 아니라 백성들에 대한 적절한 생활 보장 기능을 가져야 한다고 주장한 것이나, 병력을 절반으로 감축해야 한다는 주장은 대단히 독창적이다. 몽암 정희라는 인물과 그가 남긴 작품들은 18세기 경주와 흥해, 나아가 영남의 한문문학에 대한 새로운 자료로, 또 성대중이라는 탁월한 인물을 이해하는 데 요긴한 자료로 주목할 만하다고 생각된다.

설파雪坡 손성악(孫星岳, 1741~1813)은 산수 유람에 취향이 있었다. 과업科業으로 인해 자신의 취향을 유예했던 설파는, 1801년 진사 급제라는 성취를 이루고 난 뒤에 공개적으로 산수 유람을 기획하고 실행하였다. 또한 유람기 작성에도 힘을 기울였는데, 30~40년 전에 유람했던 명승까지도 이 시기에 기록하였다. 그리고 타인의 명승 유람 기록도 힘이 닿는 데까지 입수해서 감상했다. 설파에게 있어 유람은 꿈의 실현이자 품격을 쇄신하는 계기였다. 그는 산수 유람을 이상적 삶을 실현하는 요소로 보았고 유람을 통해 하늘이 자신에게 내린 사명을 완수할 수 있다고 여겼다. 또한 설파는 산수 유람을 통해 인품이나 시품(詩品)이 향상될 수 있다고 여겼다. 삶의 다양한 가치를 긍정하고 그 논리를 구성하였으며 산수 유람을 통해 실천했던 설파의 삶에서, 18세기 후반 경주지역 문인의 한 양상을 볼 수 있다.

도와 최남복(1759~1814)은 경주 연화산에 백련서사를 지어 구곡을 경영하면서 후학을 양성하고 학문을 궁구하며 시를 읊었다. 그의 문집에 들어있는 300수에 가까운 시를 분석한 결과 그의 시는 '교유 관련 시'와 '유람 관련 시', '백련서사를 중심으로 읊은 시'로 구분되었다. 백련서사를 중심으로 읊은 시에서는 세상의 허물에서 벗어나 청정한 삶을 살아가고자 하는 마음을 묘사하고 있다.

경주는 신라 천 년의 중심 도시이다. 신라의 경주가 워낙 거대하고 강렬한 이미지로 굳어서, 이후 고려와 조선 시기의 경주는 그 중요성에 비해 잘 드러나지 않는다. 18세기 경주 지역의 한문학 유산은 그 시기 경주 지역 지식인들이 이룩한 고도의 정신세계이지만, 그 연구는 아직 시작 이전의 단계에 머물러 있다. 이 책이 18세기 경주, 나아가 영남의 한문학 연구에 하나의 자료로 디딤돌 역할을 할 수 있기 바란다.

2021년 10월
김윤조

• 차례

우와 이덕표의 삶과 문학 세계

김 남 기

우와 이덕표의 삶과 문학 세계

—

김 남 기

Ⅰ. 머리말

우와寓窩 이덕표(李德標, 1664~1745)는 경상북도 경주 출신의 문인으로 회재晦齋 이언적(李彦迪, 1491~1553)의 5세손이다. 그는 효우孝友와 충신忠信의 가학家學을 계승하여 불의한 현실에 대해 직언하고 자신의 주장을 굽히지 않았다. 1722년에 영남 유림의 소두疏頭가 되어 희빈 장씨禧嬪張氏의 신원伸寃 및 불충한 무리를 처벌하라는 상소를 올린 일이 있었다. 이 일로 1725년에 평안도 용천龍川에 유배 갔다가 1727년에 유배에서 풀려났는데, 유배지에서도 자신의 신념을 굽히지 않았다. 그의 시문 중 상당수가 이 시기에 지은 것이고, 이러한 글들이 그의 문학 세계에서 가장 빛을 발하는 부분이다.

이 글에서는 먼저 이덕표의 가계와 생애를 고찰한다. 충효와 의리의 실천이라는 측면에 주목하여 그의 삶과 지향을 살피고 이와 관련된 시문을 분석하고자 한다. 이어서 『우와집寓窩集』의 체제와 시문의 주요 내용을 제시한다. 이덕표에 대한 논문이 전혀 나오지 않은 상황이라 문집에 대한 소개가 필요하다고 생각하기 때문이다. 마지막으로 그의 다양한 문학 세계 중에서 백미라 할 수 있는 신사옥사辛巳獄事의 변무辨誣와 용천 유배 시기, 곧 1722년부터 1727년까지 지은 작품들을 집중적으로 검토하여 문학 세계의 특징과 의의를 부각하고자 한다.

Ⅱ. 이덕표의 생애와 의리의 실천

이덕표(1664~1745)는 이언적(1491~1553)의 5세손으로 본관이 여주驪州, 자가 정칙正則, 호가 우와寓窩·우옹寓翁·이계伊溪이다. 『우와집』에 실린 시문을 토대로 하여 그의 가계와 생애를 살펴본다. 고조는 사옹원 판관司饔院判官을 지내고 좌승지에 추증된 수암守庵 이응인李應仁, 증조는 한강寒岡 정구鄭逑의 문인으로 승사랑承仕郎을 지낸 양졸당養拙堂 이의징李宜澄, 조부는 종사랑從仕郎을 지낸 묵암默庵 이교李皦이다. 아버지는 성균관 진사 계은溪隱 이게(李垍, 1636~1706)이고, 어머니는 정무공貞武公 잠와潛窩 최진립崔震立의 손녀이자 현감을 역임한 송정松亭 최동량崔東亮의 딸인 경주최씨(慶州崔氏, 1636~1709)이다. 이게는 어려서 중형仲兄 몽암蒙庵 이채李埰에게 수학하여 1666년 사마시에 급제한 뒤 중형과 함께 성균관에 입학하였고, 이후 영리榮利의 뜻을 접고 대과를 포기하고서 경주 남촌南村에 은거하였다. 슬하에 1남 2녀를 두었다. 아들이 이덕표이고, 장녀는 요절하였으며 차녀는 통덕랑通德郎 한기유韓起愈에게 출가하였다.

이덕표는 1664년(현종 5) 경주 양좌리良佐里 집에서 장남으로 태어났으며, 뒤에 경주 남촌으로 이사하였다. 어려서부터 효우孝友와 충신忠信의 가학을 계승하고 문장이 뛰어나 사림의 중망重望을 받았다. 1699년(숙종 25) 사마시司馬試에 합격한 뒤 성균관에 입학하여 학업에 매진하였다. 고향으로 돌아와 1701년 봄에 도덕암道德庵을 유람하며 시를 지었고, 1704년 9월 16일부터 19일까지 서악서원西岳書院의 원장 최동경崔東璟,

좌임佐任 주도명朱道明 등과 함께 경주의 장성長城·매월당梅月堂·불국사佛國寺·석굴암石窟庵·기림사祇林寺·감은사感恩寺·이견대利見臺·대왕암大王巖 등의 명승과 유적을 유람한 뒤 〈수승록搜勝錄〉을 지었다. 1706년에 부친상, 1709년에 모친상을 당하여 상제례喪祭禮를 극진하게 치렀다. 이후 1722년까지는 행적이 자세하지 않으나 계속 고향에 머물며 용산서원龍山書院의 건립과 사액賜額 주청, 최진립의 연보年譜 편찬 등의 일에 많은 힘을 기울인 것으로 보인다. 그리고 옥산서원玉山書院과 반구정盤龜亭 등지에 들러 시를 짓고, 남촌 집으로 돌아와 〈자탄自歎〉, 〈한거칠영閒居七詠〉 등의 시를 지었다. 〈한거칠영〉은 〈우와寓窩〉, 〈안빈安貧〉, 〈신독愼獨〉, 〈수졸守拙〉, 〈서상書牀〉, 〈사우四友〉, 〈우감偶感〉 등 7수의 연작시連作詩로 삶의 모습과 지향점을 드러내었다. 이 중에서 제2수 〈안빈安貧〉과 제6수 〈사우四友〉(권1)를 차례로 보인다.

생계가 공소하여 조석조차 잊었는데　　空疏活計夕忘朝
지극한 즐거움은 단표누항에 있네　　至樂猶存陋巷瓢
도가 크고 몸이 편해 달리 사모함이 없으니
　　道泰身安無外慕
불같은 정욕도 나를 사르지 못하네　　情炎慾火不相燒

말세라서 사귐이 손을 뒤집듯 하지만　　交情末路雨露翻
유익한 벗으로는 문방사우가 있네　　益者文房四友存
너와 함께 살면서 백발이 되었으니　　與共行藏成白首
부귀영화 명리를 따름이 부끄럽네　　恥隨名利向朱門

〈안빈安貧〉에서는 집안이 빈한하여 조석의 끼니조차 제대로 해결할 수 없지만 안연顔淵처럼 누항陋巷에서 한 그릇의 밥과 한 표주박의 물을 마시면서 안빈낙도安貧樂道하고자 뜻을 토로하였다. 가난한 가운데서도 심신을 편히 하고 성현의 도를 즐기니 부귀영화 등의 욕망도 나를 해칠 수 없다고 단언하였다.

〈사우四友〉에서는 진정한 우도友道가 실현되지 못하는 현실에서 문방사우를 벗으로 삼아 살아온 한평생을 회고한 뒤 향후 세상의 명리를 추구하는 부끄러운 삶을 살지 않겠다는 다짐을 피력하였다. 1구는 두보杜甫의 〈빈교행貧交行〉에 나오는 "손 뒤집으면 구름 되고 손을 엎으면 비가 되니, 어지럽게 경박한 세태를 어찌 꼭 헤아리랴?[翻手作雲覆手雨, 紛紛輕薄何須數?]"라고 한 시구를 변용하여 우정을 쉽게 저버리는 세태를 비판한 것이다.

1720년에 숙종肅宗이 승하한 뒤 1721년과 1722년에 연잉군(延礽君, 영조)의 세제世弟 책봉 문제로 정쟁이 격화되어 신임옥사辛壬獄事가 일어났다. 1722년(경종 2)에 영남의 유생들이 1701년에 억울하게 죽은 희빈장씨(1659~1701)의 신원伸冤과 불충不忠한 임창任敞 등의 처벌을 주청하는 일로 대궐 앞에 나아가 소疏를 올리려고 하면서 대구에 소청疏廳을 설치하고 이덕표를 소두疏頭로 추대하였으나 그는 일곱 차례 이를 사양하고 고향으로 돌아갔다. 이때 소두를 사양하며 대구 소청에 올린 글이 〈소청에 올리다[呈疏廳]〉와 〈다시 올리다[再呈]〉이다. 유생들이 소청을 영양(永陽, 영천)으로 옮기고 거듭하여 소두가 되어주기를 간청하자 마침내 소두를 승낙하고 7월에 고향을 떠나 서울로 갔다. 서울에서 호남과 호서의 사림이 합류하여 모두 그를 소두로 추대하였고, 이에 삼도三道의 유생을 거느리고 9월에 대궐에 나아가 1701년 신사옥사辛巳獄事 때 억울하게 죽은 희빈장씨의 신원과 역신逆臣의 처벌을 주청하였다.

이때 〈신사옥사를 변론하는 상소[卞辛獄疏]〉와 〈승정원 관리를 배척하는 상소[斥喉司疏]〉, 〈다시 신사옥사를 변론하는 상소[再卞辛獄疏]〉 등의 상소를 올렸다. 이 중에서 〈다시 신사옥사를 변론하는 상소

[卞辛獄疏]〉의 주요 내용은 '모후母后 희빈장씨는 인현왕후仁顯王后를 저주하여 죽게 하였다는 무고誣告를 받고 억울하게 죽었으니 원혼을 위로하고 불충의 무리를 처벌해야 강상綱常을 부지하고 자식의 도리를 다할 수 있다. 1689년에 송시열宋時烈이 원자(元子, 경종) 책봉을 반대하였고, 1701년에 희빈장씨가 노론의 모해로 억울하게 죽었다. 1721년과 1722년에 김창집金昌集·이이명李頤命·이건명李健命·조태채趙泰采 등의 무리가 숙종 말년부터 전하[경종]를 제거하려 했다는 목호룡睦虎龍의 고변告變이 있고, 또한 왕세제(王世弟, 영조)를 책봉하려는 불충不忠을 획책하고 있다. 그리고 지난번에 이덕배李德培 등의 유생과 이삼령李三齡 등의 신하가 희빈장씨를 신원하고 역신의 처벌을 주청한 상소도 남취명南就明 등 노론의 저지 때문에 임금께 전달되지 않았다. 따라서 송시열 이하 노론의 불충한 무리를 반드시 처벌하여 희빈장씨의 억울함을 풀어주어야 한다. 공의公議가 이러하니 임금께서 가납한다면 종묘사직에 매우 다행이겠다.'라고 할 수 있다.

그러나 삼도 유생들의 상소에 대한 임금의 비답批答이 한동안 내려오지 않자 일이 성사될 수 없음을 알고 10월에 서울을 떠나 고향으로 돌아왔다. 상소를 올리러 갈 때부터 상소를 올린 뒤 비답이 내려오지 않아 고향으로 돌아올 때까지 여러 편의 시를 지었는데, 〈상주 객관에서 비 내리는 밤에 감회를 적다[商山客館雨夜書懷]〉, 〈소를 올린 뒤에 비답을 기다리며 장막에 기대어 절구 1수를 읊다[呈疏後待批依幕 感吟一絶]〉, 〈사위 조성중의 시에 차운하다[次曺婿聲仲韻]〉, 〈비답을 기다렸으나 내려오지 않아 비로소 출발을 결심하고 강가에 이르러 감회를 적다[待批不下 始決納履之行 到江頭述懷]〉, 〈새벽에 문경을 떠나며 말 위에서 바로 짓다[曉發聞慶 馬上口占]〉 등이 그것이다. 이 중에서 〈사위 조성중의 시에 차운하다[次曺婿聲仲韻]〉(권1)를 보이면 다음과 같다.

공의가 바야흐로 영남에서 펼쳐지니 公議方張嶺海疆
상소가 간절하여 붓에 서리가 날렸네 危章剴切筆飛霜
단심으로 흉도의 살을 저미려 하였고 丹忱欲臠凶徒肉
백일이 동이 속에 비치기를 기약했네 白日期回盆底光
한마디 말로 억울함을 씻으려 하였지만 定使一言伸滯枉
이 세상이 상도를 싫어함을 차마 보랴 忍看斯世斁倫常
나처럼 쇠한 몸이 소두인 것 부끄럽지만 如吾衰苶慙爲首
외로운 충정만은 오래도록 빛나리라 只有孤忠耿耿長

영남의 유생들이 희빈장씨를 신원하고 역도를 처벌하려는 공론에 따라 준엄한 상소를 올렸지만 끝내 용납되지 않는 현실에 대해 개탄하는 마음을 피력하였다. 한편 늙고 병든 몸으로 소두가 되어 부끄럽지만 대의에 따른 충정만은 영원히 변치 않을 것임을 천명한 데에서 그의 의리관을 여실히 살필 수 있다.

경주에 내려온 이후 반구정·매호정梅湖亭·옥산서원 등지를 방문하여 시를 짓기도 하였다. 그러던 중 1725년(영조 1) 3월에 우의정 민진원閔鎭遠 등의 탄핵과 영조의 전교傳敎로 평안도 용천龍川으로 유배를 가게 되었는데, 이때 태연자약하게 지인들과 담소를 나누고 용천 유배지로 갔다. 이덕표가 유배지로 떠날 때 정권(鄭權, 鄭榦)과 황태시黃泰始 등이 시를 지어 전별餞別하였고, 이덕표는 이들 시에 차운하였다. 지인 16명이 지은 시 17수는 〈관서로 귀양 갈 때 벗들의 시를 부록함[附西遷時知舊別章]〉에 수록되어 있는데, 정권·황태시·이시욱李時郁·김예갑金禮甲·이대관李大觀·유의건柳宜健·김해룡金海龍·이입중李立中·최석신崔錫信·손경걸孫景杰·권경현權慶鉉·손세탁(孫世鐸, 2수)·손한기孫漢機·정우림鄭宇林·양명화楊命和·이일중李一中 등이 그들이다. 이 중에서 승지 정권의 시는 다음과 같다.

천 리 관서로 가는 길　　千里關西路
거듭하여 을사년을 만났네　　重逢乙巳年
이번 행차 무척이나 빛나니　　此行何赫赫
무엇 때문에 눈물을 흘리랴　　安用涕潸然

이덕표는 신임옥사가 일어나자 1722년에 상소를 올렸다가 1725년에 평안도 용천으로 유배 갔고, 이언적은 1545년 을사사화乙巳士禍로 관직에서 물러났다가 1547년 양재역 벽서사건良才驛壁書事件으로 평안도 강계로 유배 갔다. 이언적과 이덕표가 모두 을사년에 화를 입었기 때문에 기구와 승구에서 언급한 것이다. 비록 이덕표가 유배 가게 되었으나 대의명분에 입각한 올바른 처신이기 때문에 눈물을 흘리지 않는다고 하면서 장도에 오르는 그의 의기를 칭송하였다.

이덕표는 1725년 초여름에 경주를 떠나 영천·상주·충주·서울·고양·파주·개성·황주·평양·안주·선천 등지를 거쳐 용천에 도착한 뒤 자신의 여정과 감회를 〈술회부述懷賦〉를 짓는 한편 여러 편의 시를 지어 배소 생활의 어려움과 임금에 대한 충정을 읊었다. 그리고 1726년 무렵에 〈용천풍토설龍川風土說〉을 지어 평안도 용천의 풍토에 대해 상세하게 기록하였다. 또 1725년에서 1727년 사이에 심수현沈壽賢·이희李憙·백수일白守一·신택申澤·이표李標 등의 지인들에게 편지를 보내 자신의 배소 생활의 고충과 도움에 대한 감사를 표하였다. 특히 1727년에 고향으로 돌아온 뒤 이표에게 보낸 편지에서는 앞으로 임천林泉에 자취를 감추고 서사書史 즐기는 것을 종신의 계책으로 삼겠다고 하였다.

1727년(영조 3) 7월 16일에 해배解配의 관문關文이 용천에 도착하였고, 9월에 유배지를 떠나 고향으로 돌아온 뒤 세상과의 접촉을 일체 끊고 경전을 깊이 탐구하면서 자연에 묻혀 여생을 보냈다. 1737년에 이예李藝를 울산 상충사尙忠祠에 봉안할 때 봉안문奉安文을 지었다. 1744년(영조 20)에 수직壽職으로 호군護軍에 제수되었다. 1745년(영조 21)에 향년 82세로 임종하였고, 경주부 남쪽 재량동才良洞에 장례를 모셨다.

이윤계李胤啓는 부록에 실린 〈만사輓詞〉에서 이덕표의 삶에 대하여 다음과 같이 말하였다.

회재의 유풍이 오세 뒤에 전해져서	晦老遺風五世傳
공의 덕망은 선조를 계승했네	如公德望繼于先
상소는 진동[01]의 직언보다 뛰어나고	草疎遠邁陳東直
〈술회부〉는 가의의 좌천과 같았네	作賦還同賈誼遷
성균관에 입학하여 학사가 되었고	曾躡上庠爲學士
다시 평지의 신선 되어 장수하였네	復從平地作神仙
월산의 산자락에 새 무덤을 만드니	月山山下新阡起
북풍에 머리 돌리자 눈물이 흐르네	回首北風涕濟然

이덕표는 5대조 이언적의 학덕을 계승한 후손으로 신임옥사 때 희빈장씨의 무고를 변론하며 역도의 처벌의 주장하는 상소를 올렸고, 평안도 용천 유배 때 〈술회부〉를 지어 어떠한 고난에도 굴하지 않겠다는 뜻을 피력하였다. 이윤계는 이덕표의 삶 중에서 이 부분이 그의 절의 정신이 가장 돋보이는 곳이기 때문에 시에서 이를 명확히 언급한 것이다.

이덕표는 어떻게 세상을 살아갈 것인가에 대한 고민을 몇 편의 글에서 피력하였는데, 대표적인 글이 〈원조자경잠元朝自警箴〉, 〈처방해處謗解〉,

---

01 진동(陳東, 1086~1127)은 송(宋)나라의 문인으로 자가 소양(少陽)이다. 태학에 학생으로 있을 때 흠종(欽宗)에게 상소하여 채경(蔡京)·동관(童貫) 등 6인의 사형을 주청하였고, 고종(高宗)이 남도(南渡)한 뒤에 또 이강(李綱)의 유임(留任)을 청하는 상소를 올렸는데, 이 일로 인하여 구양철(歐陽澈)과 함께 처형당하였다.

〈우옹설寓翁說〉(이상 권3) 등이다. 〈원조자경잠元朝自警箴〉은 정월 초하루에 자신이 경계해야 할 것에 대하여 적은 잠箴으로 사람을 가려서 사귈 것, 화가 나더라도 참을 것, 언행을 삼갈 것, 심신을 기를 것 등을 제시한 뒤 늘 경계하며 이를 실천하겠다고 하였고, 〈처방해處謗解〉는 비방에 대처하는 방법에 대하여 적은 글로 세상에서 시비는 항상 누구에게나 일어나고 막을 방도가 없지만 '남들이 나를 헐뜯으면 돌이켜서 자신에게서 구한다.[人或毀己, 反求諸身]'라고 한 위魏나라 왕창王昶의 말이 비방에 대처하는 방도라고 하였다. 〈우옹설寓翁說〉은 자호自號를 우옹寓翁이라고 한 이유에 대하여 적은 글로 남촌에 산 지 50여 년이 되지만 지향하는 바가 없으니 우옹이라 호를 짓는 것이 마땅하며 천지와 자연에 잠시 몸을 의탁하고 머물다가 가는 존재로서 머무는 곳에 따라 자락自樂하며 유유자적할 뿐이라고 하였다. 이 중에서 〈원조자경잠元朝自警箴〉을 살펴본다.

교유는 꼭 가려 해야 하니　交遊必擇
가리지 않으면 손해 보고　不擇則損
분노는 꼭 참아야 하니　恚忿必忍
참지 않으면 싸우게 되네　不忍則狠
언행은 꼭 삼가야 하니　言行須謹
그렇지 않으면 후회하고　勿之有悔
심신은 꼭 길러야 하니　身心須養
그렇지 않으면 허기지네　勿之有餒
이것들을 일삼으며　從事於斯
전전긍긍 견지함이　戰兢自持
몸단속의 부신이고　律己之符
입도의 기초이네　入道之基

바쁘거나 위급해도[02] 造次顚沛
늘 경계하고 신칙하여 恒存警勅
혹시라도 나태하지 말라 毋或敢怠
신명이 옆에 있으니 神明在側

이덕표는 이러한 삶을 살고자 하였고, 또 이렇게 살았기 때문에 자신의 처신에 대하여 부끄러움이 없었고 지인과 후학들의 모범이 되었다.

이덕표의 부인과 자녀는 다음과 같다. 첫째 부인은 통덕랑通德郎 손태형孫泰亨의 딸 월성손씨(月城孫氏, 1666~1715)로 서유민徐悠敏·조선명曺善鳴·진한봉陳翰鳳·조선도曺善道·최규석(崔規錫, 주석冑錫으로 개명)·이천룡李天龍에게 출가한 딸 여섯을 두었다. 둘째 부인은 정원규鄭元奎의 딸 오천정씨(烏川鄭氏, 1694~1727)로 임원대任遠大와 임일빈任一鑌에게 출가한 딸을 낳았다. 이덕표가 1725년에 평안도 용천으로 유배가자 상심하다가 병이 들어 1727년 2월 17일에 임종하였다. 첫째와 둘째 부인에게 아들이 없었기 때문에 예조禮曹에 글을 올려 중부仲父 이채李埰의 손자이자 이덕제李德齊의 아들 이혜중李惠中을 후사로 삼았다. 셋째 부인은 팔려도씨八莒都氏로 아들 이희중李喜中을 낳았다.

02 『논어』 〈이인(里仁)〉에 "군자가 인을 버리면 어찌 군자라는 이름을 이루겠는가? 군자는 밥 한 그릇 먹는 동안에도 인을 어김이 없어야 하니, 아무리 바쁘더라도 반드시 이렇게 해야 하고, 아무리 위급한 상황이라도 반드시 이렇게 해야 한다.[君子去仁, 惡乎成名? 君子無終食之間違仁, 造次必於是, 顚沛必於是.]"라고 하였다.

Ⅲ.『우와집』의 체제와 주요 내용

이덕표의 문집인『우와집』은 후손 이기윤李基允 등이 1969년에 4권 2책으로 편집하여 간행하였다. 권수卷首에 이기윤의 서문, 권말卷末에 신성규申晟圭와 이필원李弼源의 발문이 실려 있다. 서발序跋에 따르면 후손 이필원이 이덕표의 시문詩文과 다른 사람들이 지은「서천시지구별장西遷時知舊別章」및 차운시次韻詩·원운시原韻詩를 수집하여 정리하고, 만사와 제문 등의 글을 부록하여 4권 2책으로 편찬한 뒤 1969년에 간행한다고 하였다. 그리고 후손 이정식李庭植도 다른 집안에 소장된 글의 수집에 참여하였다고 하였다.

권1에 시詩 130제題 165수首(원운시와 차운시,「서천시지구별장西遷時知舊別章」등 26수 포함), 권2에 시 66제 69수(차운시와 원운시 2수 포함), 부賦 1편, 상소上疏 2편, 권3에 상소 1편, 정사呈辭 2편, 서書 6편, 봉안문奉安文 1편, 제문祭文 11편, 잠箴 1편, 잡저雜著 2편, 설說 2편, 기記 1편, 서序 2편, 상량문上樑文 2편, 묘지墓誌 3편, 권4 부록附錄에 만사輓詞 48수, 뇌사誄辭 1편, 제문 1편, 행략行略 1편, 행장行狀 1편, 묘갈명墓碣銘 1편, 묘지명墓誌銘 1편, 발跋 2편이 실려 있다.

시는 모두 194제 224수가 실려 있는데, 다른 사람들의 작품을 제외하면 이덕표가 지은 시는 총 167제 196수이다. 시는 만시輓詩·술회시述懷詩·기행시紀行詩·증송시贈送詩·경물시景物詩 등 다양한 양상을 보여준다. 만시가 매우 많고, 도덕암道德庵·천룡사天龍寺·반구정盤龜亭·옥산서원玉山書院·금송정琴松亭·서악서원西岳書院 등지를 유람하며 지은 시도 여러 수 있다. 주목할 만한 시편으로는 1722년 상소 전후에 시사(時事)를 개탄하며 지은〈탄세음歎世吟〉,〈양전탄量田歎〉등의 작품과 1725년부터 1727년까지의 평안도 용천 유배 시기에 지은 작품 등을 들 수 있다. 이

즈음에 지은 시와 상소에는 충군우국忠君憂國의 충정, 강상綱常을 바로잡고 인륜人倫을 부축하려는 뜻이 담겨 있다. 또한 1725년 이덕표가 용천에 유배 갈 때 정권鄭權 등 지인 16명이 지은 「서천시지구별장西遷時知舊別章」 17수도 주목된다.

〈술회부述懷賦〉는 1722년에 올린 상소로 인하여 1725년에 탄핵을 받고 경주를 떠나 영천·상주·충주·서울·고양·파주·개성·황주·평양·안주·선천 등지를 걸쳐 평안도 용천 유배지에 도착한 뒤 유배의 여정과 감회 등을 적은 글이다. 상소는 1722년에 올린 〈변신옥소卞辛獄疏〉, 〈척후사소斥喉司疎〉, 〈재변신옥소再卞辛獄疎〉 등 3편이 실려 있다. 이들 상소는 이덕표가 소두疏頭가 되어 1722년 9월에 삼남三南의 유생들과 함께 희빈장씨를 무고하여 죽게 만든 1701년의 신사옥사를 변정辨正하고 희빈장씨의 신원과 흉당凶黨의 처벌을 주청하거나 상소를 지체시키는 승정원 관리의 잘못된 처사를 비판한 글이다. 정사呈辭 2편은 자신을 소두로 추대하려는 유림의 뜻을 거절하면서 대구 소청疏廳에 올린 글이다. 이상의 글들은 신사옥사辛巳獄事와 신임옥사辛壬獄事에 대한 영남 유림의 정치 인식은 물론이고 이덕표의 정치사상을 잘 보여주는 자료로써 그 가치가 매우 크다.

편지는 모두 6편으로 1725년부터 1727년까지 평안도 용천 유배 당시, 또는 해배解配 직후에 지은 것이다. 지중추부사 심수현沈壽賢·태천군수泰川郡守 이희李憙·구성부사龜城府使 백수일白守一·강계부사江界府使 신택申澤 등에게 보낸 편지 5편에서는 유배지에서 안부를 묻고 후의에 대한 고마움을 표하였고, 유배에서 풀려 고향에 돌아온 직후 이표李標에게 보낸 편지에서는 종신토록 산림에 은거하여 정양靜養하면서 경서와 역사서를 즐기겠다고 하였다.

봉안문은 1737년에 이예李藝를 울산 상충사尙忠祠에 봉안할 때 14세기 초반 일본에 끌려간 포로 송환에 공을 세웠던 이예의 공적과 충의를 기린 글이다. 제문에서는 이덕현李德玄·이덕제李德齊·최동경崔東璟·이덕장李德璋·이덕부李德孚·정원규鄭元奎·이덕무李德表·서유민徐悠敏·이정중李精中 등의 학행을 기리고 죽음을 애도하였다. 〈원조자경잠元朝自警箴〉은 정월 초하루에 자신이 경계해야 할 것에 대하여 적은 글로 그의 처세관을 살필 수 있다. 잡저雜著의 〈수승록搜勝錄〉은 1704년 9월에 경주의 불국사·석굴암·기림사·감은사·이견대·대왕암 등의 승경을 유람한 뒤 지은 기행문이고, 〈처방해處謗解〉는 남들의 비방에 대처하는 방법에 대하여 적은 글이다. 〈우옹설寓翁說〉은 우옹寓翁이라 자호自號한 이유에 대하여 객客과의 문답을 통하여 해명한 글이고, 〈용천풍토설龍川風土說〉은 평안도 용천에 머물던 1726년 무렵에 이곳의 위치·연혁·풍속·물산·기후·음식 등의 풍토에 대하여 기록한 글이다.

〈중수이요당기重修二樂堂記〉는 임적任勣이 1664년에 건립하였던 이요당이 퇴락하여 1720년대 중반에 중수할 때 지은 기문이다. 서문의 〈동안중수서洞案重修序〉는 경주 이조(伊助, 남촌)에 거처할 때 동안(洞案, 鄕案)을 개수改修할 때 지은 글이고, 〈잠와선생최공연보후서潛窩先生崔公年譜後敍〉는 정무공貞武公 최진립崔震立의 연보를 편찬·간행할 때 지은 글이다. 상량문에는 최오겸崔五兼이 경주 남강南岡에 반구계당盤龜溪堂을 건립할 때 지은 〈반구계당상량문盤龜溪堂上樑文〉, 울산에 반고서원槃皐書院 강당을 중수할 때 지은 〈반고서원강당상량문槃皐書院講堂上樑文〉이 실려 있다. 묘지에서는 아버지 이게李垍, 아내 경주손씨慶州孫氏와 오천정씨烏川鄭氏의 가계와 행적 등을 적었다.

부록附錄에는 박태두朴泰斗 등 44인이 이덕표의 생애와 학행을 기리고 죽음을 애도한 만사 48수, 문인門人 최경겸崔宗謙이 1745년에 스승 이덕표의 학덕과 문장을 기리고 죽음을 애도한 뇌사誄辭, 방계 후손 이준구李浚久가 7세손 이준구李駿久의 부탁을 받아 1915년 12월에 찬술한 이덕표의 행략行略, 유석우柳奭佑가 9세손 이필원李弼源의 부탁을 받아 1967년 9월에 찬술한 이덕표의 행장, 정화식鄭華植이 후손 이필원과 이정식李庭植의 부탁을 받아 1968년 3월에 찬술한 이덕표의 묘지명이 실려 있다. 권말에는 문집의 간행 경위 등에 대하여 적은 신성규申晟圭와 이필원의 발문이 있다.

Ⅳ. 신사옥사辛巳獄事의 변무辨誣와 용천龍川 유배 시기의 문학 세계

앞서 살펴보았듯이 이덕표는 신임옥사 때에 경상·충청·전라 삼도의 소두가 되어 1701년 신사옥사로 억울하게 죽은 희빈장씨의 신원과 왕세제 책봉을 주장하는 임창任敞 등의 역신 처벌을 주청하는 〈변신옥소卞辛獄疏〉와 〈척후사소斥喉司疏〉, 〈배변신옥소再卞辛獄疏〉 등의 소를 올렸다. 1722년 7월에 고향을 떠나 영천에 머물다가 8월에 상주를 거쳐 서울로 들어가 9월에 상소하였다. 이때 지은 한시와 상소에는 그의 시대 인식과 우국충정이 잘 드러나 있다. 상소의 경우 〈변신옥소卞辛獄疏〉는 앞에서 언급하였기에 생략한다. 1722년 9월에 올린 〈척후사소斥喉司疏〉에서는 삼남三南 유생들의 상소를 저지하고 임금께 주청하지 않는 승정원[喉司]의 승지 남취명南就明·김치룡金致龍 등을 처벌해 달라고 하였다. 그리고 〈재변신옥소再卞辛獄疏〉에서는 '지난번에 희빈장씨의 신원과 역신逆臣의 처벌을 주청한 상소가 승정원에서 저지되어 성총聖聽을 흐리게 하고 있으며, 심지어 상소를 이미 올렸던 이삼령李三齡·허벽許璧 등에게 유배 등의 처벌이 내려졌다. 억울하게 죽은 희빈장씨를 빨리 신원하고, 흉악한 행동을 일삼았던 이이명李頤命·김춘택金春澤 등의 죄를 천하에 밝히는 한편 임창任敞을 엄히 국문하고, 아울러 상소를 지체시키는 승정원 관리를 처벌하여 주기 바란다.'라고 하였다. 이들 상소는 기본적으로 충효의 의리를 천명하고, 이를 가로막는 무리를 징벌하는 데에 목적을 두었다. 그가 지은 몇 편의 한시를 통하여 그의 시대 인식과 의리 정신을 살펴본다.

다음은 1722년 8월에 상소를 올리는 일 때문에 상주에 체류할 때 지은 〈상주 객관에서 비가 내리는 밤에 감회를 적다[商山客館雨夜書懷]〉(권1)이다.

상소 받들어 백발이 빠지지만	白髮奉疏短
임금 그리워 단심이 커지네	丹心戀主長
상주에 가을밤 비가 오니	商山秋雨夜
돌아가는 꿈이 고향을 감도네	歸夢繞家鄉

상소를 짓느라 노심초사하여 흰 머리카락이 빠져도 임금을 향한 충정은 더욱 커져만 간다. 가을밤에 객지인 상주에 머물러 고향 생각이 간절해도 대의를 천명하고 역신을 처벌하려는 이 일을 단념할 수 없기에 서울로 올라가는 비장한 심정을 엿볼 수 있다.

다음은 1722년 9월 그믐에 상소한 뒤 비답을 기다리며 지은 〈소를 올린 뒤 비답을 기다리다가 장막에 기대어 절구 1수를 읊다[呈疎後待批依幕 感吟一絶]〉(권1)이다. 『경종실록』에 따르면 9월에 상소할 때 참여한 경상도 유생은 이덕표 등 3천 6백 11인이었다.

궁중의 단풍잎이 어지러이 날리는데	禁林霜葉落紛紛
차가운 북소리가 꿈속에 들려오네	更鼓寒聲夢裏聞
서른 날 어명 기다려 머리 모두 세었는데	待命三旬頭盡白
임금을 바로잡을 성심 없어 부끄럽네	愧無誠意格吾君

『경종실록』에 따르면 1722년 9월 11일에 승정원에서 '두 대신을 배

척하고 승정원을 모욕하는 흉악한 말이 있으므로 상소를 받아들이지 말라'고 주청하자 임금이 수용하였고, 9월 16일이 되어서야 비로소 상소가 임금에게 올라갔다. 그러나 신사옥사의 변무 상소를 올린 지 한 달이나 되었지만 끝내 비답이 내려지지 않았다. 가을이 다하는 9월의 마지막 밤에 궁궐을 바라보니 단풍잎이 어지러이 날리고, 잠을 제대로 이루지 못한 채 누워있노라니 북소리가 어렴풋이 들려온다. 걱정으로 백발이 늘어도 무엇보다 부끄러운 일은 성심이 부족하여 임금이 성총으로 역신들을 처벌하지 않는 현실이다.

다음은 10월 초에 진사 정석림鄭碩臨의 증별시에 차운한 〈진사 여대 정석림의 증별시를 뒤에 차운하다[追次鄭進士汝大碩臨贈別韻]〉(권1)이다.

나라가 태평한 운수 열어	邦家開泰運
천도가 다행히도 돌아왔네[03]	天道幸周星
무고 옥사를 의당 먼저 변정함에	蠱獄宜先辨
원흉을 어찌 더디게 벌하랴	窮兇詎緩刑
오운을 밀쳐[04] 사기가 하늘을 찌르고	排雲衝士氣
피를 쏟으며 임금께 하소연하네	瀝血籲宸聽
모기가 산을 지듯 힘이 적어[05]	瑣力同蚊負
근심하며[06] 마음이 편치 않네	憂遑自靡寧

03 원문의 '주성(周星)'은 세성(歲星), 곧 목성을 말한다. 목성은 12년을 주기로 하늘을 한 바퀴 돌기 때문에 1주성은 보통 12년을 가리킨다. 여기서는 12년이 아니라 세월이 많이 흘렀다는 뜻이다. 즉 1701년의 신사옥사에서 21년이 흘러 1722년이 되었다는 말이다.

04 원문의 '배운(排雲)'은 오색구름을 밀친다는 뜻인데, 오색구름은 임금의 머무는 궁궐을 말한다. 한유(韓愈)의 〈악착(齷齪)〉 시에 "구름을 밀치고 대궐 앞에서 부르짖고, 배를 갈라 직언을 올리네.[排雲叫閶闔, 披腹呈琅玕.]"라고 하였다.

05 원문의 '문부(蚊負)'는 '문부산(蚊負山)'의 준말로, 모기가 산을 짊어지듯 임금의 큰 은혜를 감당할 수 없다는 뜻의 겸사(謙辭)이다. 『장자(莊子)』 〈응제왕(應帝王)〉에 한계가 있는 인간의 힘을 비유하면서 "모기가 태산을 짊어지는 격이다.[使蚊負山]"라고 하였다.

06 원문의 '우황(憂遑)'은 임금의 건강이 좋지 못하여 신하들이 걱정하고 허둥댄다는 뜻이다.

경종이 1720년에 즉위하여 어머니 희빈장씨의 억울한 죽음을 신원할 수 있는 절호의 기회를 맞이하였으니 마땅히 과거의 무고한 옥사를 먼저 바로잡아야 한다. 동시에 이를 저지하려는 승성원의 관리들과 왕세제 책봉을 주장하는 원흉들을 신속하게 처벌할 호기이다. 그래서 삼도의 유생들이 대궐에 나아가 임금께 하소연하였으나 임금이 끝내 비답을 내리지 않는 안타까운 상황이다. 임금의 큰 은혜에 보답할 힘이 없고, 무고를 바로잡거나 원흉을 처벌하는 일이 이루어지지 않을까 염려하는 마음을 피력하였다.

다음은 한 달이 지나도 비답이 내려오지 않자 소회疏會를 정지하고 고향으로 내려가기 위하여 한강변에 이르러 회포를 읊은 〈비답을 기다렸으나 내려오지 않아 비로소 출발을 결심하고 강가에 이르러 감회를 적다[待批不下 始決納履之行 到江頭述懷]〉(권1)이다.

칠월에 집을 떠나 시월에 돌아가며	七月離家十月歸
대궐을 하직하니 눈물이 옷을 적시네	拜辭天陛淚沾衣
나루에서 배를 불러 천천히 배를 타니	喚船渡口遲來艤
윤기 부축할[07] 평소 뜻이 어긋나 애석하네	似惜扶綸素志違

7월에 경주를 떠나 서울에 와서 희빈장씨의 신원과 역신 처벌의 상소를 올렸으나 끝내 뜻을 이루지 못한 채 10월에 고향으로 돌아가게 되었다. 대궐을 떠나니 눈물이 옷깃을 적시고, 한강에서 배를 타면서도 혹시 임금의 비답이 내려올까 머뭇거린다. 서울을 떠날 때 가장 애석한 것은 충효를 실현하려던 평소의 뜻을 관철하지 못한 것이다. 즉 왕세제

07 원문의 '부륜(扶綸)'은 부륜기(扶綸紀), 곧 부륜기(扶倫紀)로 인륜과 기강을 부지한다는 뜻이다. 윤(綸)은 윤(倫)과 통한다.

책봉을 주장하는 무리의 불충을 징치하지 못한 것과 모후인 희빈장씨를 신원하지 못한 불효가 한으로 남는다. 결국 신사년의 무옥을 바로잡으려는 삼도 유생들의 상소는 소기의 성과를 이루지 못하고 막을 내렸다.

고향으로 내려온 이덕표는 이후 출사의 꿈을 접고 경서와 역사서에 전념하는 한편 지인들과 시문을 주고받기도 하고 주변 지역을 유람하며 한가로운 삶을 살았다. 그러나 이러한 삶은 1725년 초여름에 막을 내리게 된다. 이에 앞서 1725년 3월 26일에 승지 김고金櫜가 신임옥사와 관련된 이들을 언급하자 영조는 "흉악하고 참혹하다. 저 무리의 흉악한 상소가 어찌 모두 자기 마음에서 나왔겠는가? 국문할 필요가 없다. 이덕배李德培·오두석吳斗碩·이삼령李三齡은 섬으로 귀양 보내고, 이덕표李德標·권서봉權瑞鳳·최선崔鍌·정전鄭翧·이가운李嘉運은 먼 곳에 귀양 보내는 것이 옳다."라고 전교하였다. 이덕표는 평안도 용천에 유배 가라는 어명을 받고, 4월에 유배 길에 올랐다.

다음은 이때 호정의 증별시에 화답한 〈호정의 증별시에 화답하다[和浩亭贈別韻]〉(권1)이다.

동이 속에 햇빛 비칠 방도가 없어서	覆盆回日計無緣
관서로 떠도는 화가 벌써 먼저 왔네	淪落關西禍已先
유배객이 그림자 벗함을 자탄하니	自歎羈形空伴影
시름 속에 세월이 진실로 더디 가리	愁邊歲月信遲延

동이 속에 햇빛이 비칠 방도가 없듯이 임금의 은혜를 받지 못한 채 평안도 용천 유배의 명이 내려왔다. 용천에 유배 가면 지인도 없이 나의 그림자만을 벗 삼아 외롭게 지낼 것이기 때문에 아마도 시름 속에서 더디게 흘러가는 세월을 보낼 것이라 상상하고 유배를 떠났다. 이때 벗들

이 술자리를 열어주어 감격하기도 하고, 당질堂姪 이일중李一中이 함창咸昌까지 배웅을 나와 고마움을 표하기도 하였다. 앞서 살펴보았듯이 정권 등 16인이 전별시를 지어 이덕표를 위로하기도 하고 격려하기도 하였다. 다음은 이시욱李時郁이 이덕표를 전별한 시이다.

그대는 문장이 탁류에서 뛰어난데　吾君文彩濁流超
못가에서 초췌한 채 오가며 시 읊으리　澤畔行吟任悴憔
우뚝한 충언을 남들이 배척하고　倜儻忠言人共斥
붕당의 사설이 세상에 시끄럽네　交朋邪說世爭囂
영남 이만 유자들의 소두가 되었다가　南州二萬諸儒首
관서 땅 삼천리 가는 길이 아득하네　西塞三千一路遙
슬프게도 오늘 아침 헤어진 뒤로는　怊悵今朝相別後
오가는 꿈속 넋을 부를 필요 없으리　往來魂夢不須招

신사무옥辛巳誣獄을 변정하는 상소를 지어 불의에 항거하였고, 혼탁한 세상에서 문장으로 이름을 날렸지만 이제 평안도 용천으로 유배 가면 굴원屈原이 상담湘潭 가를 떠돌며 초사楚辭를 지었던 것처럼 초췌한 행색으로 시를 지을 것이다. 이는 당쟁의 격화로 삿된 말이 성행하여 그대의 충언이 현실에서 용납되지 않았기 때문이다. 영남 유생들의 소두로서 잘못을 바로잡으려다가 끝내 아득한 평안도로 유배 가게 되었다. 이제 그대와 헤어지면 영남과 관서가 아득히 멀리 떨어져 있어 꿈에서도 그대를 보기 어려울 것이라고 아쉬워하였다.

다음은 1725년 연말에 용천 유배지 처소에서 읊은 〈여관에서 감회를 적다[旅館書懷]〉(권1)이다.

찬 구들과 찬 이불에 벌레들이 깨물어　堗冷衾寒困噬虫

긴 밤에 잠 못 들고 웅숭그려 누웠네　長宵不寐臥如弓
변방에 다행히 병든 몸을 의탁하고　投荒尙幸容衰病
세상살이에 벙어리와 귀머거리를 본받네　涉世無妨效啞聾
화복에 밝지 않아 새옹지마에 돌리고　倚伏難明歸塞馬
편지 보내려 해도 기러기가 끊어졌네　音書欲寄斷賓鴻
슬프게도 세상에서 사내가 늙어감에　堪憐宇宙男兒老
시름을 없앨 때 술이 공이 있네　擺遣牢愁酒有功

북쪽 변방이라 추위가 빨리 오고 훨씬 매서워서 차가운 구들에 싸늘한 이불을 덮고 몸을 웅크리고 누웠지만 잠이 오지 않는다. 그래도 거처를 마련하여 늙고 병든 몸을 의탁할 수 있어 다행인데, 앞으로는 벙어리와 귀머거리처럼 세상일에 관여하지 않은 채 살고 싶다. 인생의 길흉화복은 새옹지마와 같은지라 일희일비하지 않겠지만 고향에 소식을 보내려 해도 마땅한 인편이 없어 한스럽기 그지없다. 궁색하고 외롭게 변방에서 늙어가노라니 그래도 시름을 깨뜨리고 위안 삼을 수 있는 것은 술이기에 술을 마시며 견디는 처연한 생활을 표현하고 있다.

다음은 둘째 부인 오천정씨(1694~1727)의 임종 소식을 듣고 지은 〈둘째 부인의 부음을 듣고 매우 애통하여 감회를 적다[聞繼室訃 痛迫書懷]〉(권2)이다. 오천정씨는 남편이 평안도 용천으로 유배 가자 상심하다가 병이 들어 1727년 2월 17일에 임종하였다.

백발로 울음 삼키니 오장이 끊어지고　白首呑聲五內摧
생이별과 사별 두 슬픔을 감내하네　生離死別兩堪哀
하늘가에서 이제부터 인연이 끊겼는데　天涯自此情緣斷
혼백이 어찌 꿈엔들 들어 왔으랴　魂魄何曾入夢來

아내의 부음을 듣고 울음소리를 삼키며 흐느끼니 오장육부가 모두 끊어지는 듯하다. 예전에는 생이별이 더 슬프다고 느꼈지만 지금 생각하니 생이별과 사별은 슬픔이란 측면에서 별반 다르지 않다. 그저 묵묵히 견딜 뿐이다. 이제 그대가 세상을 떠나 부부의 인연이 끊어져서 매우 슬프다. 그대의 임종을 지켜보지 못한 것도 크나큰 한이 되는데, 그대가 죽었을 때 그대의 넋이 꿈결에 나를 찾아오지 않았으니 그 슬픔을 어떻게 표현할 수 있겠는가? 아내의 죽음을 맞이하여 소리 없이 오열하는 작가의 마음을 절절히 표현하고 있다.

다음은 1727년 7월 16일에 해배解配한다는 관문關文을 보고 지은 〈7월 16일에 유배를 풀어준다는 관문이 비로소 이르다[七月旣望 解謫關文始到]〉(권2)이다.

가을날 배소에 비로소 조서[08]가 내려와 始聽金鷄楚澤秋
임금 은혜 갚으려 분골쇄신 생각하네 惟思粉骨聖恩酬
집안에선 이 소식을 뒤늦게 알 것이라 家中此報知應晩
날마다 하인 기다리며 부질없이 시름하네 日望星來謾自愁

1725년 4월 유배 길에 올라 평안도 용천에 도착한 뒤 2년이 넘어 1725년 7월 16일에 비로소 해배의 명을 담은 공문을 보게 되었다. 임금님의 큰 은혜에 보답하기 위하여 분골쇄신할 것을 다짐한다. 기쁜 해배의 소식을 아직 고향의 가족들은 알지 못할 것이기에 집안의 하인이 오면 그를 통해 이 소식을 고향에 전할 수 있기를 학수고대하나 하인이

08 원문의 '금계(金鷄)'는 머리를 황금으로 장식한 닭으로, 사면 조서(詔書)를 가리킨다. 천계성(天鷄星)이 사면을 주관한다는 설을 따라, 사면하는 조서를 반포할 적에는 대나무에 금계를 매달아서 의장(儀仗) 남쪽에 세워 두었던 고사에서 유래하였다. 『신당서(新唐書)』 권48 〈백관지(百官志)〉 참조.

오지 않아 시름하는 심정을 표현하고 있다. 이후 이덕표는 평안도에서 도움을 주었던 사람들에게 이별을 고하는 한편 지인들에게 자신의 해배 소식을 알린 뒤 9월 20일에 용천 유배지를 떠나 고향으로 돌아왔다.

다음은 1725년 평안도 용천에 도착한 뒤 자신의 마음가짐과 향후의 처세 방법에 대해 언급한 〈술회부述懷賦〉(권2)의 서두와 말미 부분이다.

내 삶이 어리석음을 슬퍼하니	悶吾生之惷愚兮
좋은 방도를 두루 꾀함에 어두웠네	昧周圖以自臧
법망에 걸려서 벗어날 수 없었고	觸文網而莫脫兮
버림받아 변방에 몸을 맡겼네	罹擯棄而投荒
가묘에 하직하고 문을 나선 뒤	辭家廟而出門兮
선영을 바라보며 눈물을 훔쳤네	望丘壟而掩淚
약한 아내 따르며 하늘에 통곡하니	弱妻隨而號天兮
유배 가는 길에 코가 시큰했네	行路爲之酸鼻
엄한 일정이라 조금도 머물 수 없어	嚴程不可少留兮
내 행장을 꾸림에 신속히 하였네	俶余裝兮迅征
많은 친구가 전별하러 나와서	多親朋之出餞兮
서천에 이르러 자리를 깔았네	戾西川而班荊
…(중략)…	
아, 군자가 세상을 살아감에	噫君子之處世兮
귀함은 도를 지키고 곧음을 행함이네	貴守道而履貞
사물은 변화를 겪어야 재목이 되고	物受變而材成兮
사람은 어려움 겪어야 지혜가 밝아지네	人涉難而智明
지난 허물 떠올리며 속으로 자책하고	追前愆而內訟兮

내 마음은 돌이 아니라 옮기지 않으리[09] 心匪石而難轉
멀리 가지 않고 되돌아와 후회가 없으니[10] 不遠復而無悔兮
사리로 풀어서[11] 응어리를 없애리 遺芥滯於理遣

서두에서는 자신이 처세에 능하지 못해 산림에 은거하다가 신사무옥을 변무한 일로 평안도 용천 유배의 명을 받고 고향을 떠나던 당시를 회고하였다. 산림에 은거하여 세상의 명리를 멀리한 채 심신을 수양하던 중에 경종이 즉위하자 희빈장씨의 신원과 불충한 무리를 척결하려는 의지를 갖고 변무 상소를 올렸다. 그러나 도리어 이 일로 인하여 유배 가게 되어 고향을 떠나려니 만감이 교차한다. 왕명이라 일정을 재촉하여 길을 떠나는데, 아픈 아내가 눈에 밟히고 벗들과 작별하니 슬프기만 하다. 중략 부분에서는 고향을 떠나 용천 유배지에 도착할 때까지의 일정과 견문한 내용, 자신의 심회를 적었다.

말미 부분에서는 세상에 대한 인식과 자신의 처세 방법을 토로하였다. 군자가 세상을 살아갈 때 늘 성현의 도를 지키고 올곧음을 실천하는 것이 중요하다. 사물이 시련을 겪어야 재목이 되는 것처럼 사람도 온갖 어려움을 경험한 뒤에 지혜가 밝아지게 된다. 지금 내가 정도를 실천하다가 유배를 온 것은 향후 나를 더욱 성장시키는 자양분이 될 것이기에 개의치 않는다. 그래서 지난날 나의 허물을 반성하되 내가 추구하는 떳떳한 도리는 결단코 변치 않고 고수할 것이다. 내가 정도에서

09 돌처럼 마음대로 굴릴 수 없는 마음, 곧 심지(心志)가 굳어서 확고부동한 마음을 말한다. 『시경』 〈백주(柏舟)〉에 "내 마음은 돌이 아니라 굴릴 수 없다.[我心匪石, 不可轉也.]"라고 하였다.

10 불원복(不遠復)은 멀리 가지 않고 되돌아온다는 뜻으로, 잘못을 깨닫고서 금세 바른길로 들어서는 것을 말한다. 『주역』 〈복괘 초구(復卦 初九)〉에 "멀지 않게 되돌아오니, 후회하는 일이 없을 것이요, 크게 좋을 것이다.[不遠復, 无祗悔, 元吉.]"라고 하였다.

11 이견(理遣)은 이성적으로 사리를 살펴 이해함으로써 슬픈 감정을 해소하는 것을 말한다.

멀리 벗어나지 않은 채 잘못을 바로잡아 후회가 없도록 하고 사리를 따져 내 마음속의 울분과 번뇌를 씻고서 안분安分하는 삶을 살고자 한다. 이것이 바로 이덕표가 그동안의 삶과 유배지에서 절실하게 깨달은 것이자 향후 인생의 지향점이라 할 수 있다.

V. 맺음말

이덕표는 회재 이언적으로부터 이어온 충효의 가학을 계승하여 의리의 실천에 매진한 문인이다. 그는 경주에서 태어나 충효의 가학을 계승하고 문사가 뛰어나 사림의 중망을 받았다. 1666년에 사마시에 합격하여 성균관에 가서 학업에 정진하다가 고향으로 돌아온 뒤 세상의 명리를 끊고 조상 및 지방 유현儒賢의 현창 사업에 힘을 쓰는 한편 경전 등을 탐독하며 학문의 전념하였다.

숙종이 승하한 뒤 연잉군의 왕세제 책봉 문제로 정쟁이 격화되어 신임옥사辛壬獄事가 일어났다. 1722년에 이덕표는 소두疏頭가 되어 영남 유생들과 함께 서울에 가서 희빈장씨의 신원과 역신의 처벌, 상소를 지연시키는 승정원 관리의 처벌을 주청하는 여러 편의 소를 올렸다. 이들 상소는 대의명분과 충효에 입각한 글로 시사를 엄정하게 인식하고 표현이 매우 준절하였다. 그러나 이 상소는 끝내 임금의 비답을 받지 못하여 실패하였으나 그의 의리 정신이 극명하게 드러난 하나의 사례이다. 고향에 돌아온 뒤 학문에 전념하던 중 1725년 4월에 1722년의 상소로 말미암아 노론의 탄핵을 받아 평안도 용천으로 유배 가게 되었다. 1727년 7월 해배의 명을 받고 고향에 돌아온 뒤 우옹愚翁이라 자호하고 학문과 유람을 즐기면서 지내다가 일생을 마쳤다.

2장에서는 문집에 실린 시문을 통하여 그의 가계와 생애를 살피고, 그의 생애를 관통하는 정신은 충효와 의리의 실천임을 밝혔다. 1722년에 지은 한시와 상소에 이러한 정신과 실천이 잘 담겨 있다. 3장에서는 『우와집寓窩集』의 체제와 주요 내용을 약술하였는데, 이는 이덕표에 대한 최초의 논문이기 때문이었다. 4장에서는 이덕표의 문학 중에서 가장 정수가 되는 1722년부터 1727년까지의 작품을 집중적으로 다루었다. 그의 시문 중 상당수가 이 시기에 생산되었고, 이러한 글들이 그의 문학 세계에서 가장 중요한 부분이기 때문이다. 신사옥사辛巳獄事에 대한 변무辨誣와 역신의 처벌이라는 의리의 실천, 그리고 이로 인한 용천 유배 시기의 시문에는 그의 의리 정신과 현실에 대한 충분과 고민이 잘 드러나 있다.

향후 그의 문학 세계에 대한 전면적인 고찰은 물론이고, 향촌 사회에서의 역할 등의 연구도 필요하다고 생각한다. 그리고 그가 지은 수많은 만시輓詩를 분석하여 경주를 중심으로 한 영남 유현과 향촌 지식인에 대한 인식도 검토할 필요가 있다.

참고문헌

『寓窩集』(한국국학진흥원 소장)

『景宗實錄』

『承政院日記』

『論語』

『宋書』

『莊子』

『韓昌黎集』

김남기. 2015.「『寓窩集』 해제」.『韓國國學振興院 所藏 文集解題 23-慶州·浦項·盈德·蔚珍』. 한국국학진흥원.

______. 2018.「寓窩 李德標의 삶과 문학세계」.『한국학논집』 71집. 한국학연구원.

자희옹 최치덕의 「역대사기」 연구

황 동 권

자희옹 최치덕의 「역대사기」 연구

—

황 동 권

Ⅰ. 머리말

한국국학진흥원에서는 2003년부터 지금까지 경상북도에서 출판된 문집 중에 기관에서 소장하고 있으면서 아직 학계에 소개되지 않은 문집을 중심으로 해제 사업을 진행하고 있다. 2015년에는 경주지역을 중심으로 사업을 진행했는데, 이때 필자는 이 사업에 참여하면서 자희옹自喜翁 최치덕(崔致德, 1699~1770)과 그의 문집인 『자희옹집自喜翁集』에 대해 알게 되었다.

자희옹 최치덕은 고운孤雲 최치원崔致遠의 후손으로, 18세기 경주지역에서 활동한 학자이다. 현재 그의 시문을 모은 3권 2책의 『자희옹집』이 전하는데, 한시·편지(14편)·제문(2편)·잡저(1편)·발문(1편)·명(銘, 3편)·상량문(2편)·설(說, 2편)·유사(遺事, 1편)·묘지명(1편)·부록 등으로 구성되어 있다. 문집의 양이나 내용이 다른 사람의 문집에 비해 소략하여 연구자들의 관심을 크게 끌지 못하고 있지만, 권1 시 부분에 실려 있는 「역대사기歷代史記」와 「도통인道統引」은 우리가 주목해야 할 작품이다. 「역대사기」는 장편 연작영사시로 중국과 한국의 역대 왕조와 인물 등에 대해 시로 읊었고, 「도통인」은 7언 127구로 이루어진 장편시로 공자孔子와 맹자孟子로부터 정자程子와 주자朱子를 거쳐 조선의 회재晦齋 이언적李彦迪과 퇴계退溪 이황李滉으로 이어지는 도통의 연원을 시로 읊었다. 이 중에서 장편 연작영사시인 「역대사기」에 대해 살펴보기로 하겠다.

「역대사기」는 115수, 7언 1,402구에 9,814자로 이루어진 장편 연작영사시이다. 일단 분량 면에서 기존의 연작영사시를 압도할 뿐만 아니라 시의 구성과 제재, 작가의식 등에서도 기존의 연작영사시들과 다른 면모를 보인다. 특히, 기존의 연작영사시들이 대부분 중국의 역사와 인물을 시로 읊은 것에 비해 「역대사기」는 중국의 역사와 인물뿐만 아니라 한국의 역사와 인물을 시로 읊었다.

우리나라의 연작영사시는 고려 중기 이후부터 20세기 초까지 오랜 세월 동안 많은 작품이 창작되었다. 그러나 많은 작품 중에 우리의 역사와 인물을 노래한 작품은 실제로 그리 많지 않고 대부분 중국의 역사와 인물을 노래하였다. 「역대사기」에 우리의 역사와 인물을 읊은 시가 많은 것은 아니지만 단군·기자·삼국 등을 중심으로 하는 우리의 고대사를 시적 소재로 삼은 것은 기존의 연작영사시들이 중국 중심적인 것에 비해 분명히 진일보한 측면이 있다.

한편, 18세기는 사상, 문학, 역사, 예술 등 여러 방면에서 우리의 역사·문화·풍속·언어 등에 관한 관심이 매우 고조되어 각자의 영역에서 이를 창작 소재로 활용하여 많은 성과를 쏟아내던 시기이다. 그러나 영남의 성리학자들은 이러한 흐름에 적극적으로 참여하지 않은 채 여전히 관념적인 이기론과 사단칠정론, 번쇄한 예설 및 경전 장구의 주석에 치중하는 경향을 보였다. 17~18세기 영남의 이러한 학풍 속에 자희옹 최치덕의 「역대사기」는 상당히 이례적이다.

「역대사기」는 이처럼 충분히 검토할 만한 작품임에도 불구하고 지금까지 어디에도 언급된 적이 없고, 다만 최치덕의 생애와 교유 관계 등을 다룬 「자희옹自喜翁 최치덕崔致德의 처사적處士的 삶과 종오정從吾亭의 위상位相」이라는 논문 1편 정도 있을 뿐이다. 이는 최치덕의 활동무대가 경주지역에 국한되었고, 그의 문집인 『자희옹집』은 실린 작품이 매우 소략하여 학계에 관심을 끌지 못한 것이 주된 원인일 것이다.

이 글은 최치덕의 생애와 한국의 연작영사시連作詠史詩에 대해 개괄적으로 살펴본 다음, 「역대사기」의 구성과 성격에 대해 간략하게 살펴보고자 한다. 이를 통해 기존의 연작영사시와 비교해 봄으로써 이 작품의 특징을 부각하려고 하고, 또 이어서 「역대사기」에 담겨있는 작가의 역사의식을 살펴보고자 한다. 이는 「역대사기」가 중국과 한국의 역사를 시적 소재로 삼고 있으므로 그 속에 투영된 역사의식을 파악하는 것이 무엇보다 중요하기 때문이다.

Ⅱ. 자희옹 최치덕의 생애[01]

자희옹 최치덕은 고운 최치원의 후손으로, 18세기 경주지역에서 활동한 학자이다. 그는 1699년(숙종 25) 경주慶州 황남리皇南里에서 아버지 최두만崔斗萬과 어머니 영천최씨永川崔氏 사이에서 7남 1녀 중 장남으로 태어났다. 자는 성능聖能, 호는 자희옹自喜翁, 본관은 경주이다. 12세(1710년) 때 이자근李自根의 딸 경주이씨를 부인으로 맞이하였고, 13세(1711년) 때 이미 사서삼경四書三經을 모두 읽었다. 이후 매호梅湖 손덕승(孫德升, 1659~1725)의 문하에 나아가 공부를 하였다. 20세(1718년) 약관의 나이에 학문의 성취를 이루었는데, 문장을 짓고 구절을 뽑는 사장학에

---

01 최치덕의 생애는 한국국학진흥에서 발간한 『문집해제』 23에 실려 있는 「自喜翁集 해제」와 오상욱의 「自喜翁 崔致德의 處士的 삶과 從吳亭의 位相」(2017, 『동양예학』 36집, 동양예학회)에 상세하다. 이 글에서는 이를 토대로 최치덕의 생애를 요약·정리했음을 밝혀둔다.

는 뜻을 두지 않았다. 그렇다고 해서 사장학을 완전히 경시한 것은 아니다. 그는 "사장이 유학의 병폐가 된 지 오래지만, 그렇다고 해서 완전히 폐기할 수 없다. …… 예·악·사·어·서·수부터 소장疏章과 간찰에 이르기까지 또한 유학에 없어서는 안 되는 것이다. 다만 그 본말과 경중, 선후의 차례를 잘 선택하고 부화하게 꾸미거나 헛되이 아로새기는 것은 절대로 해서는 안 된다."[02]라고 하며, 문장의 실용성과 효용성을 인정하였다.

최치덕은 아버지의 뜻에 따라 향시에 나아가 여러 번 합격했으나, 아버지의 병환으로 과거 공부를 그만두고 아버지를 봉양하면서 사서육경을 반복 숙달하여 그 핵심을 터득하였다. 그는 공자의 일생을 그림으로 묘사한 『선성궐리도先聖闕里圖』를 직접 모사하여 벽에 걸어두고 마치 공자를 만난 것처럼 공경하였고, 또 20년 동안 매일 아침·저녁으로 『시경』「빈풍豳風 칠월七月」, 『논어』「향당鄕黨」, 『서경』「무일無逸」 등을 외우고 익혔다. 특히, 자제들에게 "사서삼경은 도를 전하는 조종祖宗이요, 수신제가의 큰 근본이니 배우는 사람은 잠시도 손에서 놓아서는 안 된다."[03]라고 하며 사서삼경을 매우 강조하였다. 그뿐만 아니라 『성리대전性理大全』의 핵심을 가려 뽑은 뒤에 아침·저녁으로 읽으며 자신을 반성하였다. 만년에는 경주 손곡동蓀谷洞에 '종오정從吾亭'을 지은 뒤 이곳에서 제자들을 가르치며 저술 활동에 몰두하였다. 이 시기에 최치원의 『경학대장經學隊仗』을 교정하고, 「역대사기」·「도통인」·『심경집心敬集』·『박의정선博議精選』 등을 저술하였다. 이후 1770년(영조 46)에 72세의 나이로 세상을 떠났다.

---

02 崔致德, 「與李參判(憲默)」, 『自喜翁集』, "蓋詞章之爲病於斯學, 其來已久, 而以淺見, 則此亦不可專廢也.……禮樂射御書數, 以至疏章簡札, 亦斯學之不可無者也. 但擇其本末輕重先後之序, 而痛絶浮躁之飾, 勿費虛輪之刻, 恐或似可歟."

03 崔致德, 「行狀」, 『自喜翁集』, "七書, 傳道之祖宗, 修齊之大本, 學者之不可須臾離也."

교유 인물을 살펴보면, 매호 손덕승과 송국재松菊齋 이순상(李舜相, 1659~1729)의 문하에서 수학하였고, 경주 출신의 이범중李範中·손승구孫升九·이헌유李憲儒·이정중李精中·최제한崔濟漢, 활산活山 남용만(南龍萬, 1709~1784), 그리고 당대 문형文衡으로 경주부윤을 지낸 이계耳溪 홍양호(洪良浩, 1724~1802) 등과 깊은 교분을 나누었다.[04]

Ⅲ. 한국의 연작영사시連作詠史詩 작품과 성격

한시는 다른 문학 형태보다도 역사를 소재로 삼는 일이 많다. 한시는 전고를 통해 시적 정서를 증폭시키는 방법을 자주 사용하기 때문에 역사 사실을 적극적으로 인용하거나 환기하기 마련이다.[05] 더 나아가 역사를 통해 작가의 의식과 감정을 표현하는 방식은 『시경』과 『이소』 등 한시의 첫출발과 함께 '영사詠史', '회고懷古', '남고覽古', '조고弔古', '술고述古' 등의 다양한 이름으로 사용되며 한시의 주요한 제재가 되어 왔다.[06] 이 중에 '영사'와 '회고'가 가장 대표적인 위상을 부여받아 왔다.

영사시와 회고시는 작가가 과거 사실이나 그것에 관련된 유적·유물에서 시적 계기를 발견하고 형상화하면서 과거 사실에 대한 사상·정서적 평가를 담는 것이다. 영사시와 회고시는 그 경계가 모호하지만 그 둘은 발생과정이 다르고 시적 계기의 포착이나 주제 표출방식에서 차이

---

04 오상욱. 위의 논문. 114쪽.

05 심경호. 2000. 「한국 한시와 역사」. 『한국 한시의 이해』. 태학사. 13쪽.

06 이철희. 2010. 「영사시와 회고시에 대한 시학적 이해-「이십일도회고시」의 성격 규명을 위하여」. 『동악어문학』 54. 동악어문학회. 354쪽.

가 있다. 영사시는 역사 사실을 이용하여 작가 자신의 문제를 빗대거나 당대 현실을 풍자·권계 하려는 의도에서 창작되며, 그에 따라 감정 논리나 분석 논리에 따른 평가를 수반한다. 하지만 회고시는 '무상감無常感'을 기조로 하여 사실 자체에 대한 감정적·논리적 평가가 그다지 수반되지 않는다. 발생적으로 보면 영사시는 동한東漢의 반고班固에 의해 명칭이 성립되어 『문선文選』에 9명 21수의 작품이 실릴 만큼 이른 시기부터 하나의 시가 양식으로 확립되었지만, 회고시라는 명칭은 당대唐代에 이르러서야 진자앙陳子昂에 의해 사용되었다. 이후 영사시와 회고시는 시 제목상 혼용됐으므로 시 제목만 보고 양태를 나눌 수는 없다.[07]

한편, 우리나라의 경우 영사시와 회고시는 남북국시대 말기에 최치원이 「변하회고汴河懷古」[08]를 읊은 이래로 고려를 거쳐 조선이 끝날 때까지 약 천여 년이 넘는 긴 세월 동안 수많은 시인에 의해 수많은 작품이 창작되었다.[09] 특히, 17세기 중엽 이후 우리 역사를 소재로 한 악부체의 연작영사시가 출현하여 해동악부체 양식이 성립되기도 하였다.[10] 이외에도 우리의 역사를 궁사체宮詞體로 읊은 것이 있다. 이렇듯 우리나라의 시인들은 일찍부터 우리의 역사를 시적 소재로 활용하여 다양한 시체詩體, 즉 영사시·회고시·해동악부시·궁사시 등으로 노래했는데, 그 양 또한 적지 않다. 본 장에서는 이를 전부 다루지 않고 10수 이상의 장편 연작영사시를 중심으로 다루고자 한다.[11] 한국문집총간에 수록된 문

---

07 심경호. 위의 논문. 14~15쪽.

08 심경호 교수는 「한국 한시와 역사」(2000, 『한국 한시의 이해』, 태학사, 16쪽)라는 논문에서 "「변하회고」는 '회고'라는 제목을 취하였고, 또 회고조의 애상성이 드러나 있기는 하지만, 호화와 사치를 경계하는 감계의식을 짙게 담고 있어 영사시의 범주에 속한다고 보아도 무방하다."라고 하였다.

09 영사시와 회고시의 작품 소개는 김영숙의 「詠史詩의 개념과 작품의 실상」(2008, 『동방한문학』 37집, 동방한문학회, 20쪽)이라는 논문과 김윤조의 「懷古詩의 전통과 二十一都懷古詩」(2012, 『민족문화』 39집, 한국고전번역원, 29쪽)이라는 논문에 소개되어 있다.

10 심경호. 위의 논문. 24쪽.

11 이 논문에서는 논의의 편의상 연작영사시 중에 10수 이상으로 이루어진 장편 작품을 중심

집 중에 제목이 '영사'이면서 10수 이상의 장편 연작시를 중심으로 선별하였다. 물론 제목에 반드시 '영사'라는 단어가 들어있어야만 '영사시'인 것은 아니다. 다만 논의의 편의상 대체로 '영사'라는 제목을 가진 작품을 중심으로 선별하였다. 작품을 정리하면 아래【표 1】과 같다.

【표 1】 10수 이상의 장편 연작영사시

작자	제목	형식	題材
李奎報 (1168~ 1241)	開元天寶詠史詩	7언절구 (43수)	金舫表直, 茘支, 風流陣, 木芍藥, 步輦召學士, 辟寒犀, 月宮, 金牌斷酒, 羯鼓, 金籠蟋蟀, 美人呵筆, 七寶山, 爇鬚, 義竹, 戴竿舞, 木瓦, 楊妃吹玉笛, 龍腦蟬, 嚴公界, 記事珠, 截鐙留鞭, 花妖, 綠衣使者, 醒醉草, 綉犀鈒舟, 燭奴, 剪髮, 紅汗, 金函, 富窟, 寵姐隔障歌, 念奴, 消恨花, 舞馬, 雪衣娘, 送妃子, 雨淋鈴, 凝碧池, 金粟環, 望月臺, 爲祿山起第, 落妃池, 夢遊大眞院.
李穀 (1298~ 1351)	詠史	7언절구 (27수)	五侯, 張綱墓, 李固, 五處士, 賈彪, 皇甫規, 陳蕃, 孔褒, 孟他, 胡廣, 宣陵孝子, 鴻都門學, 陽球, 西邸, 黃巾, 許劭, 秦祗, 禰衡, 呂布, 袁紹, 孔融, 蔣幹, 周瑜, 呂蒙, 荀彧, 濡須口, 王祥.
李詹 (1345~ 1405)	讀史感遇	7언절구 (46수, 이중 7수는 산실됨)	臧僖伯, 齊桓公, 晉獻公, 秦穆公, 楚莊王, 屈原, 蘇武, 霍光, 盍寬饒, 王章, 朱雲, 龔勝, 嚴光, 李業, 韓歆, 荀彧, 嚴顏, 羊祜, 諸葛亮, 陶潛, 陳元達, 崔楷, 陶弘景, 傅縡, 章華, 許善心, 堯君素, 魏徵, 李善感, 韓休, 顏杲卿, 張巡·許遠, 郭子儀, 段秀實, 李泌, 陸贄, 韓愈, 范粲, 嵇紹.
金時習 (1435~ 1493)	詠史	5·7언절·율·배율(30수)	嘲二釣叟(2), 魯仲連(1), 詠三諫臣(비간·굴월·오원, 3), 讀唐史(1), 王莽(3), 漢宣帝(1), 讀光武紀(1), 精忠旗(3), 伯夷叔齊(3), 哀班師(1), 哀文山(3), 四皓翁(1), 臥龍(3), 墜橋履(1), 留侯引(1), 哀蘇武(2), 看史謾題(1).
	詠東國故事	7언절구 (5수)	金侍中騎騾訪江西慧臺上人, 鄭中丞謫居東萊對月撫琴, 郭翰林冒雨賞三池蓮花, 金居士雪中騎牛遊皺巖, 題江陵獄壁벽.
	病臥彌旬至秋深乃起感今思古作感興詩	5언율·배율 (11수)	중국과 한국의 역사와 인물.

으로 살펴보았다. 이에 대해 이견이 있을 수 있지만 어디까지나 한국의 장편 연작영사시의 전반적인 현상을 파악하기 위한 것임을 밝혀둔다.

작자	제목	형식	題材
李耔 (1480~1533)		5언율시 (30수)	樊姬, 史氏女, 伯宗妻, 夏姜, 無鹽女, 秋胡婦, 漆室女, 宿瘤女, 樂羊子妻, 老萊妻, 浣紗女, 緹縈, 杜泰姬, 桓氏, 范滂母, 文姬, 皇甫規妻, 馬融女, 梁鴻妻, 王霸妻, 倪氏女, 夏侯令女, 周顗母, 羊氏, 董氏, 李氏, 程氏, 李氏, 程氏, 楊氏.
金安老 (1481~1537)	詠史	7언절구 (24수)	漢高帝, 漢武帝, 漢宣帝, 漢光武, 唐太宗, 唐玄宗, 宋神宗, 曹參, 賈誼, 東方朔, 丙吉, 毛延壽, 范滂, 嚴子陵, 王莽, 謝安, 陶潛, 狄仁傑, 張東之, 邵康節.
	詠史雜言	5언율시 (26수)	중국의 역사와 인물.
申光漢 (1484~1555)	詠史	7언절구 (65수)	堯, 舜, 禹, 湯, 泰伯, 文, 武, 周公, 孔子, 顏子, 曾子, 子思, 孟子, 周子, 程子, 程子, 邵子, 張子, 朱子, 啓, 太甲, 高宗, 成王, 康王, 宣王, 稷, 工垂, 契, 皐陶, 伯夷, 夔, 益, 伊尹, 傅說, 呂望, 諸葛, 伯夷·叔齊, 微子, 箕子, 比干, 許由, 長沮·桀溺, 商山四皓, 兩生, 嚴光, 陶潛, 陳搏, 范蠡, 莊周, 荀卿, 楊雄, 韓愈, 漢高祖, 項羽, 蕭何, 曹參, 張良, 韓信, 周勃, 婁敬, 狄梁公, 娥皇·女英, 陳皇后, 明妃, 寧國公主.
蘇世讓 (1486~1562)	讀史	7언절구 (12수)	춘추전국부터 송나라까지의 중국 역사.
沈彦光 (1487~1540)	擬詠史	7언절구 (40수)	太公, 伯夷·叔齊, 屈原, 伍員, 申生, 扶蘇, 蒙恬, 范增, 四皓, 項籍, 外黃兒, 韓信, 張良, 賈誼, 豫讓, 朱雲, 蕭望之, 王嘉, 馬援, 龔勝, 薛方, 楊雄, 楊震, 申屠蟠, 楊彪, 臧洪, 諸葛亮, 陶潛, 謝朏, 沈約, 沈攸之, 斛律光, 魏徵, 張九齡, 狄仁傑, 五王, 岳飛, 文天祥, 陸秀夫, 張世傑.
周世鵬 (1495~1554)	詠史	5언율시 (20수)	도통연원에 속하는 성인
申敏一 (1576~1650)	詠史十絶	7언절구 (10수)	한문제, 제갈공명, 즉묵대부, 채택, 계자 등의 중국 역사 인물
南龍翼 (1628~1692)	詠史	7언절구 (60수)	夏啓, 殷高宗, 周武王, 昭王, 穆王, 齊景公, 魏文侯, 趙襄子, 趙武靈王, 燕昭王, 秦始皇, 楚襄王, 漢高祖, 呂后, 文帝, 武帝, 光武, 漢昭烈, 魏文帝, 晉成帝, 巢父·許由, 太公, 百里奚, 伍子胥, 管仲, 舅犯, 老子, 莊子, 藺相如, 毛遂, 蘇秦, 張儀, 信陵君, 范雎, 宋玉, 荊軻, 呂不韋, 商山四皓, 范增, 張良, 黥布, 周勃, 袁盎, 東方朔, 司馬相如, 李陵, 金日磾, 楊雄, 馮異, 馬援, 宋弘, 張儉, 禰衡, 徐庶, 杜預, 嵇紹, 王導, 陶侃, 謝玄, 陶潛.

<table>
<thead>
<tr><th>작자</th><th>제목</th><th>형식</th><th>題材</th></tr>
</thead>
<tbody>
<tr><td>姜錫圭
(1628~
1695)</td><td>詠史</td><td>7언율시
(10수)</td><td>二妃, 屈原, 項羽, 陸龜蒙, 巢許, 沮溺, 四皓, 二疏, 嚴君平, 嚴子陵.</td></tr>
<tr><td>兪彦述
(1703~
1773)</td><td>咏史次李白
五十九首</td><td>5언율·배율
(59수)</td><td>三皇首出, 五帝繼作, 八年治水, 六事禱野, 三分事殷, 一戎興周, 金縢發冊, 瑤池赴宴, 中興靖國, 東遷下堂, 五霸假仁, 六國爭雄, 春秋尊王, 齊梁陳道, 函關虎視, 沛澤龍興, 代邸承統, 輪臺下詔, 博陸定策, 新莽竊位, 白水興王, 明堂養老, 佛教亂華, 黨錮病國, 衣帶受詔, 茅廬訪策, 白帝托孤, 黃初受禪, 華林問蛙, 長江飮馬, 六朝分王, 五胡亂夏, 迷樓行樂, 晉陽起義, 貞觀致治, 則天僭號, 天寶悔禍, 靈武卽位, 强藩稱亂, 賊溫革命, 唐宗祝聖, 宋祖回軍, 祥符天書, 慶曆聖德, 洛蜀分黨, 濂洛闖學, 靖康出城, 臨安定都, 胡元亂統, 洪武刱業, 建文遜位, 正統陷虜, 嘉靖追崇, 萬曆稅礦, 左海再造, 東林三案, 崇禎殉社, 弘光延緖, 禁苑設壇.</td></tr>
<tr><td rowspan="2">尹愭
(1741~
1826)</td><td>詠史</td><td>7언절구
(400수)</td><td>태고시대부터 삼국시대까지의 중국의 역사와 인물.</td></tr>
<tr><td>詠東史</td><td>7언절구
(600수)</td><td>단군시대부터 고려말까지의 우리나라의 역사와 인물.</td></tr>
<tr><td>宋來熙
(1791~
1867)</td><td>詠史詩</td><td>7언절구
(25수)</td><td>崆峒, 喬山, 箕山, 蒼梧, 首陽, 姑蘇臺, 汨灑, 會稽山, 延陵, 黃金臺, 夷門, 函谷關, 東海, 長城, 驪山, 垓下, 沛宮, 未央宮, 商山, 長沙, 汾水, 滹沱河, 銅雀臺, 汴水, 貪泉.</td></tr>
<tr><td rowspan="3">李裕元
(1814~
1888)</td><td>史贊</td><td>7언절구
(15수)</td><td>秦, 漢, 東漢, 蜀漢, 魏, 吳, 晉, 六朝, 北魏, 隋, 唐, 五季, 宋, 元, 明.</td></tr>
<tr><td>史詠</td><td>7언절구
(42수)</td><td>管仲, 魯仲連, 趙盾, 蘧伯玉, 屈原, 商鞅, 季札, 伍子胥, 范蠡, 樂毅, 荊軻, 范增, 田橫, 張良, 韓信, 四皓, 賈誼, 李廣, 董仲舒, 東方朔, 蘇武, 疏廣, 楊雄, 嚴光, 郭泰, 諸葛亮, 杜預, 陶淵明, 陶弘景, 崔浩, 魏徵, 顔眞卿, 張巡, 李泌, 司空圖, 趙普, 錢若水, 呂夷簡, 王安石, 蘇軾, 岳飛, 文天祥.</td></tr>
<tr><td>皇明史咏</td><td>7언절구
(42수)</td><td>徐達, 劉基, 常遇春, 李文忠, 湯和, 沐英, 李善長, 花雲, 兪通海, 胡大海, 廖永安, 宋濂, 方孝儒, 鐵鉉, 黃子澄, 景淸, 耿炳文, 姚廣孝, 楊士奇, 夏原吉, 李東陽, 李夢陽, 薛瑄, 陳獻章, 王守仁, 茅坤, 葉向高, 顧憲成, 左光斗, 楊漣, 文徵明, 戚繼光, 孫承宗, 楊鎬, 李如松, 麻貴, 徐光啓, 袁崇煥, 李攀龍, 王世貞, 董其昌, 陳繼儒, 楊一淸, 瞿式耜, 史可法.</td></tr>
<tr><td>李南珪
(1855~
1907)</td><td>咏史十首</td><td>5언절구
(10수)</td><td>전국시대 魯仲連부터 원나라 許衡과 竇默에 이르기까지의 인물</td></tr>
</tbody>
</table>

위의 표를 정리하면, 작가는 18인, 작품은 24제題인데, 【표 1】에는 제시하지 않았지만 10수 미만의 연작영사시도 상당수 존재한다.[12] 우리나라의 연작영사시는 고려 중기 이규보가 43수의 「개원천보영사시開元天寶詠史詩」를 창작한 이래로 조선이 끝날 때까지 오랜 세월 동안 꾸준히 창작되었고, 그 편수는 무명자無名子 윤기尹愭의 「영동사詠東史」 600수부터 박천博泉 이옥李沃의 「영사」 5수까지 다양하다.

시의 형식을 살펴보면, 7언절구의 형식을 채택한 작가가 13명[13]으로 압도적인 비율을 차지하고 있다.[14] 이 밖에 5언절구의 형식을 채택한 작가는 1명(이남규), 5언율시의 형식을 채택한 작가는 3명(이자·김안로·주세붕), 7언율시의 형식을 채택한 작가는 1명(강석규)이다. 다만 김시습과 유언술의 경우 다양한 시체를 사용했는데, 김시습은 「영사」에서 5언율시·7언절구·7언율시·5언배율·7언배율을 「병와미순, 지추심내기, 감금사고, 작감흥시病臥彌旬至秋深乃起感今思古作感興詩」에서 5언율시·5언배율을 섞어 사용하였고, 유언술은 「영사」에서 5언율시·5언배율을 섞어 사용하였다.

시의 제재를 살펴보면, 우리의 역사와 인물을 읊은 김시습의 「영동국고사」와 「병와미순, 지추심내기, 감금사고, 작감흥시」, 윤기의 「영동사」를 제외한 나머지 작품들은 대부분 중국의 역사와 인물 등을 읊었

12 10수 미만의 연작영사시로는 大觀齋 沈義의 「詠史」(5수), 象村 申欽의 「詠史」(6수), 東溟 鄭斗卿의 「詠史」(7수), 鶴洲 金弘郁의 「詠史」(4수), 葛庵 李玄逸의 「詠史」(6수), 汾厓 申晸의 「詠史」(6수), 拙修齋 趙聖期의 「詠史」(5수), 晚靜堂 徐宗泰의 「詠史」(5수), 息山 李萬敷의 「詠史」(5수), 正祖의 「詠史」(9수), 秋齋 趙秀三의 「詠史」(8수), 茶山 丁若鏞의 「重熙堂賜對, 論史記漢書, 退述玉音, 爲詠史詩伍首」(5수), 淵泉 洪奭周의 「詠史」(6수), 西浦 郭說의 「詠史有感」(8수)·「詠史」(5수), 琴川 鄭時修의 「咏史」(5수), 博泉 李沃의 「詠史」(5수) 등이 있다.

13 이규보·이곡·이첨·김시습·김안로·신광한·소세양·심광언·신민일·남용익·윤기·송내희·이유원 이상 13명이다.

14 영사시에서도 7언절구가 압도적이며, 회고시에서는 7언절구와 7언율시가 압도적이다. 이에 관해서는 주석5에서 언급한 김영숙과 김윤조의 논문을 참고할 만하다.

다. 특히 역사적 인물을 시적 제재로 삼은 시가 절대다수임을 확인할 수 있다. 이런 특징은 영사시나 회고시에서도 공통으로 보인다. 시적 제재로 삼은 인물의 면면을 살펴보면, 성군·성인·제왕·제후·명재상·충신·명장·모신·학자·문인·시인·은자·간신·환관 등 매우 다양하다. 특히, 음애陰崖 이자李耔는 번희樊姬 등 부인 30인의 사적을 소재로 한 연작 영사시를 지어 이채를 띤다.[15]

시인의 취재 방식을 살펴보면, 이규보는 「개원천보영사시 병서」에서 "나는 독서를 하면서 당나라 명황(明皇; 현종)의 유적을 보았다. …… 본받을 만한 선과 경계할 만한 악을 모으니 풍영諷詠에 드러낼 만하다. 비록 임금과 관련되지 않은 일도 있지만, 당시의 선악은 모두 임금의 교화에 물든 것이기 때문에 모두 모아 읊었다."[16]고 하였다. 이는 그가 역사서를 두루 읽으면서 당현종과 양귀비 두 사람과 관련된 기사를 선택하여 시로 읊었음을 알 수 있다. 참고한 서적을 살펴보면, 『개원천보유사開元天寶遺事』(24건), 『명황잡록明皇雜錄』(8건), 『양비외전楊妃外傳』(3건), 『현종유록玄宗遺錄』(3건), 『당서唐書』(2건), 『개원전신기開元傳信記』(2건), 『갈고록羯鼓錄』(1건), 『일사逸史』(1건), 『태평광기太平廣記』(1건), 『이백집李白集』(1건) 등이다.[17]

윤기는 「영사병서詠史幷序」에서 "증선지의 『사략』을 두루 본 뒤에 『영사』를 지었다."[18]라고 하였고, 또 「영동사병서詠東史幷序」에서 "『사략』에 편입된 우리나라의 일을 가지고 시를 지었으나 실린 것이 너무 소략했기

---

15 심경호, 위의 논문, 20쪽.

16 李奎報, 「開元天寶詠史詩序」, 『東國李相國文集』, 한국문집총간 1~2, 327쪽 "予讀書之間, 見唐明皇遺迹……是用拾善可爲法惡可爲誡者, 播于諷詠. 雖事有不關於上者, 其時善惡, 皆上化之漸染, 故幷掇而詠之."

17 이희영. 2017. 「이규보 「개원천보영사시」의 記事選擇과 構成에 관하여」. 『한문학논집』 48집. 근역한문학회. 168쪽.

18 尹愭. 「詠史幷序」. 『無名子集』. 한국문집총간 256. 106쪽 "因閱曾先之史略而作"

때문에 간혹 다른 서적에서 본 것을 취해서 포폄의 뜻을 붙였다."[19]라고 하였다. 여기서 말하는 다른 서적은 고려 이전의 것은 대부분 『삼국사기』를 기본으로 하면서 『삼국유사』로 보충한 것으로 보이고, 고려사는 주로 『고려사절요』를 기본으로 하고 있다.[20] 그뿐만 아니라 궁오窮悟 임천상(任天常, 1754~1822)은 「영사병인咏史幷引」에서 "우연히 역사서를 읽고 감동하여 5언의 「영사」 한 편을 완성하였다."라고 하였다. 따라서 이규보·윤기·임천상은 역사서를 읽다가 느낀 바가 있으면 이를 역사서에서 취재하여 창작의 자료로 삼았음을 알 수 있다. 다른 연작영사시 작가들의 취재 방식 또한 여기에서 크게 벗어나지 않을 것이다.

Ⅳ. 「역대사기歷代史記」의 구성과 성격

「역대사기」는 115수의 시로 이루어진 장편의 연작영사시로 『자희옹집』 권1 시 부분에 실려 있다. 『자희옹집』에 실려 있는 시가 모두 66제 186수인데 이 중에 「역대사기」가 약 62% 정도를 차지하고 있으니, 실로 「역대사기」는 자희옹 최치덕의 역작임이 틀림없다. 우선 「역대사기」에 들어있는 시의 제목과 형식을 소개하면【표 2】와 같다.

---

19 尹愭. 위의 책. 147쪽 "就史略中編入東事者作之, 而所載太略, 故間取見於他書者, 以寓褒貶之義."

20 김병건. 2003. 「無名子 尹愭의 사상과 문학」. 성균관대 박사논문. 233쪽.

【표 2】「역대사기」에 실린 작품의 제목과 형식

번호	제목	형식	번호	제목	형식	번호	제목	형식
1	太古	7언38구	39	虞舜	7언04구	78	韓	7언08구
2	夏	7언12구	40	夏禹	7언04구	79	附俠客	7언02구
3	殷	7언06구	41	夏啓	7언04구	80	楚	7언08구
4	周	7언14구	42	太康	7언04구	81	附春申君	7언06구
5	春秋戰國	7언24구	43	仲康	7언04구	82	燕	7언08구
6	秦	7언14구	44	子相	7언04구	83	附俠客	7언04구
7	漢	7언60구	45	少康	7언12구	84	秦	7언22구
8	東漢	7언36구	46	殷(成湯)	7언04구	85	漢	7언36구
9	蜀漢	7언10구	47	太甲	7언16구	86	東漢	7언24구
10	晉	7언16구	48	武乙	7언04구	87	蜀漢	7언08구
11	東晉	7언12구	50	周(文王)	7언04구	88	西晉	7언10구
12	宋	7언12구	51	武王	7언04구	89	東晉	7언24구
13	齊	7언06구	52	成王康王	7언04구	90	宋	7언12구
14	梁	7언04구	53	昭王	7언06구	91	齊	7언10구
15	陳	7언08구	54	宣王	7언04구	92	梁	7언08구
16	隋	7언08구	55	幽王	7언32구	93	陳	7언08구
17	唐	7언48구	56	附春秋戰國	7언04구	94	隋	7언08구
18	五代後梁	7언18구	57	七雄	7언08구	95	唐	7언84구
19	宋	7언36구	58	吳	7언08구	96	梁	7언04구
20	南宋	7언28구	59	附賢公子	7언04구	97	唐	7언04구
21	元	7언06구	60	蔡	7언08구	98	晉	7언04구
22	明	7언22구	61	曹	7언08구	99	漢	7언04구
23	東國	7언14구	62	宋	7언08구	100	周	7언04구
24	漢陽	7언28구	63	魯	7언10구	101	宋	7언36구
25	邃古	7언4구	64	附格說	7언04구	102	南宋	7언40구

번호	제목	형식	번호	제목	형식	번호	제목	형식
26	天皇氏	7언4구	65	衛	7언08구	103	元	7언16구
27	地皇氏	7언04구	66	鄭	7언08구	104	東國	7언04구
28	人皇氏	7언04구	67	附孝	7언02구	105	檀君	7언04구
29	有巢	7언04구	68	晋	7언08구	106	箕子	7언04구
30	燧人	7언04구	69	陳	7언08구	107	箕準	7언04구
31	伏羲	7언04구	70	齊	7언08구	108	衛滿朝鮮	7언04구
32	女媧	7언04구	71	附賢士	7언04구	109	右渠	7언24구
33	炎帝	7언04구	72	附孟嘗君	7언04구	110	新羅	7언08구
34	軒轅	7언04구	73	田齊	7언08구	111	朴氏	7언06구
35	少昊	7언04구	74	趙	7언08구	112	昔氏	7언02구
36	高陽	7언04구	75	附平原君	7언04구	113	金氏	7언42구
37	高辛	7언04구	76	魏	7언08구	114	高句麗	7언48구
38	帝堯	7언04구	77	附信陵君石碏	7언06구	115	百濟	7언52구
합계					**7언1,402구(9,814자)**			

위 표는 「역대사기」를 구성하고 있는 시들을 정리한 것이다. 우선 형식적인 부분을 살펴보면, 첫째, 「역대사기」는 115수, 7언 1,402구에 9,814자로 이루어진 장편 연작영사시이다. 일단 분량면에서 기존의 연작영사시를 압도하는데, 이보다 양이 많은 작품은 현재까지 무명자 윤기의 「영사」와 「동영사」 2편밖에 없는 것으로 보인다.

둘째, 형식면에 있어서도 7언2구, 7언4구, 7언8구 …… 7언60구, 7언84구 등 매우 다양하다. 이는 기존의 연작영사시의 형식이 대부분 7언절구인 점을 고려하면 매우 다른 면모이다. 물론 김시습의 「영사」와 「병와미순, 지추심내기, 감금사고, 작감홍시」, 유언술의 「영사」와 같은 작품들도 5언율시·7언절구·7언율시·5언배율·7언배율 등의 다양한 형식으로 이루어져 있지만, 「역대사기」에 비할 바가 아니다. 특히 「역대사기」 작품 중에 왕조의 흥망성쇠를 읊은 시들이 대체로 다양한 형식을 취하고 있다. 이를테면 왕조의 역사가 긴 한나라·당나라·송나라 등에 대해 읊은 시들은 매우 긴 장편이지만 왕조의 역사가 짧은 오대십국과 같은 후량·후당·후진 등을 읊은 시들은 7언4구로 짧은 편이다. 이에 반해 천황씨天皇氏·제요帝堯·무왕武王·맹상군孟嘗君·단군檀君 등의 인물에 대해 읊은 시들은 대부분 7언4구의 형식을 띠고 있다. 이는 기존의 작품들도 같다. 이를테면 후한말부터 삼국시대까지의 충신·간신·명재상·명장·환관·효자 등을 노래한 이곡의 「영사」, 한나라부터 송나라까지의 제왕·충신·간신·명재상·명장·학자 등을 노래한 김안로의 「영사」, 춘추시대부터 송나라까지의 충신·명재상·명장·학자 등을 노래한 이유원의 「영사」 등이 모두 7언4구의 형식을 띠고 있다.

다음으로 시의 구성을 살펴보면, 우선 「역대사기」는 크게 두 부분으로 나누어지는데, 1번 '태고太古'부터 24번 '한양漢陽'까지는 전반부이고, 25번 '수고邃古'부터 115번 '백제百濟'까지는 후반부이다. 전반부는 다시 중국과 한국으로 나뉘는데, 중국의 경우 태고시대부터 명나라까지 중원 전체 또는 일부를 통치했던 역대 정통 왕조의 흥망성쇠를 노래하였고, 한국의 경우 단군부터 조선 중기까지의 긴 역사를 '동국東國'과 '한양漢陽'이라는 두 편의 시를 통해 간략하게 노래하였다. 후반부 역시 중국과 한국으로 나뉘는데, 중국의 경우 태고시대의 신화와 전설 속 인물과 역사적 인물, 역대의 정통 왕조 및 춘추전국시대와 오대후량 시대에 존재했던 크고 작은 여러 국가의 흥망성쇠에 대해 노래하였고, 한국의 경우 단군·기자·기준과 같은 고대 인물과 위만조선·신라·고구려·백제의 흥망성쇠를 중심으로 노래하였다. 다시 말하면, 「역대사기」의 전반부는 오직 중국과 한국의 역대 정통 왕조만을 다루었고, 후반부에서는 정통 왕조뿐만 아니라 비정통의 크고 작은 국가와 인물까지 소재를 확대하였다.

무엇보다 「역대사기」가 우리의 역사와 인물을 읊은 것은 중요한 부분이다. 작품 안에는 단군부터 고려 건국까지의 역사를 읊은 '동국', 조선 건국부터 병자호란까지의 역사를 읊은 '한양', 신라의 건국 설화와 흥망성쇠를 노래한 신라新羅·박씨朴氏·석씨昔氏·김씨金氏, 고구려의 건국과 흥망성쇠를 노래한 '고구려高句麗', 백제의 건국과 흥망성쇠를 노래한 '백제', 고조선을 세운 '단군', 기자조선을 세운 '기자', 기자조선의 마지막 왕인 '기준箕準', 위만조선衛滿朝鮮의 흥망성쇠와 삼한三韓의 정립에 대해 읊은 '우거右渠'등이 실려 있다. 물론 중국의 역사와 인물을 읊은 시에 비해 그 수가 적다. 그렇지만 기존의 연작영사시들이 대부분 중국의 역사와 인물, 그중에서 역사적 인물을 시적 소재로 삼은 것과 비교하면 분명히 진일보한 측면이 있다.

V. 「역대사기」에 투영된 역사의식

1. 주자학朱子學의 정통론적正統論的 역사의식 추구

여말선초 정程·주朱의 성리학이 한반도에 유입된 이래 조선 전기를 거쳐 조선 중기에 이르면 서경덕·이황·조식·기대승·이이 등과 같은 성리학자들에 의해 정·주 성리학을 깊이 이해하는 단계를 지나 새로운 학설을 전개하여 독자적인 성리학 이론 체계를 형성하게 된다. 이와 동시에 주자의 정통론이 잘 구현된 『통감절요通鑑節要』 역시 14세기 후반에서 상당히 앞선 시기에 우리나라로 유입되었고[21], 16세기에 와서는 『사략史略』과 함께 중국사 교재로 사림파 사이에 비교적 널리 읽혔던 것으로 추측된다.[22] 17세기에 이르면 임진왜란과 병자호란을 거치면서 대명의리론과 정통론의 강화라는 역사적 배경 속에서 『통감절요』가 급속히 성행하게 된다.[23] 이때부터 『통감절요』와 『사략』은 아동들이 한문 문리를 익히기 위한 초학 교재로 널리 사용되면서 조선 후기에는 이들 두 책이 서당교육의 기본교재가 되었다.[24]

『통감절요』는 처음에 강지가 사마광司馬光의 『자치통감資治通鑑』을 요약하고, 1237년에 강연江淵이 처음 간행하였다. 이후 유섬劉剡은 강목 서법에 따라 '촉한정통론蜀漢正統論'으로 개찬했으며 왕봉王逢의 집의를 주석으로 채택하였다.[25] 『사략』은 원나라 한족 학자 증선지가 처음으로 편찬한 뒤에 진은陳殷의 음주와 왕봉의 점교를 더한 『십팔사략』이 나왔으며, 이후 왕봉의 문인 여진余進이 『십팔사략』에 원나라 역사와 주석을 보완한 통고를 추가하여 『십구사략』으로 완성하였다.[26] 따라서 주희-황간黃幹-요로饒魯-오중행吳中行-주공천朱公遷-홍초(洪初; 洪善初)-왕봉-여진으로 이어지는 주자학 계열 학자들이 『통감절요』와 『사략』의 편찬을 주도하였다.[27] 이 과정에서 유염은 촉한정통론뿐만 아니라, 동주군정통론, 유자영孺子嬰 정통 편입, 왕망王莽 참위, 중종 정통, 무씨 참적 등의 관

---

21 김윤조. 2001. 「조선 후기 지식인들의 『통감절요』에 대한 비판적 인식의 양상과 의미」. 『한문학보』 5집. 우리한문학회. 252쪽.

22 한영우. 1980. 「16세기 사림의 역사서술과 역사인식」. 『동양학』 10집. 단국대 동양학연구원. 147쪽.

23 허태용. 2000. 「17세기 후반 正統論의 강화와 『資治通鑑節要』」. 『한국사학사학보』 2집. 한국사학사학회. 8쪽.

24 한영우. 위의 논문. 147쪽.

25 김남일. 2016. 「한강 정구의 역사관과 정통론-『역대기년』의 중국사 체계에 대한 사학사적 고찰-」. 『한국사학사학보』 34집. 한국사학사학회. 152쪽.

26 김남일. 위의 논문. 160~161쪽.

27 김남일. 위의 논문. 152쪽.

점에서 『통감절요』를 재편집하였다. 재편찬된 『사략』도 이를 토대로 촉한정통론으로 서술했으며, 유자영과 중종도 정통으로 재편집하였으며 강목 서법을 적용하였다.[28] 이렇듯 주자의 정통론적 역사의식이 잘 반영된 『통감절요』와 『사략』은 16세기 이후 초학 교재로 널리 사용되면서 중국사 개설서 역할을 하였다.

18세기 경주지역에서 활동한 최치덕은 항상 '사서삼경'을 익히고, 아침저녁으로 『성리대전』을 탐독했으며, 또 제자들에게 오성五聖과 십육현十六賢이 전수한 도통의 연원을 가르쳤다. 그뿐만 아니라, 「도통인」이라는 장편시를 지어 공자와 맹자로부터 정자와 주자를 거쳐 우리나라의 이언적과 이황으로 이어지는 도통의 연원을 읊었다. 최치덕은 철저한 성리학자였던 만큼 주자의 정통론적 역사의식이 잘 반영된 『통감절요』와 『사략』을 자연스럽게 배우고 이를 통해 중국의 역사를 이해했을 것이다. 그가 지은 「역대사기」에 투영된 역사의식을 살펴보면 더욱더 자명해진다.

(1) 화이론華夷論에 입각한 정통론

「역대사기」의 전반부에서는 태고시대부터 명나라까지 중국 전역을 통치했던 역대 정통 왕조의 흥망성쇠를 노래하였다. 이를 나열하면, 태고太古→하夏→은殷→주周→춘추전국春秋戰國→진秦→한漢→동한東漢→촉한蜀漢→진晉→동진東晉→송宋→제齊→양梁→진陳→수隋→당唐→오대후량五代後梁→송宋→남송南宋→원元→명明 순으로 열거되는데, 이는 주로 중원 전체 또는 일부를 차지했던 한족 국가를 중심으로 왕조의 계통을 나열한 것이다. 「역대사기」의 후반부에서도 이런 기조는 유지되고 있다. 우선 '동한' 이후의 정통 국가로 '촉한'을 내세우고 조조曹操의 위魏와 손

28 김남일, 위의 논문, 152쪽.

권孫權의 오吳에 대해서는 전혀 언급하지 않았다. 이에 대해서는 다음 장에서 논의하도록 하겠다.

'동진'과 때를 같이 해서 중국 북부에서는 흉노匈奴·선비鮮卑·갈羯·저氐·강羌 등 다섯 이민족이 약 130여 년간에 걸쳐 중국 북부에 16개의 왕조를 세웠는데 이를 오호십육국이라 부른다. 그래서 남쪽에는 동진, 북쪽에는 오호십육국이 차지하는 형세가 되었다. 그러나 「역대사기」에서는 '동진'만 시로 읊고 오호십육국에 대해서는 전혀 언급하지 않았는데, 이는 이들이 정통 국가로 인정할 수 없는 북방의 이민족이기 때문이다.

그뿐만 아니라 '동진'이 멸망한 이후 남북조 시대가 열렸는데, '남조南朝'는 동진에서 송劉氏, 송에서 제齊, 제에서 양, 양에서 진으로 전해지고, '북조北朝'는 16국으로 분열되었던 여러 나라가 북위北魏에 병합되었다가 북위는 서위西魏·동위東魏, 동위는 북제北齊, 서위는 후주後周, 후주는 북제를 병합했다가 수로 전해지고, 수는 다시 남조의 진을 병합함으로써 비로소 남북이 통일되는 왕조를 세우게 되었다.[29] 그러나 「역대사기」에서는 '남조'만을 정통으로 인정하여 남조의 송(유씨)·제·양·진 등 4개의 왕조만 시로 읊고 북조에 대해서는 전혀 언급하지 않았다. 이 역시 북조의 북위, 서위·동위, 북제·후주[30]는 북방의 이민족인 선비족이 세운 나라이기 때문이다.

최치덕은 「역대사기」를 창작하면서 중원의 상당 부분을 차지하여 한족과 대립했던 이민족의 경우 비정통 왕조인 동시에 중원 전체를 통

29 김희영. 2005. 『이야기중국사 2』. 청아출판사. 253쪽.

30 북조의 북위는 선비족인 拓跋珪가 건국했고, 동위는 高歡이 건국했는데, 그는 한족 출신이지만 선비족 군인의 힘을 바탕으로 정권을 유지하던 인물로 선비족화한 인물이다. 고환의 아들 高洋은 스스로 왕위에 올라 나라 이름을 齊로 고쳤으니 북제라 불린다. 서위는 선비족인 宇文泰가 세웠고, 우문태의 아들 宇文覺은 서위의 황제를 폐하고 스스로 왕위에 올라 나라 이름을 周로 고쳤으니 북주라 불린다.(김희영, 『이야기중국사 2』 참고)

치한 것이 아니므로 이들을 철저히 작품에서 제외했다. 반면에 비록 통치 기간도 짧고 중원 전체를 통치하지 못한 남조의 송(유씨)·제·양·진 등의 왕조에 대해서는 이들이 한족이라는 정통성을 가지고 있으므로 정통 왕조의 계통에 포함해 시로 읊었다. 이러한 서술 태도는 한족이 세운 나라를 정통으로 삼고 그 이외의 나라는 위통僞統으로 삼는 화이론적 정통론의 역사의식에서 나온 것으로 볼 수 있다.

한편, 「역대사기」에서는 남송을 멸망시키고 중원 전체를 차지한 원나라를 정통 왕조의 계통에 포함해 시로 읊었다. 그렇다면 최치덕은 몽골 민족이었던 원나라 역시 오호십육국이나 북조처럼 작품에서 제외했어야 하는 것이 아닌가 하는 의문이 든다. 그러나 원나라는 중원 전체를 통일하여 한족이 세운 왕조와 대립하지 않았지만, 오호십육국과 북조는 중원 일부를 차지한 채 한족이 세운 왕조와 대립한 결정적 차이가 있다. 최치덕은 오호십육국과 북조를 작품에서 제외해도 한족의 세운 동진과 남조를 정통 왕조로 인정하고 시로 읊었기 때문에 왕조 계통의 연속성에는 아무런 문제가 되지 않는다. 그러나 원나라를 작품에서 빼버리면 왕조 계통의 연속성에서 약 100여 년간의 역사가 단절되는 현상이 발생한다. 그러나 화이론적 정통론의 역사의식을 지닌 최치덕 입장에서는 이민족인 원나라가 비록 중원을 통일한 왕조이므로 작품에서 뺄 수 없었지만, 통일의 주체가 한족이 아니고 이민족이기 때문에 원나라를 중국의 정통으로 여기지 않았다. 이는 겁도劫盜가 남의 집을 차지한 것과 같으므로 겁도가 그 집의 진짜 주인이 될 수 없는 것과 같은 이치이다.[31]

최치덕은 왕조 계통의 연속성 입장에서 원나라를 빼지 않고 작품

31 이우성. 1976.「李朝後期 近畿學派에 있어서의 正統論의 전개」.『한국인의 역사인식(하)』. 창작과 비평사. 361쪽.

에 포함했으나, 그 분량은 대폭 줄이고 내용은 부정적이고 적대적인 면만을 부각하는 방법을 사용하여 큰 틀에서 기존의 화이론적 정통론을 고수하고 있다. 「역대사기」에서는 원나라의 역사를 읊은 시가 2수 실려 있는데, 차례로 살펴보도록 하겠다.

21. 원元

호구 대장 모두 오랑캐 세상에 맡겨지자
版籍都付犬羊天
오랑캐 누린내 문명의 풍속 죄다 더럽혔네
腥膻汚盡文明俗
천마무가 끝이 나자 천하가 들끓었고 天魔舞罷九州沸
만리산하는 병란 때문에 혼란스러웠네 萬里山河亂弧矢
혼란한 세상에 군웅이 모두 일어나고 群雄幷起草昧間
비바람에 만백성 물고기처럼 뻐끔거리네 萬姓魚喁風雨裏[32]

위의 시는 7언 6구의 분량인데 여타의 정통 왕조를 읊은 시와 비교하면 분량이 매우 적다. 진나라(25년 역사)를 읊은 시는 7언 14구, 촉한(42년 역사)을 읊은 시는 7언 10구, 수나라(37년 역사)를 읊은 시는 7언 8구이다. 이들 왕조의 통치 기간은 약 100여 년간 중원을 통치한 원나라에 비해 절반도 채 되지 않음에도 불구하고 분량은 원나라보다 많다.

내용을 살펴보면 1·2구는 찬란한 중화 문명이 원나라의 지배 속에 놓여 오랑캐 풍속에 더럽혀졌음을 읊었다. 3·4구는 '천마무'를 통해 원

32 崔致德.「歷代史記·元」.『自喜翁集』.

나라 순제가 즐겼던 퇴폐적인 연회를 고발함과 동시에 이로 인해 들끓는 천하의 민심과 원나라 말기의 혼란한 상황을 읊었다. 마지막 5·6구는 매우 혼란한 원나라 말기에 많은 영웅이 봉기하고 더불어 만백성들까지 여기에 가세한 상황을 읊었다. 시는 전체적으로 중화문명이 원이라는 오랑캐에게 지배당해 더럽혀진 사실과 원나라 마지막 임금인 순제 때의 말기적 병폐를 신랄하게 비판하였다.

최치덕은 원나라의 역사를 시로 읊었지만 시의 분량을 대폭 줄이고 또 원나라를 신랄하게 비판하는 등 시종일관 부정적이고 적대적인 면만을 부각하였다. 이는 여타의 왕조를 읊은 시들이 주로 왕조의 흥망성쇠가 중심인 것과 비교하면 상당히 편파적이라 할 수 있다. 이러한 태도에서 최치덕이 화이론에 입각한 정통론의 역사의식을 지니고 있음을 읽을 수 있다. 다음은 「역대사기」 후반부에 실려 있는 원나라에 대해 읊은 시이다.

103. 원元

(……)

아! 일백팔십 년 세월이로구나	吁嗟一百八十年
중국의 의관이 오랑캐 복장을 한 것이	中國衣冠歸左衽
밝고 밝은 신성한 태조 주원장은	明明神聖朱太祖
제세안민을 자신의 책무로 여겼네	濟世安民爲己任
하늘 위엄 엄숙히 받들고 사방을 정벌하니	肅將天威四征伐
천하 통일이 손을 뒤집듯이 쉽구나	混一乾坤如反手
상스런 구름, 달콤한 이슬 하늘에서 내려오니	卿雲甘露自天降

성스런 군주 만세토록 남산처럼 장수하소서

聖主萬歲南山壽[33]

위의 시는 7언 16구로 이루어졌다. 전반부 8구는 원나라 세조부터 마지막 임금인 순제까지의 역대 임금의 이름만 나열했을 뿐 평가나 치적 등은 전혀 언급하지 않았다. 후반부는 원나라에 대해 읊은 것이 아니라 명나라 태조 주원장을 칭송하는 내용이다. 9·10구에서는 중화 문명이 오랑캐인 원나라에 지배를 받은 사실을 언급했고, 나머지 구에서는 명 태조인 주원장이 제세안민(濟世安民: 세상을 구하고 백성을 편안하게 함)을 자신의 책무로 여긴 점, 천명을 받들어 천하를 통일한 사실, 주원장이 오래도록 장수하기를 바랐던 당대의 민심 등을 읊음으로써 오랑캐인 원나라를 몰아내고 중화 문명국인 명나라를 세운 주원장을 높이 칭송하는 내용이다.

최치덕은 위의 시 전반부에서는 원나라 임금의 이름만 나열하고, 후반부에서는 명나라를 세운 주원장의 공덕을 칭송함으로써 자연스럽게 원나라 임금과 명 태조 주원장이 대비되도록 배치하여 주원장을 더욱더 돋보이도록 하였다. 이것 역시 화이론적 정통론의 역사의식이 강하게 반영된 결과이다.

최치덕은 「역대사기」에서 중원의 상당 부분을 차지하여 한족과 대립했던 이민족의 왕조를 중국의 왕조 계통에서 빼버리거나 아니면 원나라처럼 뺄 수 없으면 시의 분량을 대폭 축소할 뿐만 아니라 시종일관 부정적이고 적대적인 면만을 부각하였다. 이러한 태도는 주자학의 정통론에 입각한 화이론적 역사의식의 발로이다.

한편, 귤산橘山 이유원李裕元은 「사찬」이라는 작품에서 원나라의 역

33 崔致德.「歷代史記·元」.『自喜翁集』.

사를 시로 읊었다. 「사찬」은 중국의 진나라에서부터 명나라까지 열다섯 왕조의 역사를 시로 읊은 연작영사시이므로 「역대사기」와 여러모로 비교된다. 우선 「사찬」에 실린 원나라의 역사를 읊은 시를 보면 다음과 같다.

> 백 년을 통치한 왕의 기상 중국에 있으니 百年王氣有諸夏
> 원위의 유풍을 이제 다시 볼 수 있구나 元魏餘風復見今
> 공의가 뚜렷하게 청사에 남아 있으니 公議昭然靑史在
> 공자를 높이 받들고 유림을 중시했구나 尊封夫子重儒林[34]

위의 시에서 이유원은 이민족인 원나라에 대해 상당히 우호적인 시각을 보이는데, 특히 원나라가 공자를 높이고 유학을 중시했던 것에 대해 상당히 높이 평가하고 있다.[35] 이유원의 시와 최치덕의 「역대사기」의 시가 원나라를 어떻게 평가하고 있는지 비교하면 최치덕이 얼마나 화이론적 정통론의 역사의식을 지니고 있는지 여실히 드러난다.[36]

(2) '촉한정통론蜀漢正統論'의 역사의식 추구

중국에서의 정통론에 대한 논의는 삼국 시대부터 본격적으로 출발했다고 볼 수 있다. 후한 말엽에 이르러 조조의 위, 유비의 촉, 손권의

---

34 김인규, 「橘山 李裕元의 「史贊」과 「史詠」에 대한 일고」(2010, 『한자한문교육』 25집, 한국한자한문교육학회, 450쪽)에 있는 번역을 참고 하였다.

35 김인규, 위의 논문, 450쪽.

36 귤산 이유원은 「사찬」이라는 연작영사시에서 蜀漢·魏·吳 삼국과 南朝와 北魏를 시로 읊은 반면에 최치덕은 「역대사기」에서 촉한과 남조만을 시로 읊고 위·오·북위에 대해서는 시로 읊지 않았다. 또 이유원은 원나라에 대해 우호적인 시각을 지닌 반면에 최치덕은 원나라에 대해 철저히 부정적이고 적대적인 시각을 드러내고 있다. 「사찬」을 심도 있게 분석해 보아야 귤산 이유원의 역사의식을 알 수 있겠으나 적어도 이것만 놓고 봤을 때 최치덕이 이유원보다 훨씬 더 화이론적 정통론의 역사의식을 보이는 것으로 판단된다.

오가 솥발처럼 천하를 삼분하였다. 이후 조조가 세운 위나라와 유비가 세운 촉한을 두고 역사가들 사이에서는 누가 한나라의 정통을 이어받았냐는 삼국정통론의 논쟁이 벌어졌다.

『삼국지三國志』를 편찬한 진수陳壽가 위나라를 정통으로 삼아 그의 사서를 전개한 이후, 구양수歐陽脩·소식蘇軾·사마광司馬光으로 대표되는 북송의 문인들은 비록 위나라가 지닌 명분과 도덕적 결함이 존재하더라도 당시의 형세와 시세로 판단컨대 위나라를 한나라를 계승하고 진晉으로 이어지는 왕조로 판단한 것이다.[37] 이에 반해 동진東晉의 습착치習鑿齒가 『한진춘추漢晉春秋』를 저술하면서 촉한을 정통으로 삼는 촉한정통론을 내세운 이후, 주희·장식張栻·황진黃震·한원길韓元吉·윤기초尹起莘 등과 같은 남송의 학자들은 촉한이 비록 '정이불통正而不統'의 한계가 명백히 있음에도 불구하고 그들이 추구하는 명분과 의리라는 조건을 충족시킨 촉한에게 정통성을 부여하면서 북송 학자들이 위나라를 정통으로 삼은 것과 역사 인식에 있어서 뚜렷이 다른 면모를 드러내었다.[38]

이러한 촉한정통론의 역사의식이 「역대사기」에 그대로 반영되어 있다. 「역대사기」의 연작시 115수 중에 조조와 위나라 또는 손권과 오나라에 대해서 읊은 시는 전혀 없다. 「역대사기」 전반부는 대부분 중국의 역대 정통 왕조를 노래한 시들인데 위나라는 포함되지 않았고, 심지어 소재를 크고 작은 비정통 국가로 확장한 후반부에서도 빠져 있다. 결국 최치덕은 「역대사기」를 지을 때 철저하게 촉한정통론에 입각해서 조조의 위나라를 시로 읊지 않았음을 알 수 있다.

이에 반해 귤산 이유원은 「사찬」이라는 연작영사시에서 촉한, 위, 오 삼국 모두를 시로 읊었다. 물론 위나라의 조조와 오나라의 손권에

37 최석원·김보경. 2016. 「南宋 문인의 三國 역사관 고찰-蜀漢 정통론과 인물 담론을 중심으로-」. 『중국어문논총』 75집. 중국어문연구회. 205쪽.

38 최석원·김보경. 위의 논문. 210쪽.

대해서는 비판적이고, 촉한의 유비에 대해서는 긍정적이었다. 이유원은 적어도 위나라와 오나라를 비판할지언정 빼지는 않았다. 그러나 최치덕은 아예 언급조차 하지 않았으니 그가 얼마나 촉한정통론을 고수했는지 알 수 있다. 다음은 촉한을 읊은 시이다.

9. 촉한蜀漢

무겁고 크나큰 책임 유비에게 맡겨지자 重恢丕責屬大耳
중원에서 눈물 뿌리며 장검에 기대누나 淚灑神州長劒仗
관중·악의와 같은 이에게 삼고초려 은혜 깊고
恩深草廬管樂儔
곰과 범 같은 장수와 도원결의를 맺었네
義結桃園熊虎將
염령이 거듭 적벽에 바람을 불어대자 炎靈再噓赤壁風
죽이어진 군함 재가 되어 형강 물결에 식네
舳艫灰冷荊江浪
비통한 바람 부는 궁궐에 옥 병풍 세우고
風悲殿上玉扆擧
별 떨어진 영중에 가을밤 어두컴컴하네 星隕營中秋夜黑
항복의 깃발이 끝내 금관성에 세워지자 降幡竟豎錦官城
선묘께선 황자를 불쌍히 여겨 통곡하누나
先廟堪憐皇子哭[39]

위의 시는 소열황제 유비(161~223)를 중심으로 촉한의 흥망성쇠

---

39 崔致德, 「歷代史記·蜀漢」, 『自喜翁集』.

를 읊었는데, 7언 10구의 형식으로 구성되어 있다. 1·2구에서는 무겁고 크나큰 책임, 즉 망해가는 한나라의 부흥이라는 막중한 책임을 부여받은 유비가 장검에 기대어 그 의지를 다지는 상황을 시로 읊어 한나라의 정통성이 촉한을 세운 유비에게 있다는 '촉한정통론'의 역사의식을 드러내었다. 3·4구에서는 삼고초려三顧草廬를 통해 제갈공명諸葛孔明을 얻은 고사와 관우·장비와 함께 도원결의를 맺은 고사를 읊었다. 5·6구에서는 삼국 시대에 가장 유명한 적벽대전에 대해 읊었는데, 사실 이 전투에서 오나라의 명장 주유周瑜의 화공 작전이 적중하여 조조의 군함이 죄다 불에 타 장강의 물속으로 사라졌다. 그러나 이 시에서는 제갈공명이 북서풍을 동남풍으로 바꾸어 조조의 군함을 침몰시켰다고 읊었다. 이 내용은 나관중羅貫中의 『삼국지연의三國志演義』라는 소설에 나오는 내용으로 소설 작가가 지어낸 이야기이다. 그런데도 최치덕이 제갈공명의 공을 높이 띄운 것도 '촉한정통론'에 입각한 역사의식의 소산으로 볼 수 있다. 7·8구에서는 유비가 관우의 복수를 위해 오나라에 침략했다가 이릉夷陵에서 육손陸遜에게 참패하고 백제성으로 돌아온 뒤 병을 얻어 세상을 떠난 사실과 오장원에서 세상을 떠난 제갈공명의 죽음을 읊었다. 마지막 9·10구에서는 촉한의 멸망과 저승에서 후주 유선劉禪을 안타까워하며 통곡하는 유비의 모습을 그렸다. 다음은 촉한을 읊은 또 다른 시이다.

87. 촉한蜀漢

현덕 장군께서 초야에서 일어나시니　　玄德將軍起草萊
그 선조는 삼척 검 휘두르던 유방이네　乃祖風神三尺劍
간곡히 초가 속 현자를 세 번 돌아보고　慇懃三顧草廬賢
한두 말에 의기투합하니 풍운도 감격했네　片言相合風雲感
갖은 고생하며 촉에서 제왕의 업 이루었건만

艱關蜀中帝業成

영안궁 속에서 애통한 조서 전해지누나 永安宮裏傳哀詔

하늘이 보우하지 않아 대장별 떨어지고 皇天不弔將星落

선주의 사당에서 곡소리 슬프고 처량하네 哭聲悲凉先主廟[40]

위의 시는 촉한의 흥망성쇠를 노래했는데, 7언 8구의 형식으로 구성되었다. 1·2구에서는 유비가 탁현涿縣에서 관우關羽·장비張飛와 함께 군사를 일으킨 것과 그가 한 고조 유방의 후손이라는 사실을 노래하여 '촉한'이 한나라의 적통임을 강조하였다. 3·4구에서는 양양의 신야新野에서 삼고초려 끝에 제갈공명을 군사로 맞아들여 서로 의기투합한 사실을 읊었다. 5·6구에서는 온갖 고생을 겪은 끝에 촉 땅에서 한나라의 위업을 계승하는 '촉한'을 세운 사실과 관우의 복수를 위해 오나라에 침략했다가 육손에게 참패하고 백제성으로 돌아온 뒤 세상을 떠난 사실을 읊었다. 마지막 7·8구에서는 제갈공명이 오장원에서 세상을 떠난 사실과 그의 죽음으로 인해 끝내 유비의 대업을 이루지 못한 안타까움을 읊었다.

요컨대, 촉한을 읊은 위의 2편의 시는 전체적으로 유비와 제갈공명을 중심으로 촉한의 흥망성쇠를 읊었는데, 시 속에 유비가 한 고조 유방의 후손이라는 점을 강조하여 한나라의 적통이 '촉한'에게 있음을 강조하고 있다. 이는 '촉한정통론'의 역사의식이 반영된 결과이다. 또한 최치덕은 위·촉·오 중에 오직 촉한만을 시로 읊었을 뿐, 위나라와 오나라에 대해서는 전혀 언급하지 않았다. 결국 위나라와 오나라를 작품에서 빼버림으로써 '촉한정통론'의 역사의식을 투철하게 보여주었다. 이러한 역사의식은 그가 영남의 성리학자로서 주자학의 정통론적 역사의식

40 崔致德, 「歷代史記·蜀漢」, 『自喜翁集』.

을 추구하고 있었으므로 가능했다.

2. '삼한정통론三韓正統論'의 역사의식 추구

17~18세기 우리나라 사학사에서 보면 사서史書로서는 목재木齋 홍여하洪汝河의 『동국통감제강東國通鑑提綱』에서 처음으로 정통론이 대두되었다. 그는 기자조선-마한-신라로 이어지는 역사의 계통 속에서 정통론에 입각한 한국 고대사 체계를 파악·인식하려 했던 것 같다.[41] 이어서 성호 이익은 '삼한정통론'을 주장하였다. 성호 이익의 '삼한정통론'의 골자를 보면 다음과 같다.

우리나라의 역사를 중국의 역사에 대비 설명하면서, 단군이 처음 우리나라를 일으켰고 단군조선의 뒤에 기자조선이 그 정당한 계승자로 나왔으므로 기준箕準이 위만을 피해서 남쪽으로 옮겼으나, 거기서 다시 마한馬韓이란 이름으로 나라를 연장해 왔기 때문에 우리나라 역사의 정통은 단군조선→기자조선→마한으로 이어져 온 것이라고 말하고, 단군·기자의 시대에 요하遼河 이동과 임진강 이북이 우리나라의 중심지가 되어 있었는데, 그것이 위만에게 그리고 한사군漢四郡 내지 이부二府에 빼앗겨버리고, 우리나라에서 나라를 세워 계통을 전한 것은 오직 마한뿐이므로, 마한이 비록 남쪽 변방의 변두리에 불과하지만 우리나라 역사의 정통이 아닐 수 없다고 하였다. 이처럼 마한을 기자조선의 후계자라 하여 정통으로 규정한 것은 주자가 촉을 한의 후계자로서 정통이라고 한 것과 궤를 같이한다.[42] 성호 이익의 삼한정통론은 순암順菴 안정복安鼎

41 이만열. 1976.「17·8세기의 史書와 古代史認識」.『한국의 역사인식(하)』. 창작과 비평사. 341쪽.

42 이우성. 위의 논문. 358쪽.

福과 다산茶山 정약용丁若鏞으로 계승 발전되었다.

한편, 「역대사기」에는 중국 역사뿐만 아니라 우리나라의 역사도 함께 시로 읊었다. 전반부에는 '동국'과 '한양'이라는 두 편의 시가 실려 있고, 후반부에는 '동국', '단군', '기자' 등 12수의 시가 실려 있어 총 14수의 시가 실려 있다. 전반부에 있는 '동국'은 단군부터 고려까지의 역대 왕조에 대해 간단하게 읊었고, 또 '한양'이라는 시는 조선 건국부터 병자호란까지의 역사를 읊었다. '동국'이라는 시를 보면 다음과 같다.

23. 동국東國

우리나라는 멀리 해가 뜨는 동쪽에 있어 靑丘邈在日出東
국경이 중화의 강토와 멀리 떨어져 있네 境落遠隔中華土
강물이 흐르는 압록은 국경을 구획하고 江流鴨綠限藩界
땅과 연한 동해는 봉래산을 감아도누나 地連鰲海蟠蓬壺
단군께서 태백산에 내려오신 이후 檀君一降太白山
역년이 요임금의 시대와 동일하구나 歷年還與堯天俱
홍범구주·범금팔조 같은 아름다운 교화 펼쳐 箕疇八敎闡美化
일대의 백성들은 태평성대를 누렸다네 一方民物躋雍熙
삼한은 솥발처럼 대치하여 전쟁 일삼고 三韓鼎峙事戰爭
맑은 한강 가에 왕업의 기틀을 열었네 漢水淸濱開丕基
백제의 봄날은 낙화암에서 싹 사라지고 扶餘春盡落花巖
고구려의 가을 기상 안시성에서 높았네 遼左秋高安市城
신라의 종사는 뜬구름을 좇아다녔고 羅王宗社逐浮雲

송악산의 풍광은 개성에 남아 있구나　松岳風煙餘舊京[43]

시는 7언 14구의 형식으로 이루어져 있다. 1~4구까지는 압록강과 동해 및 우리나라의 지리적 위치가 중국과 멀리 떨어져 있음을 읊었다. 5·6구에서는 한민족의 시조인 단군께서 처음 태백산에 내려온 것과 단군의 역년이 중국에서 성군으로 불리는 요임금과 동시대임을 강조하였다. 이는 단군과 요임금을 대비시킴으로써 우리나라의 역사가 중국과 같이 상당히 올라감과 동시에 단군에게 한민족의 시조라는 정통성을 부여하는 의미를 지닌다. 7·8구에서는 기자가 '홍범구주洪範九州'와 '범금팔조犯禁八條'와 같은 아름다운 교화를 펼쳐 태평성대를 구가한 점을 읊었다. 9·10에서는 삼한三韓, 즉 마한馬韓·진한辰韓·변한弁韓이 서로 대치한 점과 한강을 중심으로 왕업의 기틀을 닦은 점을 읊었다. 11·12구에서는 백제의 3천 궁녀가 빠져 죽었다는 전설이 서려 있는 '낙화암落花巖'을 통해 백제 망국의 역사와 당 태종이 이끄는 당나라 대군을 맞아 결사항전하여 이들을 물리친 역사적 장소인 '안시성安市城'을 통해 고구려의 추상같은 기상을 읊었다. 마지막 13·14구에서는 신라와 고려 망국의 무상함을 읊었다.

「역대사기」의 전반부는 중국과 한국의 역대 정통 왕조를 시로 읊었던 만큼 '동국'에서 언급된 왕조들 역시 정통성을 부여받은 국가들이라 짐작할 수 있다. 시에 언급된 국가를 한 번 나열하면, 단군→기자→삼한→백제·고구려·신라→고려 순으로 나열할 수 있다. 특히, 이 시에서는 위만조선 대신 삼한을 언급하여 우리나라 고대 국가의 정통성을 부여하고 있음을 알 수 있다. 이는 17~18세기 이전의 고대사 인식 체계[44]

43 崔致德.「歷代史記·東國」.『自喜翁集』.

44 이만열의「17·8세기의 史書와 古代史認識」(1976.『한국의 역사인식(하)』. 창작과 비평사. 351쪽)에 따르면. 17~18세기 이전의 고대사 인식 체계는 다음과 같다.

와는 분명히 다르고, 이 시기에 대두되었던 삼한정통론의 역사 인식과 궤를 같이한다고 할 수 있다. 다음으로 「역대사기」 후반부에 있는 '우거右渠'라는 시를 살펴보자.

109. 우거右渠

(……)
군웅들이 영토 할양하여 서로 병탄하니 群雄割地互呑幷
한쪽의 천지가 솥발처럼 나누어졌구나 一隅乾坤分鼎足
진한, 마한, 변한의 삼국은 辰韓馬韓暨弁韓
각자 소국을 통합한 뒤에 서로 다투었네 各統小國相爭伐
이 당시 소국이 78개 정도였는데 是時小國七十八
비류국과 부여국이 가장 오래되었구나 沸流扶餘最古國
건국한 지 칠십이 년 동안에 始終七十二年間
국운이 위태롭더니 왕실이 결국 망했네 天步艱難王室燬
삼한 이후에 삼국이 있으니 三韓之後有三國
신라, 백제, 고구려라네 新羅百濟高句麗
蝸角之爭한 이천 년의 세월에 蝸角風塵二千載
육기가 고르지 않고 삼정이 희미하네 六氣不和三精晦[45]

위의 시는 6언 24구로 이루어졌는데, 제시된 것은 시의 후반부 12구이다. 제목은 우거왕(右渠王: 위만의 손자)으로 되어있지만 우거왕의 일생을 읊은 것이 아니다. 시의 전반부는 위만조선이 한나라에 의해 멸

단군---->기자---->위만---->고구려·백제·신라
↘삼한---------↗

45 崔致德. 「歷代史記·右渠」. 『自喜翁集』.

망된 뒤 이 땅에 한사군과 동서도독부東西都督府가 설치된 사실을 읊었고, 후반부에서는 한쪽으로 치우쳐진 또 다른 천지에서 진한·마한·변한, 즉 삼한이 솥발처럼 나뉘어 서로 다투었다고 하였다. 이는 삼국 시대 이전 한반도 중남부에 자리 잡고 있던 삼한이 서로 영토전쟁을 벌인 사실을 말한 것이다. 또 시에서는 삼한 이후 고구려·백제·신라가 형성되었다고 했는데, 이는 우리 고대 역사에서 삼한이 정립된 뒤에 다시 삼국이 정립된 사실을 읊은 것이다. 다시 말하면, 최치덕은 우리의 고대사가 단군조선과 기자조선이 다스리는 지역은 위만조선과 한사군 및 동서도독부에 빼앗겨 버리고, 한반도 중남부를 중심으로 삼한이 정립되었다가 다시 삼국으로 정립되었다고 보고 있다.

「역대사기」 전반부의 '동국'과 함께 후반부에 실려 있는 '단군', '기자', '기준', '우거', '신라', '고구려', '백제' 등의 시를 종합해 봤을 때 최치덕은 우리나라 고대 국가의 정통성은 단군→기자→삼한→백제·고구려·신라로 이어진다고 보고 있는 것 같다. 그리고 후반부에 위만조선에 대해 읊은 시가 있지만, 위만조선은 고조선과 기자조선의 땅을 빼앗았다가 한 무제에 의해 멸망한 정도로 보고 있는 것 같다. 이는 17~18세기 강목체서술과 정통론을 강조했던 남인계 학자들(홍여하·이익·안정복 등)의 역사의식과 궤를 같이한다고 볼 수 있다.

Ⅵ. 맺음말

18세기는 사상, 문학, 역사, 예술 등 여러 방면에서 우리의 역사·문화·풍속·언어 등에 관한 관심이 매우 고조되어 각자의 영역에서 이를 창작의 소재로 활용하여 많은 성과를 쏟아내던 시기이다. 이때 영남의 성리학자들은 이러한 흐름에 적극적으로 참여하지 못한 채 여전히 관념적인 이기론과 사단칠정론, 번쇄한 예설 및 경전 장구의 주석에 치중하는 경향을 보였다. 17~18세기 영남 성리학자들의 이러한 학풍 속에 평생 경주에서 활동한 최치덕의 「역대사기」는 상당히 이례적이다.

우리나라의 연작영사시는 고려 중기 이후부터 20세기 초까지 오랜 세월 동안 많은 작품이 창작되었다. 그러나 이렇게 많은 작품 중에 우리의 역사와 인물을 노래한 작품은 실제로 그리 많지 않고 대부분 중국의 역사와 인물을 노래하였다. 물론 영사시, 회고시, 연작영사시형 해동악부체에는 연작영사시에 비해 민족의 역사와 인물, 문화와 풍속을 시적 소재로 많이 활용하였다. 그러나 연작영사시만을 놓고 봤을 때는 김시습의 「영동국고사」와 「병와미순, 지추심내기, 감금사고, 작감흥시」, 무명자 윤기의 「영동사」 이외에는 우리의 역사와 인물을 시적 소재로 활용한 작품은 잘 보이지 않는 듯하다. 또 기존의 연작영사시들은 대부분 역사적 인물을 시적 소재로 활용하였지 역대 왕조의 흥망성쇠를 시적 소재로 활용한 작품이 거의 없다. 귤산 이유원의 「사찬」 정도가 여기에 해당한다. 이 작품은 중국 진나라부터 명나라까지의 역대 왕조를 시로 읊었다. 우리나라의 연작영사시의 성격이 이와 같은 점에 비춰 봤을 때 중국과 한국의 역대 정통 왕조의 흥망성쇠를 시로 읊은 「역대사기」는 분명 다른 면모가 돋보인다. 따라서 「역대사기」는 한국의 연작영사시를 형식과 내용적으로 풍부하게 해준다고 볼 수 있다. 끝으로 이 글에서는 최치덕의 「역대사기」를 처음 소개하는 만큼 심도 있는 분석을 내놓지 못하고 개괄하면서 작품에 투영된 역사의식 정도를 살펴보았다. 「역대사기」를 구성하고 있는 115수에 대한 심도 있는 분석은 차후 과제로 남겨둔다.

참고문헌

〈원전 자료〉

尹愭.『無名子集』. 韓國文集叢刊 256집. 民族文化推進會. 1999~2000.

李奎報.『東國李相國文集』. 韓國文集叢刊 1~2집. 民族文化推進會. 1981.

崔致德.『自喜翁集』

〈연구 논저〉

김남일. 2016.「한강 정구의 역사관과 정통론-『역대기년』의 중국사 체계에 대한 사학사적 고찰-」.『한국사학사학보』 34집. 한국사학사학회.

김병건. 2003.「無名子 尹愭의 사상과 문학」. 성균관대 박사논문.

김인규. 2010.「橘山 李裕元의「史贊」과「史詠」에 대한 일고」.『한자한문교육』 25집. 한국한자한문교육학회.

김희영. 2005.『이야기중국사 2』. 청아출판사.

김영숙. 2008.「詠史詩의 개념과 작품의 실상」.『동방한문학』 37집. 동방한문학회.

김윤조. 2001.「조선 후기 지식인들의『통감절요』에 대한 비판적 인식의 양상과 의미」.『한문학보』 5집. 우리한문학회.

______. 2012.「懷古詩의 전통과 二十一都懷古詩」.『민족문화』 39집. 한국고전번역원.

심경호. 2000.「한국 한시와 역사」.『한국 한시의 이해』. 태학사.
오상욱. 2017.「自喜翁 崔致德의 處士的 삶과 從吳亭의 位相」.『동양예학』 36집. 동양예학회.
이만열. 1976.「17·8세기의 史書와 古代史認識」.『한국의 역사인식(하)』. 창작과 비평사.
이우성. 1976.「李朝後期 近畿學派에 있어서의 正統論의 전개」.『한국인의 역사인식(하)』. 창작과비평사.
이철희. 2010.「영사시와 회고시에 대한 시학적 이해-「이십일도회고시」의 성격 규명을 위하여」.『동악어문학』 54. 동악어문학회.
이희영. 2017.「이규보「개원천보영사시」의 記事選擇과 構成에 관하여」.『한문학논집』 48집. 근역한문학회.
최석원·김보경. 2016.「南宋 문인의 三國 역사관 고찰-蜀漢 정통론과 인물 담론을 중심으로-」.『중국어문논총』 75집. 중국어문연구회.
한영우. 1980.「16세기 사림의 역사서술과 역사인식」.『동양학』 10집. 단국대 동양학연구원.
허태용. 2000.「17세기 후반 正統論의 강화와『資治通鑑節要』」.『한국사학사학보』 2집. 한국사학사학회.

활산 남용만의 금수에 대한 시적 형상화

최 종 호

활산 남용만의 금수에 대한 시적 형상화

—

최 종 호

Ⅰ. 머리말

활산 남용만南龍萬(1709, 숙종35~1784, 정조8)은 실학이 대두되던 조선후기 당대의 정치적 현실을 부정적으로 인식하고 정계로의 진출을 포기한 채 평생을 산림에 은거하면서 학문에 전념, 당시 영남에서 명망이 높았던 탁월한 재야학자였다. 활산의 학문에 대하여 해좌海左 정범조丁範祖(1723~1801)는 "글을 지음에 경전과 역사서에 정통하고 도리에 근거를 두었으며, 시 또한 성음채색을 달갑게 여기지 않았으니 근세의 대학자이다."라고 하였고,[01] 대산大山 이상정李象靖(1711~1781)은 활산의 글을 보고 "격물格物에 매우 정밀함을 감복하였다."라고 하였으며,[02] 이계耳溪 홍양호洪良浩(1724~1802)는 활산의 글을 비평하기를 "문장이 매우 공교로와 동한東漢의 문풍이 있으니 문장이 능해야만이 사람이 공을 들인 곳을 알 수 있다."[03]라고 한 것 등으로 미루어 활산은 뛰어난 도학자였을 뿐만 아니라 문학적 측면에서도 높은 수준에 이른 문인이었음을 알

---

01 『活山集』 卷1. 〈序〉. "爲文貫穿經史, 根據道理 …… 詩亦不屑爲聲音彩色 …… 蓋近世之作家大手也."

02 『活山集』 附錄. 〈語錄〉. "嘗作東海無潮汐之辨, 與大山說, 及大山服其格物甚精."

03 『活山集』 附錄. 〈語錄〉. "洪參判良浩, 批其文曰, '文極工有東漢風, 能文章然後, 能知人, 用功處也.'"

수 있다. 이와 같이 활산의 학문과 문학에 대한 선인들의 평가가 있었음에도 불구하고 지금까지 그의 문학이나 생애에 대해서는 논의가 지극히 소략하다.[04]

따라서 이 글에서는 먼저 활산의 생애를 살펴보고,[05] 활산의 금수禽獸에 대한 시적詩的 형상화의 한 국면인 해조음사解鳥音詞와 초해시誚解詩에 대해 논의하려고 한다. 이러한 논의는 조선후기 영남 성리학자들의 문학이해에 일정한 기여를 할 수 있을 것으로 생각되며, 당시 경주 지역사회에서 주도적인 역할을 한 인물을 이해하는 데도 도움이 될 수 있으리라 생각된다.

Ⅱ. 활산의 생애

활산 남용만의 자는 붕로鵬路, 초명은 해만海萬으로, 영양남씨 송정공파松亭公派 11세손이다. 통덕랑을 지낸 부 국형國衡과 회재선생의 후손인 덕함德咸의 딸인 모 여주이씨驪州李氏의 사이 5형제 중 둘째로, 1709년 6월 29일 지금의 경주군 외동읍 영지에서 태어났다.[06] 어려서 고향인 영지에서 5리 정도 떨어진 불국사를 오가며 처음으로 글을 배웠으며[07] 14

04 최종호. 1995.「活山 南龍萬 文學研究」.『漢文學研究』 제10집. 啓明漢文學會 ; 1998.「18세기 佛國寺 重創에 대한 再檢討」.『漢文學研究』 제13집. 啓明漢文學會.

05 活山의 文集으로는 그의 死後 42년(1826)에 손자인 鳳陽이 木版本으로 간행한 6권 4책과 〈語錄〉을 실은 附錄 1책이 전해 오고 있다.

06 활산의 생애를 파악할 수 있는 기록으로는 문집 부록에 실린 그의 맏아들 景采가 쓴「行狀」과 손자 鳳陽이 편찬한 耳溪 洪良浩의「墓碣銘」과 둘째아들 景羲가 쓴「語錄」, 그의 손자 봉양이 쓴「발문」이 남아있다.

07 『活山集』 卷5.「佛國寺重創丹雘記」. "余長於影湖西畔, 距於寺伍里, 自始學時, 挾書就僧舍."

세 되던 해에 당숙 국선國先의 양자로 입양되어 영해로 간 활산은 일찍 과부가 된 당숙모를 지성으로 섬기며 여러 재종형제와 함께 종조부 수약당守約堂 남제명南濟明(1668~1751)에게 글을 배우게 된다. 그는 여기서 유가의 경전은 물론 『사기』 등을 익혀 학문의 기초를 닦았다. 활산은 그 후 가족을 데리고 경주 명활산明活山 기슭 덕계德溪 가에 내려와 경주 보문 남씨의 입향 조가 되었으며, 자호를 활산活山이라 하고 터를 정하여 '한한정閒閒亭'이라 명명 하였다.[08] 풍천豊川 임씨任氏에게 장가들어 아들 경채景采를 낳고 부인이 돌아가자 화계花溪 유의건柳宜健(1678~1760)의 딸인 서산 유씨瑞山柳氏를 다음 부인으로 맞이하여 아들 경희景羲·경화景和와 딸 하나를 두었다.[09] 이에 활산은 당시 동도東都 팔학사八學士로 이름 높던 유의건의 사위가 됨으로써 그의 학문형성에 많은 영향을 받게 된다.[10]

활산은 생업에 급급하지 않고 늘 거친 밥을 먹으면서도 어려워 하는 기색이 없었고, 문을 닫고 바르게 앉아 성현의 책을 읽었으며 더욱 『대학』의 격물치지에 힘썼다. 또한 그는 회재선생의 「보유고사補遺古事 ; 속대학혹문續大學或問」을 본떠 「대학장구난의大學章句難疑」를 저술하니 식자

08 『活山集』 卷4. 「閒閒亭說」. "遂名吳亭曰閒閒, 重言之者, 心與手俱閒也."

09 장남인 경채의 호는 桐崖로 소과에 급제하였으며, 유집 2책이 남아있다. 둘째인 경희의 호는 치암으로 대과에 급제하여 正言의 벼슬에 이르렀고, 유집 6책이 남아 있다. 퇴계학맥도에 수록되어 있다.

10 활산은 花溪 柳宜健과 관련해 지은 詩 7首를 남겨놓고 있는데, 화계가 돌아가자 祭文을 지어 "공이 好學에 돈독하시어 저가 배움을 향하였고 공이 저술에 힘쓰셔서 저도 조금은 이해했습니다. 公이 易學의 象數와 氣數의 변화에 대해 밝으시어 저와 더불어 논하였고 공이 詩·賦에 능하시어 저도 그 운율을 익혀 경지에 이르렀습니다. 따라서 공이 저술한 모든 글은 제가 들어 아는 바요, 저의 하잘 것 없는 졸고도 공의 가르침을 받지 아니한 바 없었습니다.(公篤於好學, 而余粗向焉. 公勤於著述, 而余稍解焉. 公明於象數氣數之變, 而余且與論焉. 公能於賦比興近體格律之言, 而余繼其聲而道達之, 以故, 公之一字一墨, 皆余所與聞者, 拙稿中, 凡蟲雕蚓吟, 莫非君拾.)"라고 한 것으로 보아 학문에 있어서 많은 영향을 받았음을 짐작할 수 있다. 『活山集』 卷1. 「祭文」

들이 그 정밀함에 감복하였다.[11]

활산은 형제들의 권유로 과거에 응시하여 생원시에는 합격하였으나 '과문가소科文可笑'[12]라고 지적하고 있는 것처럼 과문科文 자체를 탐탁하게 여기지 않았을 뿐만 아니라 당시의 문란한 과거제에 실망하여 대과에 응시하지 않았다. 이때부터 오로지 옛 성현들의 경전에만 뜻을 두어 글이 더욱 간결하였으나 당시의 사람들은 이러한 사실을 잘 알지 못했다.[13]

그가 52세(1760년) 되던 해 8월 이계 홍양호가 경주 부윤으로 부임하여 왔다가 활산의 심오한 학문에 경탄하면서 '동한東漢의 풍風'[14]이 있다고 칭송하였으며,[15] 그가 후학을 양성하는 데 있어서도 소홀히 하지 않았음을 언급하고 있다.[16] 노년에는 그의 제자들은 활산의 남쪽 덕계가에 '남휘정覽輝亭'이라는 정자를 짓고 이계에게 기문을 청하기도 하였다.[17] 이와 같이 그는 만년에 오로지 학문에 전념하면서 후진 양성에

---

11 『活山集』 附錄. 「行狀」. "志不屑屑於生産. 閉戶端坐而讀聖賢之書, 尤用力於大學, 格物致知之義, 倣晦齋先生補遺古事, 著大學章句難疑, 識者服其精."

12 『活山集』 附錄. 「語錄」. "東國科文可笑, 然不有是, 則無進身之路. 故質美之士, 多爲科文所誤, 甚可惜也."

13 『活山集』 附錄. 「行狀」. "英宗丙子, 爲兄弟所强應擧, 中生員試, 自是專意古作者法, 所作益簡潔, 時人莫之知也."

14 동한의 풍 : 활산이 어려서 반고와 사마천의 역사서를 읽기를 좋아했고, 특히 반고의 역사에 정밀한 것을 언급하며, 홍양호 역시 이것을 지적하여 동한의 풍모가 있다고 함. [『活山集』 附錄. 「語錄」. "府君少時好讀班馬史, 而尤用功於班書, 洪參判良浩批其文曰, 文極工有東漢風."]

15 『活山集』 附錄. 「行狀」. "今吏部尙書, 耳溪洪公尹東京, 見之驚曰 '有東漢風'."

16 "내가(이계) 庚辰年(1760)에 東京(경주) 부사로 있을 때에 …… 이에 활산처사 남용만을 맞이하여 여러 유생들의 스승으로 삼아 詩·書·六禮의 글을 가르치게 하였는데 그 곳에 있은 지 2년도 안되어 동경 일원에 있는 뭇 선비들이 빛을 내어 모두 毛羽의 공을 이루었고 이따금 쟁쟁한 선비들도 있었다."(『活山集』, 續集, 「覽輝亭記」. "余於庚辰尹東都 ……乃延活山處士南龍萬鵬路, 爲諸生師, 敎以詩書六禮之文, 居二年, 東都之士斐然, 皆成毛羽. 往往有鏘鏘鳴者")

17 『活山集』 續集. 「覽輝亭記」, "余西歸之十年, 鵬路求亭於德溪之上, 聚冠臺而寸習焉, 名之曰 '覽輝', 千里求余言."

전력을 기울였다.[18]

만년에 활산은 희릉참봉에 제수되었으나 '성군이 재위하셨는데 벼슬하지 않는 것이 어찌 의리라 할 수 있겠냐만 돌아보건대 늙어 능함이 없다'[19] 하고 병으로 사양하였다. 이에 임금님이 관찰사에게 거듭 권하게 하였으나 부임하지 않자 다섯 달이 지나 체임되었다. 뒤에 다시 제릉랑에 임명 되었으나 너무 늦게 관직을 제수 받았으므로 나라에 경륜을 펼 수 없었다. 그러나 평생의 학문을 임금 앞에서 한번 펴보려 한 것이 그의 평소 뜻이었다.[20]

또한 나라의 재변災變이 연이어 일어나자 정조 임금은 당시 선비들에게 치도를 물어 왔을 때에 활산은 "임금은 나라의 기강이 되고, 마음은 일신의 기강이 된다.[21]"고 전제하고, "경敬을 주로 삼은 이후에 일심을 얻어 지탱할 수 있고 한 마음을 지탱한 연후에 10조를 행할 수 있으며, 10조를 행한 연후에 재변을 막을 수 있다."하여[22] 주일무적主一無適의 경이 바탕이 되어야만 재변을 면할 수 있다고 하였다. 이러한 측면에서 1만여 자에 가까운 10조소를 올렸으나, 불행하게도 이 상소문은 대구감영에서 저지시켜 조정에 올리지 못했다.[23] 이에 활산은 "군자는 천하 밖의 일에 신경 쓰지 아니하고 배움은 공자와 안회 같은 성현의 덕행을 기대함이다."[24]라고 하였다. 그러나 그는 천하를 경륜하는 경제의 일에

---

18 『活山集』 附錄. 「行狀」. "爲晩年藏修, 所操丅之士, 多從之者."

19 『活山集』 附錄. 「行狀」. "府君曰 今聖人在上, 不仕豈義也, 顧老無能爲耳."

20 『活山集』 附錄. 「行狀」. "上命道臣勸起伍, 閱月乃遞, 後復除齊陵郎. 因道遠祀事迫, 遂遞. 府君迫於老, 不得進身於有道之邦, 然欲以平生之學, 一陳於人主之前, 其素所蓄也."

21 『活山集』 卷3. 「應旨疏」. "君爲一國之紀綱, 心爲一身之紀綱."

22 『活山集』 卷3. 「應旨疏」. "臣敢以爲主於敬而後, 一心可得以持也, 持一心然後, 十條可得以行也, 行十條然後, 災變可得以息也."

23 『活山集』 附錄. 「行狀」. "首尾凡萬餘言, 營門所沮, 不得進."

24 『活山集』 附錄. 「行狀」. "府君嘗曰 君子於天下, 無分外事, 爲學而期於孔顔."

도 깊은 관심을 두었으니, 그의 저술인 「원폐原弊」[25]는 이러한 그의 현실 지향적인 의식의 소산이다.[26]

한편 활산은 성품이 호탕하고 솔직했고 자랑하는 빛이 없었으며 다른 사람이 감히 오만한 행동이나 말을 하지 못하였고, 남과 더불어 농담 한 번 하지 않았다. 평생 동안 기물嗜物을 좋아하지 아니하고 좋은 의복과 좋은 말, 음악과 여색을 뜬구름 보듯 하여 오직 산천의 경관이 빼어난 곳을 보면 곧 기뻐하여 그곳에서 노닐었다.[27]

활산은 만년에 지연석천池淵石泉의 빼어난 주변 경치와 지당池塘, 그리고 입석立石에 심취하여 매일 주변을 거닐면서 마침내 이곳에 지연정사池淵情舍를 경영하여 늙음을 마치려 하였으나 완성하지 못하고 세상을 떠나니 향년 76세이다.

위에서 검토한 바와 같이 활산은 영남 남인의 후예로 태어나 혼탁한 정치 현실에 회의를 느껴 벼슬길에 나아가지 않고 재야에서 학문과 후학양성에 전념하였다. 만년에는 정조로부터 인정을 받았으나 자신의 학문을 펼쳐 볼 기회를 갖지 못했다. 그러나 그의 학문에 대한 열의는 마침내 경학 및 경세학 분야에서 괄목할 만한 저술을 남겼다.[28] 뿐만 아니라 당대의 탁월한 학자였던 이계 홍양호, 대산 이상정, 해좌 정범조

---

25 「원폐原弊」는 韓愈의 「원도原道」의 영향으로 보이며, 그와 교유했던 丁範祖, 의 『海左文集』 雜著에 「원당原黨」, 「원정原政」, 「원비原備」, 「원학原學」, 「원문原文」, 「원권原權」, 「원언原言」과 洪良浩의 『耳溪集』 雜著에 「원칙原則」, 「원상原象」의 저술과도 관련이 있어 보인다.

26 『活山集』 附錄. 「行狀」. "實惓惓乎彌綸經濟之事, 於所著原弊, 可見其大略也."

27 『活山集』 附錄. 「行狀」. "性坦蕩直率, 未嘗有矜持之色. 人不敢以慢容褻語加之, 不肖侍側四十年, 見接人多矣. 未嘗聞戱謔之言, 平生無嗜好之物, 如裘馬之美, 聲色之寤, 視之如浮雲, 惟遇山林幽勝處, 輒欣然神會."

28 活山의 著述로는 이미 간행된 『활산집』 외에 『經義難疑』 40책, 『灑經』 1책, 『利用』 2책이 있는데, 『경의난의』와 『쇄경』은 詩·書·易·禮를 주로 다루었고, 『利用』은 詩· 書·易·禮·論·孟·庸·學·小學 등의 經學에 관한 것과 史·通·古文詩·朱書·左傳·近思錄·宋史·雜의 주로 역사에 관한 것을 乾. 坤으로 나누어 다루고 있다.

등과 학문적 인간적 교유는 이미 활산의 학문적 소양을 크게 인정받았음을 알 수 있다.

Ⅲ. 금수禽獸에 대한 詩的 형상화

활산의 문집 권1, 권2에는 121제 337수의 시가 수록되어 있다.[29] 『활산집』 〈어록〉을 편찬한 그의 아들 치암癡庵 남경희南景羲[30]가 "아버님의 성품이 시 짓기를 좋아하지 않았으며 가끔 남들로부터 시작의 청을 받으면 마지못해 시를 지으셨다. 때문에 문집 가운데 차운한 시가 많으며 항상 이르시기를 '선비가 시를 읊는 것은 유자의 일이지만, 매우 긴요하고 절실한 일이 아니다. 여기에만 빠져들면 또한 큰 해가 될 것이다.'라고 한"[31] 것에서도 알 수 있듯이 활산은 시 짓기를 좋아하지 않아 남긴 작품이 많지 않다. 따라서 현재 남아 전하는 시는 자신의 심정을 자연스럽게 표출한 작품으로 수식과 과장이 배재된 詩들이 주를 이루고 있다.

이 글에서는 활산이 노래한 금수禽獸에 대한 詩 중에 〈해조음사解鳥

29 『活山集』은 文體에 따라 편집되어 있다. 권1-권2는 〈詩〉, 권3은 〈疏〉1편, 〈書〉12편, 권4는 〈雜著〉12편, 〈說〉11편, 〈論〉5편, 권5는 〈序〉7편, 〈記〉14편, 권6은 〈跋〉6편, 〈銘〉3편, 〈上樑文〉6편, 〈祝文〉2편, 〈祭文〉7편, 〈碑銘〉2편, 〈墓誌銘〉10편, 〈墓碣銘〉6편, 〈行狀〉3편이고 「附錄」으로 〈語錄〉이 있다.

30 남경희南景羲(1748~1812) : 자는 중은仲殷, 호는 치암癡菴. 1777년 국왕의 즉위기념 증광시增廣試에 합격, 진사가 되었고, 동시에 문과에 병과丙科로 급제하였다. 승문원박사·성균관전적·사헌부감찰·병조좌랑을 거쳐 사간원정언에 이르렀다. 이상정李象靖에게서 학문을 배웠다. 저서로 『치암문집』12권 6책이 전한다.

31 『活山集』 附錄. 〈語錄〉. "性不喜吟詠, 時時被人求和則爲之. 故詩集中多次韻之作, 常曰 '吟詠於儒者事, 不甚緊切, 一向好着, 亦有大害.'"

音詞〉와 〈초해시誚解詩〉를 살펴보고자 한다.

1. 해조음사解鳥音詞

잘 알려진 바와 같이 금언禽言이란 본디 새의 지저귀는 소리를 말하는데, 금언체禽言體의 시가 생긴 것은 송나라 시인 매요신梅堯臣(1002~1060)의 금언시禽言詩 사수四首에서 비롯되었다.[32] 소식의 오금언오수五禽言五首 시의 서序에 "매성유가 일찍이 사금언四禽言을 지었다. 내가 황주에 유배되어 정혜원에 우거하는데, 집 주위가 모두 무성한 숲에 빼어난 대나무와 황폐한 못가의 갈대 부들로 둘러싸여 봄여름 사이에는 울어 대는 새들의 종류가 많아서, 그 지방 사람들이 흔히 그 새 소리와 비슷한 말로 그 새를 이름하고 있으므로, 마침내 매성유의 시체를 사용하여 오금언을 짓는 바이다."[33] 라고 한 내용에서 알 수 있다. 이후 주자(1130~1200)의 〈오금언시〉를 이어 우리나라에서도 서거정徐居正[34], 김시습金時習[35] 등 다수의 인물들이 이를 창작하게 되었다.

---

32 정민. 2001. 『금언체시 연구』『한국한문학연구』27. 한국한문학회.
이미진. 2001. 『조선중기 잡체시 창작에 대한 연구』. 경북대학교 박사학위 논문.
유진희. 2016. 『금언체시의 금언 기능에 대한 연구』. 『고전과 해석』20. 고전문학한문학연구학회.

33 蘇軾, 『蘇東坡集』 卷20. "梅聖兪嘗作四禽言, '余謫黃州寓居定惠院, 遶舍皆茂林脩竹, 荒池蒲葦, 春夏之交 鳴鳥百族, 土人多以其聲之似者名之, 遂用聖兪體作伍禽言.'"

34 徐居正은 『四佳集』 제30권, 詩類, 「題祝小卿孟獻山禽竹石圖」에서 소식(蘇軾)의 오금언오수(伍禽言伍首) 시의 제2 수에 "어젯밤 남산에 비가 내리더니, 서쪽 시내를 건널 수가 없는지라, 시냇가의 포곡새가, 나더러 해진 바지를 벗으라 권하네. 사양 않고 바지 벗으니 시냇물은 차가운데, 물속에 조세 독촉의 매 맞은 흉터가 비치누나.〔昨夜南山雨 西溪不可渡 溪邊布穀兒 勸我脫破袴 不辭脫袴溪水寒 水中照見催租瘢〕"의 구절을 인용하여 노래했다.

35 金時習은 『梅月堂詩集』 권5에서 「開慶寺, 谷深樹密, 雖無絶險之岡, 而且有雲林之狀. 百鳥和鳴, 晝夜無時, 可以遣悶. 故倣梅蘇故事,作伍禽言.」의 제목하에, '布穀', '脫敝袴(산 비둘기)', '欺妾婦', '我欲死', '不如歸' 등 다섯 마리 새를 노래했다.

활산은 해조음사 저작 동기에 대해 다음과 같이 소개를 하고 있다.

> "종일토록 비가 오는데 홀로 무료하게 앉아 있는 중에 오직 새 울음소리가 들리는 것이 다섯이라. 마침내 각각 그 소리에 따라서 말로 만들었다. 대개 다른 나라의 말은 같지가 않아서 반드시 통역한 후에 의사소통이 된다. 만약 새소리 같은 것은 천하에서 들림이 같을 것이다. 지금 글자의 소리로서 그 흡사한 소리에 빙자하여 해명하였다. 가령 중국인으로 하여금 보게끔 하여도 문득 간혹 그 소리의 뜻이 서로 차이가 없음을 인정할 것이다."[36]

요약하건대 활산은 사람의 말은 나라마다 다를지라도 새의 소리로 음차한 내용은 중국 사람들도 공통으로 이해할 것으로 본 것이다. 다음 작품은 다섯 작품 중 첫 번째 수로 인재등용 제도의 모순을 비판한 시이다.

> 빌리러 가면 얻을 것이다. 빌리러 가면 얻을 것이다
> / 乞去得乞去得
> 빌리러 가면 어디 간들 얻지 못하겠는가 / 乞去何處不自得
> 봄 밭 이랑에 씨 뿌려 두고 새 틀을 만들었으니
> / 春畦種播設駭機
> 구걸하러 가다가 해로움을 피하여 나무 곁으로 숨는다
> / 乞去避害深樹側

36 『活山集』 卷1. 〈解鳥音詞〉. "遇雨終日, 孤坐無聊中, 惟聞鳥鳴至者伍. 遂各因其聲以起辭, 盖異國人言不同者, 必譯而後通. 若禽鳥之音, 則天下同聽, 今以字音憑其似然者而解之, 假使華人見之, 抑或許其音義之不相離焉."

가을 이삭 떨어질 땐 굳센 돌화살 묻어 두었으니

/ 秋稻穗脫伏勁弩

걸거덕 하며 꿩은 몸을 감싸 북쪽으로 피한다

/ 乞去庇身山梁北

높은 볏 긴 꼬리 무늬도 고와 / 高冠長尾彩珍備

스스로는 문채를 간직했지만 알아주는 이 없네

/ 自保文章無人識

살아서 먹일 찾아 배부름 구하나 그물에 걸릴까 두려워

/ 生怕耽餌求飽罹禍網

빌리러 가고 빌리러 가도 끝내 얻지 못하네

/ 乞去乞去終不獲[37]

이 시에서 '걸거덕 걸거덕'하는 것은 꿩의 울음소리를 의성擬聲한 것이고, 중의적으로 표현된 첫 구의 '빌리러 가면 얻을 것이다. 빌리러 가면 얻을 것이다.'는 꿩이 먹이를 얻으러 출발할 때의 기대에 찬 모습을 그리고 있다. 그러나 '새 틀', '쇠뇌', '그물'의 함정을 알고는 걸거덕 하면서 피할 수밖에 없다. 모습은 화려하게 잘생겼어도 알아주는 사람 없어 끝내 음식을 얻지 못하고 걸거덕 소리만 내야 하는 신세를 형상화한 이 시는 학식과 덕망을 고루 갖춘 인재가 등용되지 못하고 끝내 생존을 위해서 헤매야만 하는 절박한 모습을 풍자적으로 표현하고 있다. 즉 훌륭한 인재가 등용되지 못하고 소인배들의 농간을 피해야만 하는 현실을 비판하고 있는 것이다. 제6구의 산양山梁은 산에 있는 다리라는 뜻인데, 꿩의 별칭으로 쓰인다. 이는 『논어』〈향당鄕黨〉의 "산량의 암꿩이

37 『活山集』卷1. 〈解鳥音詞〉, 右雉音.

제때를 만났구나."[38]라는 공자의 탄식에서 유래한 것이다.

다음의 시 또한 닭의 울음소리를 의성하여 도탄에 빠진 백성들의 삶을 표현한 작품이다.

> 곡식을 구함이 많다. 곡식을 구함이 많다 하나 / 穀求多穀求多
> 항상 곡식을 찾지만 어느 때 많을까 / 尋常穀求何時多
> 주인은 곡식이 많을 때가 없어서 / 主人未有穀多時
> 마당엔 떨어진 낱알도 없고 창고에는 벼도 없다 / 場無落粒囷無禾
> 말곡식 항아리에 있고 되 곡식 병에 있으니 / 斗之在瓮升入瓶
> 사람도 찌꺼기 먹는데 가축을 어떻게 먹이겠는가 / 人且糠糜柰畜何
> 많은 것을 구하고 구하나 날로 적음을 근심하여 / 求多求多日患少
> 흩어져서 앞집에 갔다 또 뒷집에 가네 / 散入前家又後家
> 그래도 하늘에 오르는 날개 소리 위로 금계와 호응해서 새벽을 알리며 / 尚有登天翰音上應金鷄曉
> 새벽마다 길게 꼭꾸가 꼭꾸가 하는 구나 / 長號穀求歌復歌[39]

38 『論語』〈鄕黨〉. "山梁雌雉, 時哉時哉."
39 『活山集』 卷1. 〈解鳥音詞〉, 右鷄音.

이 시도 앞의 작품과 마찬가지로 '꼬꾸댁' 하는 닭의 울음소리를 '곡구다'로 표현하여 풍족한 삶을 요구하는 백성들의 희망을 중의적으로 표현하면서 굶주림에 허덕이는 당대 농민들의 현실을 고발한 작품이다. 인간인 주인도 가난이 극도에 이르러 마당에는 흩어진 낟알도 없다. 다섯째 구는 곡식의 양을 측정하는 말 통이나 되를 사용할 일이 없어 항아리나 병을 넣어 두었다고 했으니, 극도의 가난을 표현한 것이다. 여섯째~여덟째 구에서는 배고픔을 극복하기 위해 앞집으로 갔다가 다시 뒷집으로 가면서 먹이를 구하고자 하나 주인이 찌꺼기 먹는 상황에서는 요행을 바랄 수도 없다는 절박함을 노래하고 있다. 마지막 구에서 어쩔 도리가 없음을 안 닭은 이러한 자신의 처지를 절규하듯이 하늘을 향해 울부짖고 있다. 여기서 우리는 당시의 가난이 얼마나 심했으며, 백성들의 원성이 얼마나 높았던가를 닭의 관점을 통해 고발하고 있음을 알 수 있다.

다음의 작품은 인재등용 정책이 잘못되어 나라에 올바른 원로가 없는 것을 풍자한 것이다.

> 나라의 원로를 구하고, 나라의 원로를 구하지만
> / 國耈求國耈求
> 나라의 원로는 너에게서 구할 바가 아니다
> / 國耈於汝非所求
> 내가 들으니 성인의 시대에는 새들도 편안했다고 하니
> / 吾聞聖代鳥咸若
> 아마도 길러짐은 모두 사람으로 말미암은 것인가 보다
> / 倘知化育皆人由
> 나라의 원로를 진실로 잃어버리면 사물은 이루어짐이 없나니
> / 國耈苟失物莫遂

둥지 아래에서 허둥대며 장마를 대비해야 하네

/ 巢居不遑陰雨謀

나라의 원로를 만약 얻게 된다면 날로 펴져서

/ 國耉苟得日舒長

위와 아래가 하늘과 더불어 어긋남이 없으리

/ 上下可與天同流

너는 상림에서 나라의 원로를 구하려고 울어서

/ 願汝啼在上林國耉求

소리가 궁중에 들어가서 임금에게 들리기를 바랐구나

/ 聲入九重徹玉旒[40]

위의 시는 '국구구'라는 비둘기의 울음소리를 빌어 정치를 올바로 다스려 나아갈 수 있는 참다운 원로가 필요함을 역설한 것이다. 다섯째 구의 '나라의 원로를 잃어버리면 사물은 이루어짐이 없나니'라는 내용에서 드러나는 것처럼 나라에 원로가 없음으로 인해 백성들의 삶은 도탄에 빠지게 된다는 것이다. 여섯~일곱째 구에서는 나라에 원로를 얻게 되면 임금에서부터 백성에 이르기까지 혼연일체가 됨을 강조하였고, 마지막 구에서는 이러한 사실을 알지 못하고 있는 임금에게 들리게 하여 새로운 세상을 이루고자 하는 작자의 심정을 거듭 밝히고 있다.

수고로움에 지루하다. 수고로움에 지루하다

/ 勞支離勞支離

네가 세속에서 수고함이 어찌 이리 지루 한가

/ 爾勞塵間何支離

40 『活山集』 卷1. 〈解鳥音詞〉, 右鳩音.

세상사람 너를 다시 참새로 아는데 / 世人謂汝知更雀
지루하게 새벽을 알려 무엇 하겠는가 / 支離報曉將何爲
농가에서 너를 뻐꾹이라 부르나니 / 農家名汝曰布穀
지루하게 농사일 권하며 어찌 그리 피곤해 하는가
/ 支離勸耕何太疲
날아오를 땐 하늘 높은 줄 모르고 / 其飛不識天壤遠
내릴 적엔 쑥대밭도 개의치 않네 / 其止不嫌蓬藁卑
비록 그렇지만 지루하게 두어 수고로움을 다 하지 말라
/ 雖然好任支離莫辭勞
아름다운 새의 고기 제사상에 오르고 날개는 깃발로 쓰임보다 낫다 / 猶勝彩鳥肉上俎豆羽上旂[41]

위의 시는 종달새의 울음소리를 빌어 수고로움에 지친 모습을 중의적 표현으로 묘사하여 자문자답하고 있다. 즉 자신을 알아주는 사람은 없지만 초야에 묻혀 자기 나름대로 수고롭게 살면서 보람 있는 일을 하고 있는 모습을 보여주고 있다. 1~6구에서는 세상 사람들이나 농가에서 자신을 '참새'나 '뻐꾹새'로 알지만 개의치 않고 자신을 지켜 가겠다는 의지를 보여주고 있다. 7~8구의 "날 적엔 하늘 높은 줄 모르고, 내릴 적엔 쑥대밭도 개의치 않네."는 날아도 멀리 날지 못하고 언제나 쑥대밭 속에서 머물러 자족하며 살아가는 모습을 형상하고 있다. 마지막 구의 '아름다운 새의 고기가 제사상에 오르고 날개는 깃발로 쓰임보다 낫다.'에서는 『장자』 〈추수편秋水篇〉의 장자와 초왕의 사신과의 대

41 『活山集』 卷1. 〈解鳥音詞〉, 右鷹音.

화에서 사용한 것으로, 앞의 내용에서 알 수 있듯이 자신의 삶이 고달픈 것은 사실이나 관직에 나가서 이용을 당하는 것보다는 자신의 본성을 지켜서 자연에서 사는 편이 낫다고 인식하고 있는 것이다. 요컨대 이 작품은 혼탁한 사회 현실 속에서 벼슬을 하는 것보다 차라리 조그만 공간에서 분수를 지키며 자연에 안거하겠다는 작자의 의지를 내포하고 있는 것이다.

여유롭고 또 여유롭도다 / 綽綽復綽綽
무슨 여유가 있어서 항상 여유롭다 하는가
/ 有何餘裕恒綽綽
스스로 나뭇가지 가려 편안히 잘 수 있고
/ 自能擇枝眠可穩
스스로 바람을 피해 둥지에 앉지 / 自能占風巢可着
산과 들의 열매 취해도 막을 이 없고 / 山穀野實取無禁
약한 고기 먹지 않고 곡식은 쪼지 않는다네
/ 弱肉不呑粟不啄
이 때문에 사물과 더불어 거스를 바가 없어
/ 由是與物無所忤
빙빙 돌아서 모여 주살에 잡힐 근심이 없다네
/ 翔集不曾愁矰繳
생애가 너그러워 스스로 얻음이 있으니 / 生涯綽綽自在得
날카로운 부리와 날랜 깃에 누가 감히 즐거움을 다투랴
/ 利觜猛翮誰敢與爾爭所樂[42]

42 『活山集』 卷1. 〈解鳥音詞〉. 右鵲音.

까치의 울음소리를 의인화한 작품에서도 자연 속에서의 삶이 험난한 관계로의 진출보다 나음을 '여유 있고 또 여유 있다.(綽綽復 綽綽有)'로 묘사하고 있다. 그 이유는 스스로가 편안히 잘 수 있고, 바람을 피해 둥지에 앉아 쉴 수 있으며, 산과 들의 열매를 먹으며 살아갈 수 있기 때문이다. 이러한 행위는 고기와 곡식을 먹지 않기 때문에 사물과 더불어 거스를 것이 없다고 본 것이다. 따라서 그의 여유 있음을 노래할 수 있게 된 원인은 태어나면서부터 날카로운 부리와 날랜 깃을 지니고 있는 특장을 표현하였다. 제8구에서 빙빙 돌아서 모인다는 뜻의 상집翔集은 『논어』〈향당鄕黨〉에 "꿩이 기색이 험한 것을 보고 이내 날아올라가 빙빙 돌다가 내려앉았다."[43]라고 하여 공자는 새가 때를 알고 있음을 지적한 내용이다.

이상에서 살펴본 바와 같이 활산이 살았던 조선후기 사회는 내부적 모순이 심화되던 시기이다. 정치적으로는 당쟁으로 인하여 국가적 차원의 정책이 당파의 이해에 따라 좌우되었고, 경제적으로는 거듭되는 재변으로 백성들은 굶주림을 벗어나지 못했으며, 사회적으로도 탐관오리들의 수탈과 착취로 민심이 동요되던 시기였다. 활산은 이러한 상황에서는 자신의 도를 펼칠 수 없음을 인식하고 관계로의 진출을 포기한 채 재야의 선비로 은거하면서 학문에 전념하였다. 따라서 그는 객관적 입장에서 권력 핵심부의 모순된 현실을 직시直視할 수 있었으며, 이를 고시古詩의 장점을 활용하여 새 소리를 통해 자신이 판단한 현실 사회의 모순을 형상화했다.

---

43 『논어』〈향당鄕黨〉. "色斯擧矣, 翔而後集."

2. 초해시誚解詩

초해시誚解詩는 '시를 통해 꾸짖고 해명 한다'는 의미이다. 앞에서 살펴본 바와 같이 활산은 7언 고시의 제한된 형식아래 인간이 새를 꾸짖는 것에 대응하여 새의 입장에서 이해시키려고 했다. 일찍이 양웅楊雄(BC 53 ~ AD 18)은 시대에 적응하지 못한 자신의 불우한 원인을 〈해조解嘲〉와 〈해난解難〉으로 묘사한 산문이 있다. 이후 이백李白(701~762)은 그의 작품인 〈산중문답山中問答〉 시에, "나더러 무슨 일로 청산에 사느냐고 묻기에, 웃고 대답 않으니 마음 절로 한가롭네."[44]라고 하여 제목처럼 묻고 답하는 서술적인 표현을 시로 형상화했다. 이 시를 인용한 내용이 문집에 수록된 것은 많으나,[45] 활산은 유독 인간이 새를 꾸짖고 새가 인간에게 자신은 꾸짖음을 당할 이유가 없음을 대변하는 특이점을 보여 준다. 이는 조선후기 실학자인 박지원朴趾源(1737~1805)이 『호질虎叱』을 통해 호랑이의 입장을 대변한 내용과 유사하다. 그러나 이처럼 시를 통해 금수를 꾸짖고, 이에 해명한 시는 전고典故에서 보이지 않는다. 그러므로 필자가 우선 '초해시誚解詩'로 제목을 정했다.

①임금의 영혼 예로부터 많은 사람 감동시키더니
/ 帝魂終古感人多
몇 곳에서 옷깃 적시며 이별을 원망했나 / 幾處襟沾怨別家
자못 천년토록 달밤의 근심 괴이하지만 / 頗怪千年愁夜月
우는소리는 한 번도 꾀꼬리 흉내 못 내면서

44 이백, 『李太白集注』卷19, 〈山中問答〉, "問余何事棲碧山, 笑而不答心自閑."

45 이백의 〈산중문답〉을 수록한 문집은 다음과 같다.
한장석韓章錫의 『미산집眉山集』, 이병태李秉泰·정형복鄭亨復·황재黃梓 공저, 『갑인연행록甲寅燕行錄』, 이색李穡의 『목은집牧隱集』, 이식李植의 『택당집澤堂集, 장유張維의 『계곡집谿谷集』 등이다.

/ 喈喈曾不效鷽歌[46]

②반드시 외로운 혼령이 곳곳에 많지는 않은데
/ 未必孤魂處處多
촉백의 명언은 시인으로 부터라오 / 名言蜀魄自騷家
봄바람에 꽃피는 좋은 시절 흥에 겨워 부른 노래를
/ 東風好唱花辰興
매번 시인들이 죽은 이를 보내는 노래로 인용하면서라오
/ 每入詩人送死歌[47]

①은 두견새에 대한 인간들의 꾸짖음이다. 기구에서 옛 임금의 영혼을 중히 여겨 많은 사람 감동시켰다고 전제한다. 제혼帝魂은 곧 '중시고제혼重是古帝魂'으로 두보杜甫의 〈두견杜鵑〉 시에 "두견새가 늦봄이면 꼭 찾아와서, 슬프고 슬프게 그 사이에서 우짖는데, 나는 이를 볼 때마다 항상 절을 하나니, 옛 임금의 영혼을 중히 여기기 때문이라."[48]라는 구절에서 유래했다.

뒤이어 그 이별의 원망이 결국에는 천년토록 달밤에 근심을 노래하게 했을지 몰라도 그 울음소리는 꾀꼬리에 비할 바가 못 된다고 꾸짖었다. 이에 두견새는 ②에서 자신이 인간들에게 알려진 것은 시인들의 노래에서 비롯되었다고 반박한다. 원래 자신은 꽃피는 좋은 시절 봄의 흥취를 노래한 것을 시인들이 죽은 이를 대별하여 인용했기 때문이라고 반론하고 있다. 승구의 촉백蜀魄은 두견이의 별칭이다. 옛날 촉蜀 나라에 이름이 두우杜宇로서 망제望帝라고 불리던 임금이 있었는데, 죽어서 두견

46 『活山集』 卷2. 〈誚杜鵑〉.
47 『活山集』 卷2. 〈解杜鵑〉.
48 『杜少陵詩集』 卷14. 〈杜鵑〉. "杜鵑暮春至, 哀哀叫其間, 我見常再拜, 重是古帝魂."

이 된 뒤 봄철에 밤낮으로 슬피 운다는 전설에서 비롯된 것이다.

까마귀의 울음을 꾸짖고 답한 아래의 시를 보자.

①검은 부리로 몰래 귀신과 통함이 가장 미운데
/ 最憎黔觜暗通神
시끄럽게 우는 마귀 같은 소리로 사람을 혼란시키지
/ 啼喚妖魔欲雜人
어찌하면 구슬 총알을 날려 너의 종족을 다 없애어
/ 安得飛丸夷爾族
상서로운 까치가 맑은 새벽 알리러 오는 것은 허락하리
/ 許來祥鵲報淸晨[49]

②비 올 때의 개미와 바람 불 때 솔개를 신통하다 함은
/ 雨蟻風鳶幷謂神
밝음이 가장 신령한 사람보다 나은 듯 해서지
/ 偏明勝似最靈人
사고 있음에 먼저 와서 국문함을 싫어하지 마세요
/ 莫嫌有事先來鞫
좋은 손님 올 때면 또한 새벽에 알려주지 않소
/ 好客來時亦報晨[50]

①에서 시인은 사람이 죽어 썩어가는 냄새를 감지하고 찾아오는 것을 귀신과 통하는 것으로 인식한다. 그러므로 그 소리를 마귀가 우는

49 『活山集』 卷2. 〈誚烏啼〉.
50 『活山集』 卷2. 〈解烏啼〉.

소리와 같기에 사람들은 혼란에 빠진다는 것이다. 이에 인간들은 까마귀의 종족을 몰살시키고 상서로운 까치로 대치하여 맑은 새벽을 맞이하려고 함을 실토하였다.

그러나 ②에서 까마귀는 비 올 때의 조짐을 알려주는 개미와 바람 불 때를 알려주는 솔개를 높이 평가하고 있지만, 사실 자신들은 가장 신령하다고 자처하는 사람보다 낫다고 한다. 자신들은 죽음이 있음에 먼저 알려줄 뿐만 아니라 좋은 손님 올 때면 새벽에 미리 알려주는 역할도 한다고 대변한다.

①원숭이는 슬프게 호랑이는 성내며 각자가 소리를 내나
/ 猿哀虎怒各爲聲
원숭이는 반드시 사람을 슬프게 하고 호랑이는 놀라게 하지
/ 猿必愁人虎必驚
무슨 일로 슬플 것도 성낼 일도 없는 동물이
/ 何事非哀非怒物
요사한 소리를 마을에 정녕 알려야 하는가?
/ 妖音村巷告丁寧[51]

②아침에 노루소리 나쁘다고 말하지 마세요
/ 莫道朝獐是惡聲
이 소리는 축하이지 놀램이 아니라오 / 是聲宜賀不宜驚
일찍이 독한 염병을 꾸짖느라 속까지 뱉어 펼쳤으니
/ 曾嘷毒癘方張裏

51 『活山集』卷2. 〈誚獐鳴〉.

집안사람 1년 동안 편안할 수 있다오 / 贏得家人一歲寧[52]

노루의 울음소리는 비가 올 무렵이면 들을 수 있어서 사람들은 노루의 울음소리를 듣고 비가 올 것을 예상하기도 한다. 그러나 그 울음소리를 들어보면 마치 목에 가시가 걸려서 토하는 소리 같아서 불쾌하게 느껴지는 것은 사실이다. 위의 시는 ①에서 인간이 원숭이와 호랑이를 비교의 대상으로 등장시킨다. 원숭이는 슬프게, 호랑이는 성내는 소리에 사람들은 슬퍼하고 놀라게 하는 특징이 있지만, 이러한 특이점도 지니지 않은 채 목에 가시가 걸린 것처럼 요사한 소리로 울어대는 사실을 질타한다. 이에 노루는 ②를 통해 자신의 소리는 아침부터 축하의 의미로 노래하는 것이므로 오해하지 말 것을 당부한다. 또한 인간에게 해로운 전염병을 꾸짖는 소리였으므로 1년 동안 편안히 살 수 있을 것이라고 대변하고 있다.

①비 걱정에 맑은 날은 하루가 1년 같은데
/ 悶雨候晴日似年
무슨 마음으로 비 내리는 하늘 가운데서 소리치는가
/ 何心喚雨雨中天
아, 농가의 고통 알지 못하나 / 嗟渠不識農家苦
땔 나무는 산마루에 있지만 곡식은 밭에 있다네
/ 樵在山頭糗在田[53]

②쇠락한 찬 둥지 지난해부터인데 / 飄落寒巢自去年

52 『活山集』 卷2. 〈解獐鳴〉.
53 『活山集』 卷2. 〈誚鴟嘯〉.

뽕나무 거둔 졸렬한 계획에 흐린 하늘 두렵다네
/ 撤桑謀拙怕陰天
암수가 젖은 몸으로 허공에 길게 울부짖음을
/ 雌雄帶濕空長嘯
사람들이 논농사 지으라는 것 잘못 알았다오
/ 錯道倩人理水田[54]

‘치鴟’는 솔개, 수리부엉이, 올빼미 등으로 명명되고 있다. 아기 울음소리 같은 소리를 내는데, 12월의 겨울밤에도 울고 5~11월 중순까지도 운다. ①의 시에서 시인은 농가에서 가뭄으로 인한 고충이 적지 않음을 실토하면서 이러한 농가의 심중을 이해하지 못하고 울어대는 것을 꾸짖고 있다. 혹시라도 비가 그치게 된다면 그 원인을 올빼미 탓으로 돌리려는 의도가 함의含意되어 있다. 이에 올빼미는 ②에서 환란이 일어나기 전에 미리 대비하는 것으로, 『시경』「치효鴟鴞」에 “하늘이 아직 장맛비를 내리지 않을 때, 저 뽕나무 뿌리를 가져다가, 둥지의 문을 칭칭 감는다면, 이제 너희 사람들이, 혹시라도 나를 업신여기랴.”[55]라고 한 철상撤桑의 고사를 인용하여 비에 미리 대비하였음을 알린다. 또한 그럼에도 불구하고 암컷과 수컷이 젖은 몸으로 허공에 길게 울부짖음은 사람들의 풍년을 기원하려는 뜻을 담고 있다고 한다.

다음은 송나라 유의경劉義慶(403~444)이 지은 『세설신어世說新語 상예賞譽』에 새벽이 되기 전에 우는 닭으로, 그 소리는 보통 악성이라고 하여 불길한 조짐으로 받아들여지는 것이 통례인 황계荒鷄의 이야기이다.

54 『活山集』 卷2. 〈解鴟嘯〉.

55 『詩經』「豳風, 鴟鴞篇」, “迨天之未陰雨, 徹彼桑土, 綢繆牖戶, 今此下民, 或敢侮予.”

①동물의 품성은 원래 특이한 장점이 있는데
/ 物性元來得氣偏
오히려 치우친 곳에서 전문성을 안다네 / 猶從偏處所知專
어찌해서 새벽 알리는 직분을 지키지 아니하고
/ 如何不守司晨職
망령되이 요사함을 불러 이른 밤에 전하는가
/ 妄把妖徵早夜傳[56]

②새벽 알리는 본성은 본래 특장이지만 / 司晨一性素來偏
응당 하늘의 기운을 따라야지 멋대로 못한다오
/ 應氣循天匪自專
문명은 상서로움이 몰래 움직임을 알면서
/ 也識文明祥暗動
도리어 새벽 빛 전함을 의심 하군요 / 却疑暘谷[57]曉光傳[58]

황계를 보고 사람이 꾸짖는 ①의 시는 동물의 품성은 원래 탁월한 장기를 가지고 있다는 것을 지적했다. 그런데 황계는 이러한 전문성을 전혀 발견할 수 없다는 것이다. 뿐만 아니라 그 행위가 새벽 알리는 본분을 지키지 아니하고 이른 밤에 요사하게 우는 모습에서 미움은 가중된다. 이에 대한 황계의 답변은 ②에서 명확하다. 예를 들어 새벽 알리는 본성은 본래 장기이지만 이런 일들은 모두 하늘의 기운을 따라한다는 천명天命으로 귀착시킨다. 그러면서 '문명에 대한 상서로움에 대해 익히 알고 있는 인간이 이런 실수를 하는가?'라고 도리어 반문하고 있다.

56 『活山集』 卷2. 〈誚荒鷄〉.
57 양곡(暘谷) : 『書經』 〈요전(堯典)〉에 나오는 전설 속의 해 뜨는 곳을 말한다.
58 『活山集』 卷2. 〈解荒鷄〉.

이상에서 살펴본 다섯 작품에 등장하는 동물은 두견새, 까마귀, 노루, 부엉이, 황조이다. 인간이 평시 미워하던 부분을 활산은 시로 묘사하여 꾸짖고 있으며, 다시 동물의 입장에서 대변하는 특이한 발상의 작품이다. 이는 인간의 우월성으로 자만하는 모습에 일침을 가한 것이다. 이는 '우주의 근원은 오직 하나이지만 그 나뉘어 갈라짐은 만물이 각각 다르다'는 뜻인 '이일분수理一分殊'의 도학적인 내용에서 유래한 것으로 보여 진다. 활산은 인간의 간사함을 대변할 〈치구애노鴟鳩愛怒〉의 시에서도 다음과 같이 노래했다.

비둘기가 갠 하늘 불러 옴을 사랑할 만하고
/ 可愛鳩喚晴
부엉이가 비를 불러오는 노래에 화낼 만하지만
/ 可怒鴟喚雨
3월에 가뭄으로 괴로워 할 때는 / 三月苦旱炎
부엉이는 사랑스러우나 비둘기는 화낼 만하네
/ 鴟愛鳩可怒

비둘기는 갠 하늘을 불러오고 부엉이는 비 내림을 부르는 상징적인 새이다. 그런데 평상시에는 갠 하늘을 불러오는 비둘기를 좋아하지만 가뭄으로 고생할 때는 평상시 그렇게도 미워하던 부엉이를 그리워하는 인간의 간사함을 꼬집고 있다. 활산은 이에 나아가 자조自嘲[59]와 해조解嘲[60]를 시로 표현하여 자신을 시의 대상으로 형상화하기도 했고, 거미의

59 『活山集』 卷2. 〈自嘲〉. "調糧計日日常餘, 一歲身謀亦太疎, 有客房寒布莞, 無魚山近懶供蔬, 頭隨化蝶頻欹枕, 目暎空花罕對書, 尙爲兒孫分付語, 莫臻吳齒更吳如."

60 『活山集』 卷2. 〈解嘲〉. "前程默筭幾何餘, 不妨桑蓬宿計疎, 浮世功名輕似芥, 殘年學味淡於蔬, 客無傳說當今事, 童有來詢太古書, 往往此間眞樂在, 且回愁思樂時如."

모습을 핍진하게 관찰하여 7언 율시로 묘사하기도 했다.[61]

Ⅳ. 맺음말

지금까지 논의한 내용을 요약하면 다음과 같다. 활산 남용만南龍萬은 지금의 경주군 외동읍 영지에서 태어났다. 어려서 고향인 영지에서 5리 정도 떨어진 불국사를 오가며 처음으로 글을 배웠으며, 14세 되던 해에 영해로 가서 종조부 수약당守約堂 남제명南濟明에게 글을 배우게 된다. 그 후 가족을 데리고 경주 명활산明活山 기슭 덕계德溪 가에 내려와 경주 보문 남씨의 입향 조가 되었으며, 자호를 활산活山이라 하고 터를 정하여 '한한정閒閒亭'이라 명명하였다. 이후 당시 동도東都 팔학사八學士로 이름 높던 유의건의 사위가 됨으로써 그의 학문형성에 많은 영향을 받게 된다.

만년에는 정조로부터 인정을 받았으나 자신의 학문을 펼쳐 볼 기회를 갖지 못했다. 그러나 그의 학문에 대한 열의는 마침내 경학 및 경세학 분야에서 괄목할 만한 저술을 남겼다. 뿐만 아니라 당대의 탁월한 학자였던 해좌海左 정범조丁範祖, 대산大山 이상정李象靖, 이계耳溪 홍양호洪良浩 등과 학문적 인간적 교유는 이미 활산의 학문적 소양을 크게 인정받았음을 알 수 있다.

이 글에서는 그가 노래한 금수禽獸에 대한 시詩 중에 〈해조음사解鳥音

61 『活山集』 卷2. 〈見蜘蛛結網〉. "盡日回回擢腎腸, 一綱高揭四維張, 藏絲不患蠶烹鑊, 綢戶無勞鳥撤桑, 縱密橫疎存統紀, 方中圓外象陰陽, 經綸爾腹如能有, 長線端宜補袞裳."

詞〉와 〈초해시誚解詩〉를 살펴보았다. 〈해조음사解鳥音詞〉는 활산이 종일토록 비가 오는 날 홀로 무료하게 앉아 있는 중에 다섯 마리의 새 울음소리를 듣고 그 소리에 음차하여 의미를 표현한 것이다.

첫째, 꿩이 먹이를 얻으러 출발할 때의 기대에 찬 모습을 '걸거덕 걸거덕'하는 것은 꿩의 울음소리를 의성擬聲하였으나, 훌륭한 인재가 등용되지 못하고 소인배들의 농간을 피해야만 하는 현실을 비판하고 있다.

둘째, '꼬꾸댁'하는 닭의 울음소리를 '곡구다'로 표현하여 풍족한 삶을 요구하는 백성들의 희망을 중의적으로 표현하면서 굶주림에 허덕이는 당대 농민들의 현실을 고발했다.

셋째, '국구구'라는 비둘기의 울음소리를 빌어 정사를 올바로 다스려 나아갈 수 있는 참다운 원로가 필요함을 역설한 것이다.

넷째, 종달새의 울음소리를 빌어 수고로움에 지친 모습을 중의적 표현으로 묘사하여, 자신을 알아주는 사람은 없지만 초야에 묻혀 자기 나름대로 수고롭게 살면서 보람 있는 일을 하고 있는 모습을 보여주고 있다.

다섯째, 까치의 울음소리를 의인화하여 자연 속에서의 삶이 험난한 관계로의 진출보다 나음을 '여유 있고 또 여유 있다.(綽綽復 綽綽有)'로 묘사하고 있다. 이처럼 그는 새의 울음소리를 통해 당대 현실 사회의 모순을 시로 형상화했다.

〈초해시誚解詩〉는 '시를 통해 꾸짖고 해명한다'는 의미인 7언 절구의 작품이다. 첫째, 꾀꼬리에 비할 바가 못 되는 두견새가 달밤에 근심을 노래함을 꾸짖는다. 이에 두견새는 자신이 인간들에게 알려진 것은 시인들의 잘못된 노래에서 비롯되었다고 반박한다.

둘째, 까마귀가 사람이 죽어 썩어가는 냄새를 감지하고 가장 먼저 찾아오는 것을 귀신과 통하는 것으로 인식한 인간은 종족을 몰살시키려 한다. 이에 까마귀는 죽음이 있음에 먼저 알려줄 뿐만 아니라 좋은 손님 올 때면 새벽에 미리 알려주는 역할도 한다고 대변한다.

셋째, 노루에 대해 특이점도 지니지 않은 채 요사한 소리로 울어대는 사실을 질타한다. 이에 노루는 자신의 소리는 아침부터 축하의 의미로 노래하는 것이고, 인간에게 해로운 전염병을 꾸짖는 소리였다고 답변한다.

넷째, 농가에서 가뭄으로 인한 고충이 적지 않음을 토로하면서 이러한 농가의 심중을 이해하지 못하고 울어대는 올빼미를 꾸짖고 있다. 이에 올빼미는 암수가 젖은 몸으로 허공에 길게 울부짖음은 사람들의 풍년을 기원하려는 뜻을 담고 있다고 한다.

다섯째, 황계를 보고 전문성을 전혀 발견할 수 없을 뿐만 아니라 그 행위가 이른 밤에 요사하게 우는 모습에서 미움은 가중된다. 이에 대한 황계의 답변은 이런 일들은 모두 하늘의 기운을 따라한다는 천명天命으로 귀착시킨다.

이를 통해 활산은 인간이 만물의 영장으로 인식하여 우월성으로 자만하는 모습에 일침을 가하고 있다. 지금까지 학계에서 금언시에 대한 논의는 있어왔으나 〈해조음사解鳥音詞〉와 〈초해시誚解詩〉라는 제목으로 노래한 작품은 전무하다. 이것이 활산에 대한 새로운 인식으로 도출되는데, 이러한 그의 인식은 '우주의 근원은 오직 하나이지만 그 분의分義는 만물이 각각 다르다'는 뜻의 '이일분수理一分殊'의 도학적인 문학에서 기인한 것으로 보여진다.

참고문헌

『論語』
『書經』
『古文眞寶』
『莊子』
金時習.『梅月堂詩集』
南龍萬.『活山集』
杜甫.『杜少陵詩集』
朴趾源.『熱河日記』
徐居正.『四佳集』
蘇軾.『蘇東坡集』
劉義慶.『世說新語』
李白.『李太白集』
李秉泰·鄭亨復·黃梓 공저.『甲寅燕行錄』
李象靖.『大山文集』
李穡.『牧隱集』
李植.『澤堂集』
張維.『谿谷集』
丁範祖.『海左文集』
韓章錫.『眉山集』
洪良浩.『耳溪集』

정민. 2001.『금언체시 연구』『한국한문학연구』27. 한국한문학회.
이미진. 2001.『조선중기 잡체시 창작에 대한 연구』. 경북대학교 박사학위 논문.

유진희. 2016.『금언체시의 금언 기능에 대한 연구』.『고전과 해석』20. 고전문학한문학연구학회.

최종호. 1995.「活山 南龍萬 文學硏究」.『漢文學硏究』제10집. 啓明漢文學會.

______. 1998.「18세기 佛國寺 重創에 대한 再檢討」.『漢文學硏究』제13집. 啓明漢文學會.

18세기 영남 남인 관료의 삶과 문학
- 약남 이헌락을 중심으로

이 규 필

18세기 영남 남인 관료의 삶과 문학
- 약남 이헌락을 중심으로

이 규 필

Ⅰ. 들어가며

이 글은 18세기 영남 남인 출신 관료의 삶과 문학을 고찰하기 위해 집필되었다. 물론 18세기 영남 남인 관료 모두를 대상으로 하는 것은 아니다. 이 글에서 주목하는 인물은 경주 출신의 관료인 약남 이헌락(1718~ 1791)이다. 자는 경순景淳, 본관은 여주. 회재 이언적(1491~1553)의 아우인 농재聾齋 이언괄(李彦适, 1494~1553)의 7대손이다.

이 글이 18세기 영남 관료를 논하면서 약남을 주목하는 이유는, 약남에게는 다음과 같은 몇 가지 상징성이 있다고 생각하기 때문이다. 첫째, 18세기는 여러 변화의 징후가 곳곳에 감지되는 시기이고 그로 인해 우리 역사와 문학사에서 특히 주목받아 왔던 시기였다. 18세기 초반에 태어나 18세기 최말엽까지 살았던 약남의 생애는 18세기라고 하는 이 기간에 꼭 맞추어져 있다. 둘째, 약남은 이언괄의 후손이다. 태생적으로 이미 회퇴晦退로 대표되는 영남 남인의 전형성이 이미 담겨있다. 여기에는 명가의 후예라는 정신적 측면과 지방 사족의 경제적 측면까지 포함된다. 셋째는 영남 남인 출신의 관료라는 점이다. 영남에서 태어나 과거를 포기하고 산야에 은거하며 평생 학문에 정진한 사림이 아니라 서울의 중앙 정계에 진출을 시도한 관료라는 그 점이 18세기 영남 남인이 처한 현실의 또 한 국면을 보여줄 수 있다고 판단된다. 정리하자면 그의 관력과 행로가 앞에서 서술한 몇몇의 지점과 관련하여 18세기 영남 남인 관료의 그것을 대표한다고 해도 될 만큼의 전형성이 갖추져 있고, 그 전형성이 18세기 조선 사회 및 영남 남인을 고찰함에 있어 시사하는 점이 있다고 판단된다. 이를 약남이 성취한 시세계의 몇 국면과 연관시켜 살펴보고자 한다.

약남을 두고 영남 지역에서 학문 및 정신 세계에 큰 영향을 미친 인물이라고 하기는 어렵다. 대규모의 저술을 남긴 학자도 아니었고, 퇴계학파의 전개에서 위상이 높은 학자도 아니었다. 정계에서도 마찬가지이다. 약남은 당대 정치권의 판세에 모종의 영향을 줄 정도의 지위에 근접한 인물이 아니다. 그렇기에 약남에 대한 연구는 활발한 편은 아니다. 하지만 선행연구가 아예 없는 형편은 아니어서 지역학 연구의 일환으로 그의 생애와 금강산 유람이 고찰된 바가 있고, 한국국학진흥원에서 해제를 펴낸바 있다.[01] 선행연구는 약남에 대한 첫 연구임에도 불구하고 생애의 전반을 비교적 소상하게 추적하였고, 그것을 세 부분으로 특징지어 명료하게 정리하였다. 하지만 첫 연구라는 원천적인 한계도 지니고 있는바 주요 국면에 대한 세심한 추적이 요구되는 지점이 없지 않으며, 문학 세계 연구에 있어 시문학에 대한 접근은 이루어지지 않았다. 선행연구가 있음에도 불구하고 이 글이 약남을 다시 주목하는 또 하나의 이유가 여기에 있다.

약남의 생애를 고찰하면서 주요 지점에서 필요에 따라 무명자 윤기

01 김동협. 2013.「약남 이헌락의 생애와「동행록」」.『국어교육연구』제52집. 국어교육학회. / 김남기. 2016.「약남집 해제」.『문집해제24』. 한국국학진흥원 참조.

(1741~1826)의 사례를 끌어와 대비하여 고찰하고자 한다. 무명자는 18세기 근기 남인 출신의 관료이다. 영남 남인 관료인 약남의 생애를 근기 남인 관료인 무명자의 삶과 비교하여 고찰할 때 몇몇 지점에서 제법 의미 있는 문제들을 제기할 수 있으리라 판단되기 때문이다. 무명자는 약남보다 조금 늦게 태어나기는 했지만 그의 삶 역시 18세기 근기 남인 관료 일반이 지닌 전형성의 일면을 두드러지게 가지고 있다. 따라서 둘의 비교는 남인이라는 정치집단이 처한 현실을 분명히 보여줄 수 있을 뿐 아니라, 똑같은 현실에서 근기 남인 관료와 영남 남인 관료의 사뭇 다른 대응 방식을 보여주기도 하기 때문이다.[02] 둘의 삶이 상징하는 바가 적지 않다고 생각하는데, 그 의미는 결론에서 자연스럽게 논의될 듯하다. 요컨대 약남의 삶과 문학에 대한 탐구는 18세기 영남 남인이 처한 현실의 여러 문제적 지점들을 보여줄 것이며, 그중 어떤 지점들은 혹 오늘 영남지역 한문학을 연구하는 우리들에게도 시사하는 점이 있으리라 기대한다.

Ⅱ. 약남 이헌락의 생애

약남의 생애는 선행연구에서 그 대체가 드러났다. 생애 전체에 대한 개괄적 고찰은 선행연구의 성과에 맡겨두기로 하고, 이 글에서는 선행연구에서 보완이 필요한 부분과 이 글의 논의와 관련이 높은 지점들을

---

02 무명자 윤기의 생애에 대한 자세한 사항은 이규필. 2015.「무명자 윤기의 생애와 교유」. 『대동문화연구』제89집. 대동문화연구원 참조.

중심으로 한정하여 추적하되 시에 드러난 양상과 함께 살펴보고자 한다.[03]

1. 타고난 자질과 소년기의 학업

약남은 농재 이언괄의 7대손으로 1718년(숙종 무술) 3월 21일 경주 양좌동良佐洞 사곡리沙谷里에서 태어났다.[04] 행장은 약남이 남다른 총명함을 지녔다고 하였다. 6세(1723)에 『사략』을 읽을 때 순임금과 우임금의 세계에 이르러, "순이 전욱의 6세손이라면, 우가 어찌 전욱의 손자가 될 수 있는가?"라고 물으니, 사람들이 놀라 대단하게 여겼다고 한다. 증선지의 『사략』을 보면 권1에 순은 전욱의 6세손이라 하였고, 이어 우는 전욱의 손자라 하였다. 『사략』에 기술된 문면의 정보를 그대로 믿는다면 순과 우는 똑같이 전욱의 자손으로서 우가 도리어 순의 고조가 된다. 만약 '전욱의 후손'을 막연히 '후손'이라는 의미로 보아야 한다고 주장한다면, 동일한 책 내에서 동일한 양식의 문장을 구사할 때 글자의 쓰임을 구분하지 않고 혼용한 것은 좋지 않은 작문 태도이다. '전욱의 후예'라고 썼으면 아무런 문제가 없을 것이다. 정리하자면 상고대 제왕들의 가계 고증의 측면에서 보아도 문제이고, 문장 기술이라는 작법상의 측면에서 보아도 문제이다. 6세의 어린 약남이 이 중 무얼 가지고 문

03 「약남집」에 구성과 내용에 대해서는 김남기. 2016.「약남집 해제」.『문집해제24』. 한국국학진흥원과 「약남 이헌락의 관직과 유배생활」. 2018.『사람의 일생. 한문학을 통해보다』. 한국한문학회 춘계학술대회 발표집 참조.

04 정종로가 지은 행장에는 '2월 어느 날'이라 되어있고, 치암 남경희가 지은 행장에는 '3월 21일'이라고 되어 있다. 치암의 행장은 약남의 둘째 아들 이정함이 약남 사후 5년이 되던 해 직접 치암을 찾아가 부탁해서 지은 것이다. 따라서 치암이 지은 행장의 기록은 이정함이 가져다준 가장 등에 근거한 것일 가능성이 큰 것으로, 구체적 사실 정보에 관한 신뢰성이 높다고 판단된다. 이에 치암의 행장을 따랐다.

제를 삼은 것인지 짧은 행장의 기록으로는 속단할 수 없거니와 학문과 문학 방면의 그 남다른 총명함은 짐작하고도 남음이 있다.

10세(1727)에 『주역』을 배울 때는 이미 산가지 놓는 법을 알았다고 한다. 「홍범」의 산가지 놓는 법은 성종조만 하더라도 임금 역시 잘 몰라 시강관에게 시범을 보이도록 명하고 그 방법을 배운 일이 있음이 『국조보감』에 실려 있다. 웬만한 수준의 학자들도 별도로 깊이 궁구하지 않으면 어려워하는 것이 이 산가지 놓는 법으로, 변수가 있기 때문에 그 규칙을 알기 쉽지 않을 뿐 아니라 공식대로 따라만 하다보면 『역학계몽』과 맞지 않는 경우가 빈발한다. 이 때문에 경학의 대가들도 제자들이 괘를 펼치는 모습을 직접 보아야 지도해 줄 수 있을 정도의 까다롭고 복잡한 것이었다.[05] 그런데 이를 10세의 약남이 이미 알았다고 한다. '10세에 『주역』을 읽었다.'라고 한 입재와 달리 치암이 '10세에 『주역』을 통달했다.'라고 표현한 것은 설괘법을 어린 약남이 정확히 이해하고 있었다는 정보를 전달하기 위한 의도적 글자 선택이라고 짐작된다.

2. 과거 공부와 성균관 생활

18세(1735)에 향시에 합격하고, 27세(1744)에 생원시에 합격하였다. 27세 이후 43세까지 약 15, 6년에 걸친 기간 약남의 행적은 자세하지가

---

05 이러한 이유로 17, 8세기의 대학자 성호도 여기에 대해 자세한 설을 남긴 적이 있다. 대산 이상정(1711~1781) 역시 "「홍범」의 산가지 놓는 법에 대해서는 일찍이 깊이 궁구해 보지 않았는데, 보내온 편지로 인하여 한번 상고하고 검토해 보았습니다. 처음에는 전혀 무슨 설인지 알지 못하다가 조금 오랫동안 잠심해서 완미하자 대략 엿보아 알 듯하였으나 끝내 막힘이 없이 완전히 이해할 수 없었습니다. 그러므로 깊이 생각할 문제에 대해 짐작한 설로 감히 말하지 않았습니다. 지금 두 번째 질문을 받았으나 감히 대답하지 못할 점이 아직 있기에 어리석고 과문한 나에게 구하고 묻는 정성을 가만히 앉아서 저버렸으니, 부끄럽고 한스러울 뿐입니다."라고 한 적이 있다.

않다. 34세(1751)년에 모친상을 당하였으니, 대체로 36세 되던 해까지는 주로 고향에 있은 듯하다. 이 외에는 이 기간에 무얼 했는지 나이별로 상세히 추적하기 어렵다.

치암이 쓴 행장에 의하면 이 무렵 약남의 집안은 가세가 급격히 기울기 시작하여 거친 음식도 넉넉히 공급할 형편이 못되었고, 거처도 안정되지 않아 누차 이사를 해야 했다. 부모의 의식주에서 형제의 생계에 이르기까지 쇠락한 집안의 경제를 둘째인 약남이 거의 책임지다시피 하였던 모양인데, 그 방법이 무엇인지는 말하지 않았다. 약남이 고향에서 살림살이에 힘을 쏟던 생활은 모친상이 끝날 때인 1753년 무렵까지는 이어진 듯하다.

모친상을 치르는 동안 수백 명의 조문객들을 법도에 맞게 응접하고 장례 절차에도 조금도 모자람이 없어, 사람들이 모두 약남이 가난한 형편이라는 것을 깜빡 잊을 정도였다고 한다. 그런 효성에 의한 것인지, 혹은 이른 나이에 생원시에 합격한 學文 덕분인지 단언하기 어렵지만, 모친상이 끝난 뒤 약남은 조정의 명이 있을 때마다 누차 유일로 천거되었다.

천거는 작은 직무 수행으로 이어진 듯하다. 어떤 직책이었는지 어떤 임무였는지는 찾을 길 없다. 다만 37세(1754) 되던 해에 지었던 권1의 「호서행」을 보면, 당시 지은 시의 제목에 '부호서赴湖西'라고 하였고, 수련 2구에 "한 번 산문을 나서자 전도가 평탄하네"이라 하고 또 미련에 "옛 약속 어긴 나를 새들이 비웃네"라고 한 것으로 보아 대수롭지 않은 것이기는 하나 공무를 띤 것이 분명하다. 일을 마치고 고향으로 돌아오지 않고 서울로 올라간 것으로 보아도 호서행이 공무였음을 분명히 알 수 있다. 이어 경상도의 청송을 다녀왔다. 마찬가지로 제목에서 '행역行役'이라 하였고 경련에서 "관아의 술을 석 잔이나 마셨다"라고 한 것으로 보아 역시 서울에 있다가 공무를 띠고 청송에 왔던 것으로 보인다.

고향 경주와 100리 남짓 떨어진 지근 거리의 지역에 온 일을 계기로 고향을 그리워한 내용이 분명한데, 앞에서와 마찬가지로 어떠한 신분으로 어떠한 임무를 받고 왔던 것인지에 대해서는 추적할 단서가 없다.

유일 천거와 그로 인해 받았던 직무를 행장에 기록하지 않은 것은 그것이 정식 벼슬이 아니기 때문이라 보여진다. 때문에 동남사우의 촉망을 짊어졌다고 일컬어지는 약남의 입장에서 그리 대단할 것도 아니었다.

약남이 성균관에 들어간 시기를 정확하게 고증하기는 어렵다. 다만 생원시에 합격하고 난 뒤에 모친상을 당했던 기간을 제외하고는 줄곧 서울과 고향을 왕래하였으리라 짐작된다. 약남이 비록 집안의 경제를 책임지고 있었다고는 하지만 모친상을 당하기 전까지의 기간에 줄곧 고향에만 있었던 것은 아니고, 성균관 유생 생활을 하며 서울과 경주를 오가는 생활이 이어졌던 것으로 보인다. 그러다가 39세(1756) 이후부터는 거의 완전히 上京하여 성균관에서 생활하였다. 부친 이신중李愼中의 권고에 크게 힘입은 것이었다.

성균관 유생이 반재泮齋 내에서 생활할 수 있는 기간은 합격하여 입교하고 난 뒤로 2년 이내에 한한다. 따라서 이 시절 성균관 생활은, 낙산에서 남산으로 이어지는 남인들의 궁촌 어딘가에 우거처를 마련하고 식사와 강학만 성균관에서 했을 가능성이 높다. 이 시절 약남은 성균관의 여러 유생들과 깊은 관계를 맺었는데, 북한산 등지를 유람하며 함께 지은 연구에서 그 정황을 짐작할 수 있다. 물론 이 기간에도 계속 서울에서 마음 편하게 지낼 형편은 되지 않아 고향 경주에 잠깐씩 내려와 집안을 살피고 다시 올라가는 생활을 반복하였다.

정리하자면, 16년의 기간 동안 모친상을 마치기 전까지는 고향을 중심으로 성균관을 오갔고, 유일로 천거되었을 때는 공무를 수행하기도 했다. 후반부 7년은 서울에 우거하며 고향을 오갔다. 하지만 결이

고르지 않은 이 기간의 삶을 관통하는 하나의 일이 있다면 그것이 '대과를 위한 과거공부'라는 것만은 분명하다.

3. 환로에의 진출과 활동

그토록 오랜 세월 대과 급제를 꿈꿔 왔지만, 그러나 끝내 약남은 대과에 급제하지 못했다. 누차의 천거 끝에 43세 되던 1760년 12월에 비로소 강릉참봉[06]에 제수되었다. 생원시에 합격한 지 16년, 참으로 오랜 세월이 지난 뒤에 얻은 첫 관직이었다. 이를 시작으로 46세 되던 1763년에 평시봉사, 이듬해인 1764년에 의금부도사, 1765년에 사포서 별제, 1766년에 장악원주부로 승진하였다. 이윽고 1768년, 51세의 나이에 첫 외직을 받아 하양현감으로 나왔다. 더디고 더딘 승진이었다.

하양은 약남의 고향 양좌동과 멀지 않은 고을이다. 일흔 넷의 늙은 임금 영조는 쉰을 막 넘긴 약남에게 역량 있는 현령과 덕을 갖춘 현령이 되어 줄 것을 당부했다. 영조의 당부대로 약남은 하양에서 교육과 문화부흥에 힘을 쏟았다. 가장 큰 사업이 문경공 허조(1369~1439)와 충간공 허후(?~1453)의 유집을 간행한 것이었다.

이 외에 약남이 하양현감 시절에 한 일이 더 있는데, 바로 환성사 결송이다.[07] 환성사는 신라시대 이래 성세를 구가해 오던 하양 지방의 대찰이다. 이 때문에 하양향교와 영천의 임고서원에서 서로 자신들의 속사라고 주장하였다. 이 송사는 매우 오래된 것인데, 약남은 하양향교

---

06 강릉은 명종과 인순왕후의 릉을 말한다. 현재 서울시 노원구 공릉동에 있다.

07 환성사는 신라 헌덕왕의 아들로 15세에 출가하여 신라 흥덕왕 7년(832) 팔공산 동화사를 중창한 심지왕사(心地王師)가 흥덕왕 10년(835)에 창건하였다고 전한다. 관련 내용은 경산 하양 향교에 소장된 「하양환성사결송 예조문서등록」에 수록된 '태학관통문' 참조.

작성하였다. '벼슬하는 영남사람들은 공에 의지하여 영수로 삼았다.'[08] 라고 한 치암의 회고와 '(함창현감으로 있을 때) 지인들이 날마다 문을 메웠다'[09]라고 한 입재의 기술이 상투적 찬상만은 아니다.

4. 외직에서의 실정과 유배

약남이 덕을 갖춘 훌륭한 수령이었던 것만은 분명하지만, 그러나 그를 두고 현의 재정과 행정관리에 역량을 가진 역량 있는 수령이라고 하기는 어려울 듯하다. 1777년 8월에 함창현감으로 부임한 약남은 62세 되던 1779년 12월에 파직된다. 파직의 이유는 조정의 독촉에도 불구하고 대동결전과 세전의 상납 시기를 누차 어긴 때문이다. 이를 이유로 당시 선혜청 당상으로 있던 정민시가 나처하기를 청하였고, 정조는 허락하였다. 그해 경상도 상주와 함창 일대는 지독한 흉년이 들었다. 약남이 구휼소를 올려 백성의 주림을 면해주려 노력하였지만, 이것과 지방수령으로서 소임을 다하지 못한 것은 별개의 문제다. 이는 약남의 성격과 일정한 관련이 있는 듯하다. 이해 12월에 열린 고과 평정에서 그가 받은 평가는 이렇다.

> 함창 현감 이헌락에 대해서는 '아랫사람을 신칙함에는 소홀하나 순후하고 근실함은 높이 살 만하다.' 하였다.[10]

고과 평정에서 좋지 못한 점수를 받았음을 짐작케 해 주는 평가이

---

08 남경희. 『치암집』 권10 「翊衛司衛率藥南李公行狀」: 嶺人從宦者倚公爲領袖.

09 정종로. 『입재집』 권44 「縣監藥南李公行狀」: 知舊日塡門.

10 『일성록』 정조3년(1779) 12월 15일조 기사 참조.

二者於我宜	이 둘은 나와 참 잘 어울리는 꽃
葵菊各天性	해바라기와 국화는 천성이 다르니
凌霜又傾羲[12]	서리를 견디고 해를 바라본다네

「해바라기와 국화를 읊다」 3수 가운데 제2수이다. 해바라기는 임금을 향한 일편단심을 상징하는 꽃(오늘날엔 접시꽃이라 함)이다. 국화는 절개를 상징하는 처사의 꽃이다. 벼슬에 나아간 관료의 마음가짐과 처세엔 해바라기가 어울리고, 산림에 물러난 처사의 마음가짐과 처세엔 국화가 어울린다. 약남은 두 꽃 모두 자신에게 맞는 꽃이라 서술하였다. 진퇴의 어느 길이든 부끄러움 없는 삶을 살 수 있다는 자신감이다.

다만 약남의 나이를 고려할 때, 이 작품에서는 '국화'보다는 '해바라기'에 무게 중심이 있다고 보아야 옳겠다. 제1수 전결구에서 "국화 떨기는 반 자 자랐거늘, 해바라기꽃은 이미 가지에 그득하네"라고 한 것은 자신의 내면 심리를 무의식적으로 드러낸 것이다. 제3수 기승구에서 해바라기를 두고 "마음의 한 조각 붉은 충정은 내 너와 같구나"라고 한 다음 전결구에서 "또 노란 봉오리 터질 때를 기다려, 한 해 저물 때 심기를 의탁하리"라고 하여, 국화를 자신의 만년의 삶과 은근히 연결시키고 있음에서 다시 청년 약남의 마음을 확인할 수 있다.

幾年窮壑老談經	몇 해나 골짝에서 경전 강론하였던가
一出山門前路平	한 번 산을 나서자 앞 길이 평탄하네
(중략)	
馬首山禽多熟面	말 앞의 산새들 낯이 많이 익은데

12 이헌락. 『약남집』 권1 「詠葵菊三首」.

群飛嘲我破前盟[13]　옛 약속 어긴 나를 떼 지어 비웃네

「갑술십월 부호서」의 수련과 미련이다. 이 시를 쓴 갑술년은 약남이 37세 되던 1754년이다. 자료적 제약으로 인해 확언하기는 어렵지만, 제목에 쓰인 글자와 시의 전체 내용을 볼 때 단순 유람은 아닌 것으로 보인다. 특히 미련 말구의 '옛 약속 어긴'이 지닌 보편적 의미로 비추어 볼 때, 당시 약남의 호서행은 그것이 설령 대수롭지 않은 일이라 할지라도 공무를 띠고 내려간 것으로 보아야 옳을 듯하다. 이를 감안하고 본다면 수련 2구의 '앞 길이 평탄하네'에서 풍기는 당당한 기세는 앞날을 향한 부푼 기대감에서 발로된 것이라 할 수 있다.

서호로 가는 계절은 늦가을에서 초겨울로 접어드는 환절기였다. 약남은 무서리가 치는 이 계절 낙동강 어귀에서 필마로 천 리 길을 가는 소회를 읊으며 "무슨 일로 이리 바쁜지? 말 없이 외로운 배에 기대네"라고 노래하였다. 2구 10자의 대련에 '바쁨', '말 없이', '외로운 배' 등과 같은 염세적이고 쓸쓸한 정서의 시어가 가득 놓여있다. 그럼에도 불구하고 이 시에서는 고독의 체념적 정조가 아니라 도리어 알 수 없는 가벼운 설렘이 감지된다. 가슴 깊은 곳에 원대한 포부를 지닌 화자의 기대감이 이면에 스며있기 때문이다.

月共山南照	달은 산남에도 함께 비추고
風從漢北吹	바람은 한강 북쪽에서 불어오네
長安看漸近	서울이 점점 가까워오니
驅馬莫躕踟[14]	서둘러 말을 달리네

---

13 이헌락, 『약남집』 권1 「甲戌十月赴湖西」.
14 이헌락, 『약남집』 권1 「合成伍言四十韻」.

임무를 마치고 서울로 돌아가는 길이다. 위의 시에 '선원로仙源路, 포로비圃老碑, 문강댁文康宅, 야은사冶隱祠' 등의 어휘가 등장하는 것으로 보아 호서의 행차는 문강공 권근(1352~1409)의 집과 포은 정몽주(1337~1392)의 비석 등 공신 집안의 구적이나 자손 서용 여부를 살펴보는 것이 주된 일이었던 듯하다. 이 길에 조룡대와 같은 백제의 옛 유적을 둘러보고 충청감영에서 호서 기녀들의 검무도 보았다. 계룡산과 금강 일대의 형승을 보며 드넓은 들에 놀라기도 하고, 풍속과 말씨가 다른 것을 체험하기도 하였다. 다소의 일정을 마치고 서울로 가는 길, 고향을 들리지 못하는 아쉬움을 토로하는 것이 아니라 서울이 가까워 올수록 걸음을 재촉하는 모습에 약남의 심리가 잘 담겨있다.

2. 성균관 시절의 교유와 우정

당시 3년마다 시행되는 식년시에만 새로운 생원진사 급제자들이 200여 명을 상회하고, 성균관의 재사는 수용인원이 140명을 넘지 않으므로 급제 직후 1, 2년을 제외하면 성균관에 마냥 기숙하기는 어려운 형편이었다. 이런 현실 정황적 제약을 고려할 때, 약남의 성균관 생활은 모친상이 있기 전에 시작되었을 것으로 판단된다. 18세기에 이르면 영남 남인이나 지벌이 약한 유생의 경우, 10년 또는 20년을 훌쩍 넘기는 오랜 기간 성균관에서 지내며 공부한 이들이 적지 않으며, 그 기간에 부모상을 당하여 고향으로 갔다가 상을 끝내고 다시 돌아오는 경우도 허다했다. 약남도 그런 경우에 해당하는 사람 가운데 하나였을 가능성이 크다.

본디부터 경저를 따로 경영하던 벌족의 자제가 아닌 경우, 지방에서 생원시에 합격하여 혼자 상경한 유생이나 몰락한 남인의 자제들은 으레 그렇듯 혜화문 아래 낙산에서 동대문을 거쳐 남산과 숭례문으로 이어지는 누항을 전전하며 성균관에서는 끼니만 겨우 해결하는 정도였다. 언젠가는 청운가도를 달릴 꿈을 간직한 채 기약 없는 수험생 생활을 이어가야 했다. 잔인한 세월이다. 27세부터 43세까지 약 16년에 걸친 결코 짧지 않은 기간 그 삶의 궤적이 모호한 것은 이와 관련 있다.

젊은 경화의 신진이 옥당으로 또 어디로 줄줄이 진출하는 것을 하염없이 바라보아야만 했던 지방의 유생. 살아간다기보다 견더내야 했다고 해야 옳을 성균관 생활에서 그를 버티게 해 준 것은 가슴 깊이 갈무리해 둔 꿈, 그리고 벗들과의 끈끈한 우정이다.

團圈俱是遠來朋	모두들 멀리서 온 단란한 벗
一片心期一片氷	한 조각 마음 얼음같이 맑다
歲色中天初轉斗	해 저물어 중천에 북두자루 돌아오고
鄕愁半夜暗挑燈	고향 그리워 깊은 밤 심지를 돋우네
論襟末路聊相勉	말로에 마음 터놓자고 서로 격려하노니
替面他時更此憑	뒷날 보고플 때면 오늘 이 시를 보겠지
名理世間多變態	명리는 세간에서 변화가 무쌍하니
超然晩節問誰能[15]	초연히 만절을 뉘 지킬 수 있으리

한 해가 저무는 서울 하늘 아래. 허균철, 윤시중, 이창우, 권해 등이 모여 앉았다. 모두들 먼 지방에서 올라온 시골 유생들이다. 배경도 돈도 없지만, 그렇기에 마음만은 얼음처럼 맑아 티끌조차 없다. 세밑이라 고향 그리움은 더욱 짙어 밤늦도록 모여 앉아 시를 지으며 서로를 달랬다. 뒷날 저마다 내외직으로 흩어져 살다가 문득 오늘의 벗들이 그

15 이헌락. 『약남집』 권1 「分步前韻」.

리우면 이 밤에 지은 시들을 꺼내 읽으며 가슴 시린 시절을 추억할 것이다. 경련의 '서로 격려한다'는 말은 바로 '환로에서 각자의 길을 걸을 그날의 꿈'을 두고 한 말이고, 미련 말구의 '만절'은 '그날까지 오늘의 이 곧은 마음을 변치 말자'는 다짐의 징표이다.

西遊喜得兩參朋	서울 유학 기쁘게도 두세 벗을 얻었으니
開盡襟會映玉氷	회포를 터놓으면 빙옥처럼 서로 맑다오
孤調暮年飛白雪	모년의 절창에 백설이 날리고
閑談遙夜點靑燈	한밤의 한담에 등불을 돋우네
春來故國寒梅早	봄이 온 고향엔 매화 벌써 피었겠지
別去何時一雁憑	떠난 뒤 언제나 소식 서로 전할는지
吾輩儒冠多自誤	우리들 유생은 스스로 그르치기 일쑤니
還山倘又讀書能[16]	고향 가서도 외려 다시 독서하시겠지

매년 생원시에 합격하여 새로 상경하는 사람이 많듯이 기약 없는 수험생활을 정리하고 고향으로 돌아가는 벗도 부지기수이다. 함께 모여 앉아 문장과 고금을 논하며 밤늦도록 술잔을 기울였던 벗 이자회가 고향으로 돌아간다. 그는 품위 있는 성품에 시까지 절창이었다. 함련의 '백설'은 양춘백설의 고사에 전거를 둔 표현이다. 일품인 자회의 시솜씨에 대한 상찬이다. 따라서 '고조' 역시 그의 작품을 두고 한 말이지만, 기실 그의 인품에 대한 칭찬이기도 하다. 한 번 떠나면 편지마저 쉬이 장담하기 어려운 이별, 슬픔의 와중에 약남은 벗에게 독서를 계속할 것을 당부하고 있다. 보통 끈끈한 우정이 아니고는 꿈을 접고 돌아가는 벗에게 꺼내기 어려운 말이다. 이들의 꿈과 우정은 그만큼 깊고 단단

16 이헌락.『약남집』권1「酬李子會」.

하다. 당부하는 약남의 심정은 어땠을까? 벗에 대한 당부는 결국 자신에게의 다짐이기도 하다.

물경 16년이나 되는 긴 세월이요, 39세 이후의 기간만 따지더라도 6, 7년이다. 긴 세월의 수험생활을 한 사람의 시라고 하기엔 너무나 담담하다. 심리적 갈등이나 현실에의 불만 따위는 전혀 감지되지 않는다. 이런 면은 무명자의 시와 비교해 보면 그 차이가 드러난다.

> 가) 朱批幸得魁高第 점수는 다행히 장원급제 받았건만
> 黃甲公然屬別人 합격의 영광은 버젓이 딴 사람 차지[17]

> 나) 朋黨旣擠陷　붕당을 지어 밀어뜨리고
> 地閥又較考　지벌을 또 비교하는구나
> 跡孤視秦越　나는 외톨이 신세요
> 情密酬紵縞[18]　저들은 비단결 정이로다

앞날의 기대에 가슴 벅찼을 청소년 시절이야 어떨지 몰라도 위로 부모를 모시고 아래로 처자를 보살펴야 할 나이가 되고부터는 수험생활의 끝 모를 막막함이란 피가 마르는 현실이 된다. 고단한 생활은 마음을 날카롭게 하고, 벼려진 마음은 주변에서 펼쳐지는 다양한 인간관계에 염증을 낼 수도 있다. 무명자는 과거에 장원하였다가 영문도 모르고 떨어진 경험이 있어 가)와 같은 시를 남겼다. 약남의 경우를 여기에 그대로 가져다 비교하는 것은 옳지 않겠지만, 오랜 과거 공부 기간 동안 지속적으로 남인 인사들이 떨어지는 것을 보고 아무런 생각이 들지

---

17 윤기, 『무명자시고』 권1 「旣登上第 無故被拔 漫吟遣懷〈甲申〉」.
18 윤기, 『무명자시고』 권3 「遣悶」.

않았을 가능성은 몹시 낮다. 벗들과의 교유도 마찬가지이다.

같은 성균관 유생들이라 할지라도 어울리는 그룹이 다르다. 경화자제는 그들끼리 배타적이고 공고한 그룹을 형성한다. 한층 처지는 남인이라 할지라도 경남京南과 영남嶺南이 달랐을 터이다. 공공연히 밀어주고 당겨주는 관계도 속되기 그지없지만, 경제력과 지벌에 따라 권력관계가 은근하고도 집요하게 작용하는 술자리도 썩 달갑지 않기는 마찬가지이다. 나)에는 이와 관련한 무명자의 심리가 잘 담겨있다.

약남의 시가 무명자의 시보다 성취가 낮다고 하기는 어렵다. 오히려 약남의 시에서 느껴지는 정감적 색채가 훨씬 따뜻하고 온유해 보인다. 소외된 자의 내적 갈등과 괴로움이 약남의 시에서는 전혀 보이지 않기 때문이다. 이후로도 두 사람의 시세계는 사뭇 다른 방향으로 전개된다. 약남의 시세계는 안분지족의 방향으로 전개되고, 무명자는 소외의 서운함에서 발로된 감정이 현실 비판의 의식으로 이어져 18세기 양반사회의 제 모순을 고발하는 방향으로 전개된다. 둘 사이에 우열이나 시비의 잣대를 개입시킬 필요는 없다. 다만 근기 남인 관료 출신인 무명자와 대비해 볼 때 18세기 영남 남인관료 출신으로서 약남의 시세계가 지니는 성격과 지향성이 보다 분명해진다는 점은 지적할 수 있겠다.

여기서 몇 가지 의문이 들 수 있다. 약남의 시가 안분지족의 방향으로 전개된 것은 순전히 개인적인 성향 문제일까. 그렇지 않으면 그에 영향을 끼친 다른 요인이 있는 것일까.

3. 환로에서의 고향 생각과 안분

43세 되던 1760년, 약남은 강릉참봉에 제수되어 환로에 첫발을 디뎠다. 학행으로 천거되어 나간 것으로 끝내 대과에는 합격하지 못하였다. 강릉은 지금이야 서울이지만 당시로서는 양주에 속하는 외진 시골. 늦은 나이에 받은 종구품의 능참봉이 달갑잖아서일까. 그렇다고 해도 처음 받은 벼슬인데, 강릉참봉에 나가던 무렵의 정황이나 심정을 담은 글이 『약남집』에는 없다. 오히려 경주 일대의 인사들과의 회합, 그리고 영남 숙유들에 대한 만사가 이 시기 작품의 대부분을 이룬다.

물론 벼슬아치로서 애민의 마음을 담은 작품이 전혀 없지는 않다. 강릉참봉 시절 짧은 말미를 얻어 고향에 왔다가 돌아가는 길에 문경 새재 어름에서 지은 작품이다.

冒雨行松下	비 무릅쓰고 소나무 아래 가노라니
明珠落帽邊	구슬같은 빗방울이 모자에 떨어지네
珠多非我喜	구슬이 많단들 좋을 게 무어랴
喜潤萬人田[19]	온 들녘 적시는 것이 기쁘지

비가 내리기에 소나무 아래를 골라 디딘다. 덕분에 무수한 빗줄기는 피했지만 대신 구슬만 한 빗방울이 이따금 모자에 떨어진다. 이런 상황에서 약남은 '만인의 논밭을 적시는 비가 비싼 명주보다 좋다'고 한다. 애민의 마음이다. 문제는 너무 전형적이라는 점이다. 낡은 비유요, 상투적 시상 전개이다. 젊은 시절, 일견 대단치 않아 보이는 몇 구절로 드러낼 듯 감출 듯 내면의 미묘한 설렘과 기대를 담아내던 그 섬세하던 문재는 어디 갔을까. 꿈 많은 소년은 어디 갔을까.

十年蹤迹慣山間	십년 종적이 산간에 익숙터니
出做微官又在山	미관이 되어 또 산중에 있네

19 이헌락, 『약남집』 권1 「鳥嶺路上遇雨口號」.

官祿縶人千里遠	녹봉 받으려 천리 멀리 와 있고
主恩容我一身閒	성상의 은혜로 일신이 한가롭네
地因仙寢塵難染	인릉에 가까워 번잡함 없고
人苦郎潛鬢欲斑	말직에 시달려 머리 쇠었네
讀罷方眠眠罷讀	책 읽다가 잠들고 잠 깨면 책 읽어
休將俗車更相關[20]	세상 사람들과 상관치 말자꾸나

함련의 '일신이 한가롭네'와 경련의 '책 읽다가 잠들고 잠 깨면 책 읽네'. 이런 표현의 시구에서 전해지는 일반적인 감정은 '지친 환로에서 벗어난 일탈적 해방감' 혹은 '산중처사의 안빈낙도와 같은 충족감'이다. 그런데 약남의 이 작품에서 느껴지는 감정은 무기력함이다. '성상의 은혜로 일신이 한가롭네'라는 4구의 언급에서도 진실함이 그다지 느껴지지 않는다. 오히려 작품의 전체에 걸쳐 미미하지만 자조와 체념의 정서가 감지된다. 늦은 나이에 말직을 전전하기 때문일 것이다. 젊은 날 한때 품었던 원대하던 포부는 꺾인 지 오래로 보인다. 관직에 종사하며 지은 시편들에서 애민의 마음이 다소 전형적인 형태로 읊어지는 것도 이와 무관하지 않다고 판단된다.

시의 전반적인 정조는 회재불우한 자의 원망을 가득 담아 울분을 터트리던 무명자의 시와는 사뭇 다르다.[21] 그런데 세상을 원망하지 않는 것, 그것이 언제나 '긍정적이고 적극적인 자세'와 '열린 마음'에서 발로하는 것일까. '사랑이 없으면 서운한 것도 없다'던 맹자의 말마따나 기대가 없으면 원망도 없다. 답답할 것도 아쉬울 것도 없기 때문이다.

---

20 이헌락, 『약남집』 권1 「遣懷」.

21 특히 『무명자시고』 권3과 4에 실린 시들 가운데 한미한 말직을 전전하는 것에 대한 불울한 감정을 표출한 것이 많은데, 「吟饑」, 「擬古16首」, 「有感」, 「朴大諫稚教 長高 見余賦三層菊 次成三首 各賦一菊 余又次之」 등에 특히 그러한 심정이 진하게 담겨있다.

이 시기 약남의 작품을 관류하는 전반적 분위기는 거개가 이러한 심리 상태에 기반한 것이라 할 수 있다. 때문에 경련에서 '책 읽다가 잠들고 잠 깨면 책 읽는다'는 표현에서는 관조의 탈속한 정취가 아니라 기대가 없는 자의 체념에 가까운 의도적 관심 끊기의 심리가 감지된다.

관직에 몸을 담고 있던 시절 약남의 시세계를 이루는 주요 정서는 사향, 곧 고향을 향한 그리움이다.

思鄕嘗欲陟崔嵬	고향 그리우면 산을 오르고 싶었으니
爲望南天眼暫開	남녘 바라보면 잠시 눈 뜨였기 때문
寸祿未能添菽水	쥐꼬리 월급에 부모님 모시지 못하고
尺書誰與典荷杯	고향 편지 얻음에 뉘와 술잔 나눌까
長郊永日栽新稻	늦봄의 너른 들엔 신도미를 심고
急雨前宵撲小梅	지난 밤 소낙비는 매실을 때리네
齋扉晝吟無人到	낮 되도록 읊어도 찾아오는 이 없어
臥看歸雲出岫隈[22]	산모퉁이 솟는 구름 누워서 보네

낮은 관직이 마음에 들지 않을수록 현실이 원망스러운 것이 아니라 고향이 그리웠다. 모시지 못한 부모님 생각에 목메었고, 이야기 나눌 벗이 그리웠다. 그렇기에 경련의 두 구는 눈앞의 실경이기도 하려니와 상상 속의 고향 풍경이기도 하다. 강릉 앞들에 모내기를 한 모습과 지난 밤 소낙비가 매실을 적신 모습에 '고향의 들녘에도 지금쯤 새로 심은 벼가 푸르고, 봄비가 내려 매실이 살지겠지…….' 하고 상상한다. 유벽한 시골의 한관을 찾는 이 없어 더욱 그렇다.

고향에 대한 그리움은 강릉 참봉 시절에 한하지 않는다. 환로에 들

---

22 이헌락, 『약남집』 권1 「康齋直中吟得嵬字」.

어선 이후 약남의 마음에 가장 큰 자리를 자지하고 있는 정서가 바로 고향 생각이고, 그것은 작품에 그대로 표현되었다.

고향 생각의 정서는 효도와 무관할 수 없다. 외직을 받아 하양현감으로 갔을 때는 현아에서 부친을 모시고 있었다. 꿈이 그리던 효도를 이룬 셈이다. 그리고 현아에서 부친의 생일잔치도 열었다. 이런 일련의 과정을 그쳐 말직을 전전하는 벼슬아치의 무기력함과 향수병은 어느 정도 치유된 듯하다. 고향 생각의 정조 그 깊은 밑바닥에는 서울 생활에의 불만족이 일정 부분 자리하고 있는데, 수령으로서의 봉양을 통해 그 불만족의 정서를 보상받았기 때문이다. 그래서인지 하양 시기 이후 약남의 시세계를 이루는 주요 정서는 안분이다.

遺落塵穴	인간세상에 떨어져
放浪形骸	떠돌아다닌 신세여
何求何慮	바람이 있으랴 걱정이 있으랴
優哉遊哉	유유자적 지내노라
山靜日長	산 고요하고 날 길어
吟諷徘徊	거닐며 시 읊노라
濁酒罇畔	막걸리 술통 옆에
元亮又來[23]	원량이 또 오누나

하양 현감을 마치고 부친상도 마친 어느 시점에 쓰여진 작품이다. '바람도 걱정도 없이 유유자적 지낸다.'는 함련의 술회는 앞에서 보아왔던 자조적 체념과는 정서적 결이 사뭇 다르다. 그것을 극복한 안분자의 여유로운 자족감이다. 이 시를 기점으로 약남이 서울에 올라가 관직생

23 이헌락, 『약남집』 권2 「山中卽事」.

활을 할 때도 짙은 고향 생각의 정조가 담긴 작품은 더 이상 보이지 않는다. 권3의 「산거십영」에서는 한없이 평화롭고, 때로 예교에서 벗어난 산림 선비의 소탈함도 보여준다. 성시의 정경을 읊은 「시문귀인」과 같은 작품의 전결구 '돌이켜 생각해 보면 온 성시에, 모리배 아닌 사람 뉘 있을까'라고 한 진술에서 세상을 향한 격심한 조롱이나 적의가 느껴지는 것이 아니라 도리어 다소의 관조적 탈속미가 느껴지는 것도 이러한 이유 때문이라 생각한다.

4. 좌절의 극복과 승화

약남은 62세에 함창현감에서 파직되었고, 이 일이 문제가 되어 65세에 울진으로 정배되었다. 정배되기 전 3년 동안 약남이 어디서 무얼 했는지는 자세치 않다. 다만 고향에서 서울로 압송되었다가 정배된 것은 분명한데, 조령 - 안동 - 불영계곡 - 울진으로 이어진 그 경로가 당시 정황을 말해준다. 영남 외진 바닷가 고장으로 떠나는 날, 2월의 하늘엔 늦은 봄눈이 날렸다.[24] 그리고 이날부터 해배되기까지 유배 기간의 시를 약남은 〈선사록仙槎錄〉으로 묶었다. 많은 작품은 아니지만 〈선사록〉에 남은 작품을 통해 심경의 변화를 짐작할 수 있다.

약남에게는 산림 처사의 성향이 있고, 앞 절에서 보았듯 관직에 대한 마음도 어느 정도 정리하였다. 게다가 아전 관리와 행정 처리에 능하지 못한 자신의 성향을 잘 알고 있었던 듯, 함창현감으로 있던 당시의 일에 대해 매우 억울하다는 입장은 아니었던 것으로 보인다. 자신의 과오와 그에 대한 응분의 댓가를 얼마간 각오한 것처럼 보인다는 말이

24 처음에는 5년으로 제법 길게 선고 받은 유배다. 하지만 일찍 풀려 이해 12월에 해배되었다.

다.

유배지로 떠나는 날 읊은 시의 첫구에 "고신의 무거운 죄에 비해 벌은 외려 가볍네"라고 한 데서 그 심경의 일단을 엿볼 수 있거니와 이는 일종의 반성문과 같은 상투적 자기 위안의 표현이라고도 할 수 있다. 그 뒤를 이어 조령을 넘으며 지은 시에서도 "임금이 내려주신 은혜 아니라면, 어떻게 바닷가 고장으로 왔겠나?"라고 하고, 또 안동으로 가는 길에 "어슴프레 안개 끼인 숲, 유배를 가면서도 고생스러운 줄을 몰라라."고 한 것에 이르면 울분의 심정이 없는 약남의 모습이 거짓이거나 단순한 자기 위안의 발로가 아님을 알 수 있다.

三春岸際黃犢	삼월의 언덕엔 누런 송아지
十里湖邊白鷗	십리의 해변엔 흰 갈매기들
乍短乍長牧笛	끊어질 듯 이어지는 피릿소리
半浮半沒漁舟[25]	물결 위에 넘실거리는 고깃배

〈선사록〉에 실려있음을 잊고 읽는다면 이보다 더 목가적이고 한가로운 서정시도 드물 듯하다. 이 시에는 소리도 있고 움직임도 있지만, 그 소리와 임직임이 모두 평화로운 적요함에 수렴되어 있다. 노하여 표효하는 파도소리도 아니고, 애를 끊는 쇠된 퉁소소리도 아니다. 약남의 마음이 시로 표현된 것이라면, 적어도 이 시에서는 분노와 비통의 흔적을 찾을 수 없다. 관직생활을 하던 중년기의 무기력함이나 건조한 상투성이 싹 가신 절작이다.

그러나 작품이 절창인 것과 별개로 논자의 마음에 종내 석연치 않은 점이 있다. 쫓겨난 사람에게 어찌 해방감만 있겠는가? 아무리 자신

25 이헌락. 『약남집』 권3 「登望洋亭」.

의 과오를 인정한다 해도 유배라는 것이 주는 수치감과 군주에게서 버려졌다는 데서 오는 절망감이 그렇게 간단하게 치유될 수 있는 아픔인가? 조선조 지식인에게 그 연군의 심리 이면엔 순애적인 순수함에서 오는 극단적 강렬함이 있다. 게다가 조상 앞에 한 점 부끄러움 없는 삶을 살겠다는 가문 의식이 있다. 원인과 과정이야 어떻든 유배 당한 사실에 대해 전혀 아무러한 원망과 서운함이 없다면 그것은 그것대로 이상한 것 아닌가.

약남의 경우에도 마찬가지이다. 결코 굴레에서 벗어난 해방감만 있을 리 만무하다. 때문에 유배당한 신세가 부끄러워 "고향집 매화를 온전히 저버렸네"라고 부끄러워하였고, "언제 가장 술이 필요한가? 서울의 임금님 그리울 때지"라고 괴로워하였다. 하지만 이런 부끄러움과 괴로움에 오래 시달리지는 않았다. 그런데 그 방법이 개운치 않다.

思君日永心如醉	님 그리는 날은 길어 마음은 아득하고
望子山多眼欲酸	망자산 아래에서 눈시울 시큰거리네
湖上白鷗應笑我	바다의 갈매기는 날 비웃으리
向來何苦做微官[26]	지난날 무엇하러 말직에 아등바등하였는지

울진 망자산 아래, 임금 생각 간절해질 때마다 눈시울이 시큰해지는 나날. 약남이 서러운 누구보다 청렴하고 능력있는 자신을 몰라주어서가 아니다. 자신의 유배가 권력의 역학관계에 따른 정치적 보복이라는 자각에서 온 분노도 아니다. 번질은 흔한 편법 가운데 하나였고 지방 아전들의 농간은 일상적인 것인데, 자기만 특히 문제 삼는 것이 억

26 이헌락. 『약남집』 권3 「漫吟」.

울한 것도 아니다. 약남이 느끼는 감정은 "종당에 이런 꼴을 보려고 그 오랜 세월 참아가며 말직을 전전했던 것인가?"하는, 다시 말해 자조에서 오는 허탈함과 후회이다. 부끄러움과 괴로움을 달랜 약남의 사유는 정면돌파가 아니다. 퇴행적 타협에 가깝다.

임금을 향한 연군의 정서가 작은 것은 아니지만, 그보다 더 큰 것은 고향으로 돌아가려는 마음이다. 그렇기에 버려짐에서 오는 치욕감을 말직에 아등바등해온 것에 대한 후회로 치환하고, 그 후회를 다시 전리에 돌아왔다는 안도감과 유유자적의 정서로 대치하였다. 다음 시는 그러한 심경 변화의 결과이다.

孤囚海國喫山蔬	해변의 유배객 산나물 배불리 먹으며
籬外桃花縶小驢	울 밖 복사나무에 작은 나귀 매어놓았네
詩律輒成晡飮後	식사 마치면 시를 문득 짓고
行笻如待午眠餘	낮잠 깬 뒤 막대 짚고 나서네
波間戱鷺無羈絆	물결 사이 해오라기는 자유로운 몸이요
天際浮雲自卷舒	하늘의 뜬 구름은 절로 오가네
詩友忽從村北至	詩友가 북촌에서 홀연히 찾아오니
開門相笑罷看書[27]	문을 열고 웃으며 책 읽기 마치네

유배지가 관동이라고는 하지만 울진이었으므로 고향에서 그리 멀지 않았고, 서학이나 역모와 같은 중대 사안이 아니었으므로 위리안치도 아니었다. 유배 중간에 잠시 유배지를 떠나 가야산을 유람하고 고향집에 들렀다가 오기도 했다. 가끔 누를 수 없는 수심이 덮치기도 하지만 약남은 현실을 받아들이고 절망을 초극하였다. 유배생활이 귀전

27 이헌락, 『약남집』 권3 「吟謝朱錫而來扣」. '扣'는 '和'의 오류로 보인다.

원의 한 형태인지 의심스러울 정도로 이내 평정을 되찾았고, 그 심리적 안온함은 시에 드러났다. 위에 인용한 시는 유배시에서 보기 어려운 안분과 낙도의 태도와 자연 친화의 정서가 작품 전체에 깔려있으며, 그로 인해 매우 목가적이고 낭만적인 작품이 되었다. 경련의 굴레 없이 자유로운 백로와 걸림 없이 한가로운 흰구름은 약남의 심리와 생활상 그대로가 반영된 듯하다. 스스로 벼슬에서 물러나고자 하던 숙원을 마침내 이룬 산림처사의 은둔시에서나 볼 수 있을 듯한 강호한정의 정취요 만족감이다.

相乃佛之聖	의상은 佛家의 성인이라지
此臺始何年	의상대는 언제부터 있었던가
臺空人不見	사람은 가고 대만 남았으니
雲月自娟娟[28]	구름과 달이 절로 아름답구나

유배지 말엽의 시에서 느껴지는 정조는 때로 단순한 강호한정의 정조를 넘어서는 듯이 보인다. 시는 유배 기간에 잠시 가야산 의상대를 유람하며 지은 작품이다. 전결구에서 느껴지는 정조는 약간 묘하다. 자연 또는 유적지는 남아 있는데 그 주인공들은 사라지고 없는 데서 오는 무상감을 읊은 시는 수 없이 많다. 목은의 저 〈부벽루〉 또는 가야산의 학사대를 두고 읊은 시편들이 그렇다. 이러한 시에는 대체로 무상감에서 기인하는 아련한 슬픔이 짙든 옅든 깔려 있기 마련이다. 치열한 삶이나 유구한 인간사가 허무하게 느껴지는 데서 발로되는 일종의 염세적 애상이다.

하지만 위에 인용한 약남의 시에는 그러한 정조가 그다지 느껴지지

28 이헌락, 『약남집』 권3 「義湘臺」.

않는다. 시상 전개가 특이해서 그런 것은 아니다. 이유를 굳이 표면적인 요소에서 찾아본다면, 결구의 시어 '연연娟娟'에서 기인하는 측면이 크다고 생각된다. '연연'이 가진 그 의미야 '유유' 또는 '유연'과 크게 다르지 않겠지만, 어감은 사뭇 다르다.[29] 이 때문에 이 시의 분위기는 〈부벽루〉류의 시들이 지닌 애상적 정조의 무상감과 구별된다. 오히려 자조도 덧없음의 관조도 넘어 '보이는 것이 진실[色卽是空]'이라는 불교적 진실까지 담고 있는 듯 느껴진다.

위의 시들은 약남의 내면세계가 종국에 도달한 드높은 경계에서 발원하여 뿜어져나오는 것으로, 분명 약남의 유배시가 성취한 특별한 정조요 국면이다. 하지만 약남을 한 개인인 약남으로서가 아니라 18세기 영남 관료의 전형성을 지닌 인물로 바라볼 때, 종국에 약남이 도달한 경계가 높고 시적 정취가 고상하더라도 거기에 도달하는 과정에 대해서는 되짚어볼 여지가 없지 않다고 생각한다. '18세기 영남'과 관련하여 시사하는 면이 있다고 보기 때문이다.

Ⅳ. 나오며

약남의 인생 행로와 관력은 당대 정치권에서 남인 관료의 일반적 현실을 여실히 보여준다. 비교적 이른 나이에 생원시에 합격해도 남인으로서 대과에 급제하여 요직에 진출하는 것은 거의 불가능했던 일이다. 무명자의 삶에서도 확인된다. 둘의 삶이 가지는 그 의미는 비교해 볼

29 참고로 '悠然'이라 해도 평측과 압운에 아무 문제가 없다.

필요가 있다. 근기 남인인 무명자의 삶이 서울 내에서 급속도로 진행되는 양반 계층의 분화 현실을 보여준다면. 영남 남인인 약남의 삶은 '경남과 영남의 분리' 혹은 '영남 소외'의 현실을 보여준다.

그런데 궁금하다. 약남은 왜 이토록 순응적이며 퇴행적인가. "온 세상이 다 썩어도 나만은 그렇지 않다."는 독선의 일갈이 아니라 할지라도, "나보다 더한 탐관과 무능력자들도 많지 않은가"라는 항변 정도는 괜찮지 않은가? 아니, 오히려 유배를 계기로 당시 관료사회에 만연한 비리 예컨대 권력과 지벌에 기반한 이권 나눠먹기와 같은 제 행태들을 고발할 수도 있지 않은가. 남인으로서 평생토록 말직을 전전하기로는 무명자도 비슷한 입장인데, 무명자가 신랄한 현실비판과 돌올한 대결의식을 내보였다는 점에서 둘은 전혀 다르다. 어떻게 이해해야 할까.

논자는 그 이유를 약남이 가진 재산에서 찾는다. 약남이 가진 재산은 회퇴로 대표되는 영남의 풍부한 학문적 토양, 향리의 전토, 동시대의 영남 사우들 등이다. 약남이 지식인의 한 사람으로서 무명자와 비슷한 길을 가지 않은 것은 그의 천성적 기질에서 기인하는 측면도 크다고 할 수 있다. 하지만 둘이 처한 사회환경적 배경과 그에 따른 입장차를 마냥 간과하기는 어려울 듯하다.

무명자에게는 돌아갈 전토가 없었고, 그를 맞아줄 향리의 유림이 없었다. 고향이라고 돌아가 보아도 그와 연대할 어떠한 세력도 없었고, 그곳에 은거하여 자신의 여생을 자신의 방법대로 경영할 어떠한 길도 차단된 상태다. 그에 비해 약남은, 돌아가기만 하면 언제든 그를 받아줄 든든한 지역사회가 있었다. 말직에 몸을 매고 서울의 누항을 전전하는 둘의 그 겉모습은 비슷해 보일지 모르지만 이면의 차이는 명백했다. 무명자는 끝까지 싸워야 했고, 약남은 고개 너머 고향을 늘 그리워했던 것이다.

참고문헌

『일성록』. 한국고전번역원.

「河陽環城寺決訟 禮曹文書謄錄」. 하양향교.

曾先之. 『史略』.

南景羲. 『癡庵集』. 한국문집총간 속집101. 한국고전번역원.

尹愭. 『無名子集』. 한국문집총간 본집256. 한국고전번역원.

李象靖. 『大山集』. 한국문집총간 본집226. 한국고전번역원.

李憲洛. 『藥南集』. 한국국학진흥원.

鄭宗魯. 『立齋集』. 한국문집총간 본집251. 한국고전번역원.

김남기. 2016. 「약남집 해제」. 『문집해제24』. 한국국학진흥원.

______. 2018. 「약남 이헌락의 관직과 유배생활」. 『사람의 일생. 한문학을 통해보다』. 한국한문학회 춘계학술대회 발표집.

김동협. 2013. 「藥南 李憲洛의 생애와 「東行錄」」. 『국어교육연구』제52집. 국어교육학회.

이규필. 2015.「無名子 尹愭의 生涯와 交遊」. 『대동문화연구』제89집. 대동문화연구원.

목재 황곡의 잡저 연구

한 의 숭

목재 황곡의 잡저 연구

—

한 의 숭

Ⅰ. 머리말

지역학에 대한 관심이 증가하면서 지역 향촌사회를 중심으로 활동했던 문인들에 대한 연구가 활발하게 이루어지고 있다.[01] 지역학 연구의 중요성을 인식했다는 점에서 주목할 변화로 꼽힌다. 이러한 지역학 연구는 주로 지역거점대학의 연구소 및 한국국학진흥원 등과 같은 기관에 의해 활발하게 진행되고 있다.

영남지역의 경우 경북 지역을 중심으로 세거한 종가 문화의 전통이 살아 있으며, 문중을 중심으로 전해 내려온 고서와 문화재가 다수 보존되어 있다. 이에 대한 수집 및 정리가 한국국학진흥원을 중심으로 이뤄지고 있으며, 그 결과 영남의 지역학 연구에 유력 종가의 소장 고서, 문화재 등이 활용되고 있다.

뿐만 아니라 한국국학진흥원에서는 『한국문집총간韓國文集叢刊』에 수록되지 않은 지역 문인의 문집을 발굴하여 소개하는 『문집해제』를 지속적으로 발간하여 지역학 연구에 초석을 다지고 있다. 이러한 작업은 지역의 인물과 문화와 대한 새로운 시각과 정보를 제공하는 토대로 작동

---

01 이종호. 2007.「지역 한문학 연구의 현황과 과제」.『한국한문학연구』39. 한국한문학회 .

하고 있다. 이 글은 이와 같은 기초 작업에 힘입어 시도되는 연구임과 동시에 연장선상에 서 있는 작업이기도 하다.

한편 한국한문학연구에서 18세기는 조선 후기 문학사에 황금기로 불렸던 시대로 주목된다. 18세기의 중요성은 문명사적 관점에서도 동·서양을 횡단하는 시기로 주목되며, 18세기를 대상으로 한 학회[02]가 결성될 정도로 전 지구적 관점에서 시사하는 바가 크다. 이런 차원에서 황금기로 불리던 18세기에 영남 지역은 과연 어떻게 대응하고 활동했던가 하는 점을 살펴보는 것은 충분한 의미가 있다.

그동안 영남 남인에 대한 연구는 퇴계 이후 제자 문인 그룹의 지역적 분화를 중심으로[03] 자료 집성과 지역적 특징을 중심으로 진행되어 왔다.[04] 필자 또한 최근 지역학에 관심을 가지고 연구를 진행한 바 있다.[05]

영남 남인은 중앙 정계로의 진출이 여의치 못했던 관계로 향촌을 중심으로 학술 활동에 집중해 왔다. 때문에 특정 인물 몇몇을 제외하곤 문학사에서 크게 부각된 경우가 없었다. 당대에 활동했던 대부분의 인물은 그동안 거의 문학사에서 방기되거나 조명을 받지 못한 경우가 많았다. 이 점은 18세기 영남 남인의 문학에 대해 현재까지 제대로 된 연구가 진행되지 못했음을 의미한다. 이에 대한 반성으로 근래들어 영남의 문집출판과 관련된 문헌학적 연구[06], 18세기 영남 한문학의 전개 양

---

02 18세기 학회가 대표적이다.

03 경북대 퇴계연구소. 2004.『퇴계 학맥의 지역적 전개』. 보고사.

04 이구의. 2015.「영남 한문학 자료집성의 사례와 그 의의」.『대동한문학』45. 대동한문학회 ; 황위주. 2012.「星州 漢文學의 歷史的 展開樣相」.『영남학』21. 경북대 영남문화연구원.

05 한의숭. 2015.「人文地理적 관점에서 본 嘯皐 朴承任의『門人錄』」.『한국선비연구』3. 동양대학교 선비문화연구원 ; 2016.「『嶺南人物考』에 수록된 영천지역 文人 硏究」.『한국선비연구』4. 동양대학교 선비문화연구원 ; 2017.「18세기 嶺南 南人의 筆記集에 기술된 영주 관련 人物과 空間 지역에 대한 연구」.『한국선비연구』5. 동양대학교 선비문화연구원 참조.

06 장인진. 2011.『영남문집의 출판과 문헌학적 양상』. 계명대 출판부 ; 황위주. 2016.「일제강점기 문집편찬과 대구·경북지역의 상황」.『대동한문학』49. 대동한문학회 참조.

상[07] 등 영남학에 대한 관심이 적극적으로 시도되고 있다.

이 글은 이러한 흐름을 이어 받아 18세기 영남 남인 문단 가운데 경주 지역을 중심으로 활동했던 목재木齋 황곡(黃斛, 1721~1790)의 문학을 살펴보고자 한다. 목재와 관련된 선행 논의는 한국국학진흥원에서 발간하는 『문집해제』23권[08]에 수록된 「목재집 해제」가 하나 있을 뿐 거의 연구된 바가 없다.

그 이유는 그동안 문학사 연구의 경향과 중심이 서울, 근기 지역을 중심으로 한 논의가 주를 이룬 관계로 지역 문학에 대한 연구는 대강의 줄기를 잡는 선에서 그치는 경우가 많았기 때문이다. 영남 지역의 경우 19세기 이후 간행된 문집의 수가 1000여 종을 상회함에도 불구하고 이에 대한 연구는 특정 작가와 학맥을 중심으로 한 게 대부분이다.[09] 영남 남인이 정치적으로 소외된 나머지 문학에 대한 연구는 상대적으로 조명을 덜 받았기 때문에 조선시대 문학사에서 존재가 부각된 작가는 그다지 많지 않다. 거의 대부분은 알려지지 않은 지역 출신 문인이라 할 수 있다.

이 글은 18세기라는 문학사적 황금기에 문학사의 주변부에 존재하면서 부각되지 않은 지역과 인물을 포착하여 위상을 검토하고 자리매김하려는 것이 주목적이다. 이와 함께 로컬리티의 탐색을 통해 특정 지역의 지역학적 성격을 파악해 보고자 하는 목적 또한 가진다.

---

07 김윤조 외. 2011. 『18세기 영남 한문학의 전개』. 계명대 출판부.

08 류영수. 2015. 「목재집 해제」. 『문집해제』23. 한국국학진흥원.

09 물론 18세기 이후 영남 지역의 문집 간행이 폭발적으로 증가하게 된 상황은 가문의 선조 선양사업 또한 맞물려 있기 때문에 긍정적으로만 생각할 것은 아니다. 하지만 양적인 증가 대비 연구 상황은 극심한 불균형을 초래하고 있으므로 기초적인 연구부터 수행될 필요가 있다.

Ⅱ. 牧齋 黃斛의 생애와 學問 경향

목재의 생애에 대해서는 『목재집牧齋集』 소재 『행장行狀』을 통해 파악할 수가 있다. 생애를 정리해 보면 다음과 같다.

황곡(1721~1790) 선생의 휘는 곡斛, 자는 만앙萬仰, 호는 목재 또는 남강南岡으로 본관은 회덕懷德이다. 고조의 휘는 정윤廷允이고 증조의 휘는 연綖이며 조의 휘는 중량中亮으로 모두 음덕이었고, 고의 휘는 정구鼎耉로 부인은 월성최씨 창수昌壽의 따님이다. 경종景宗 신축년(1721) 10월 8일 경주 남산리 본가에서 공을 낳으셨다. 이때 모부인께서 각角·두斗 두 별을 품는 꿈을 꾸셨으니, 공의 이름이 정해진 것은 이 때문이셨다.

9세에 순찰사가 경주 선비들에게 시험을 실시할 때 일등으로 뽑혔는데 다른 사람의 글을 빌려 쓴 것으로 의심받았으나 그 자리에서 응답하여 천재로 인정받고 이름을 알리기 시작했다. 약관에 화계 류의건 문하에서 글을 배워 궁리의 중요성을 깨달았고, 상리학에 깊이가 있어 선기옥형璇璣玉衡을 모방하여 만들어 스승의 칭찬을 받았다. 45세에 사마시에 합격하였다. 당시 향시에 합격한 선비들에게 『소학』을 중심으로 예조 시험을 보게 했는데 저자가 1등으로 뽑혔다. 고향으로 돌아오니 참판 이헌묵李憲默이 옥산서원에서 '소학장원小學壯元'이라 칭송하였다. 평소에 태극이기太極理氣와 원회종시元會終始 등의 글을 지어 성정과 심술의 습속, 길흉과 예속의 폐단, 과거와 당의의 습속, 이단과 불교의 배척에 대한 견해를 밝혔다. 1790년 정월 9일 세상을 떠났는데 향년 70세이고, 경주 남산촌에 장사지냈다. 부인은 연일정씨로 원관元觀의 딸이고, 남편보다 먼저 세상을 떠났다. 슬하에 3남 승현升玄·신헌信憲·선헌宣憲을 두

었고, 2녀는 최사묵崔思黙과 최주관崔柱寬에게 시집갔다.[10]

선생과 교유했던 인물로는 활산活山 남용만南龍萬, 구헌懼軒 이돈백李敦白, 제암霽巖 최종겸崔宗謙, 남애南厓 이두원李斗遠, 지잠芝岑 류영노柳榮魯, 괴와槐窩 이헌렬李憲烈, 동산東山 손승구孫升九, 피촌避村 임일빈任一鑌 등으로 모두 도의로 교유하였다. 이 가운데 활산은 스승인 화계 류의건(1687 ~ 1760)의 사위이며, 지잠은 화계의 아들로 목재는 이들과 교분을 쌓았다. 『목재집』에는 활산과 지잠에게 보낸 서간 및 만시, 제문 등이 수록되어 있다.

목재의 학문 경향은 문집 곳곳에서 간취할 수 있다. 목재는 자서自序를 통해 자신의 학문 지향을 "약관에 류의건의 문하에서 공부했지만, 사장과 과거 공부에 매몰되어 호랑이를 그리려다 개를 그리는 꼴이 되고 말았다. 이후 삼대의 글과 『주역』, 역사서 등을 두루 섭렵하고 사서와 육경 공부에 전념하였다."라고 술회하였다. 이러한 지향은 사마시에 합격한 뒤 "공부한 바를 저버리지 않도록 힘쓰고 선악을 분별하여 언행을 삼가고 탐욕과 이익의 마음을 버리고 곤궁해도 번민하지 않으면서 자신을 다스리고 기르겠다."[11]는 언표를 통해 구체적으로 나타나기도 하였다. 한편 시에 있어서는 "충담沖澹을 곧바로 서술하고 조각彫刻을 일삼지 않았던 풍격"을 지녔던 것으로 평해지기도 하였다.[12]

목재 선생의 학문적 경향에 있어서 가장 핵심에 해당되는 것은 『소학』에 바탕을 둔 실천 유학에 있었던 것으로 보인다. 병신년에 정조 임금에게 올린 글에서 "『소학』은 만세에 사람을 가르치고 풍화하는 하나의 큰 정법입니다. 나라의 흥폐는 오교의 돈독함과 돈독하지 않음이 어떠하냐에 달려있습니다. 요순 삼왕의 다스림 또한 오교에서 벗어나지

10 류영수. 2015. 『목재집』. 『문집해제』23. 한국국학진흥원. 80-81쪽 참조.

11 류영수. 전게서. 84-85쪽 참조.

12 황곡. 『목재집』권4. 〈행장〉. "直寫冲淡, 而不事雕刻."

않습니다."[13]라고 드러낸 바 있다.

이와 같은 인식은 "나는 『소학』을 받들기를 신명과 같이 하였고, 공경하기를 부모와 같이 하였다. 내가 병석에 있던 수십년 동안 손에서 이 책을 놓은 적이 없다."[14]라고 공표한 것에서 충분히 확인할 수 있다. 『소학』에 대한 목재의 인식은 곳곳에서 표출된다.

> 내가 어린 시절 깊이 공부하지 않고 詞章과 記誦의 글만 우선하여 날마다 과거공부로 업을 삼았다. 나이 서른이 지나서야 비로소 『소학』을 보게 되니 마치 머리털이 서는 것 같아 후회막급이었다. (…) 우연히 사마의 이름을 얻게 되자, 나는 먼저 집에 소학이 없어 다른 사람에게 빌려 한 치 정도 되는 한 권의 책으로 만들어 손으로 내·외편 및 어제서문을 전후로 필사하고, 또 작은 전대 하나를 만들어 그 안에 넣어 품 안에 넣고 다니며 출입하거나 안거나 서거나 먹고 마시거나 한가하거나 바쁜 때에도 항상 보고자 하였다. 매번 낮과 밤으로 한 편씩 읽어 날이 쌓여 달이 되고 달이 쌓여 해가 되니 기약하지도 않았는데 익숙하게 되었다. 처음과 끝을 갖추어 통하게 된 연후에야 만세풍화의 큰 근본과 지극한 도를 비로소 처음 알게 되었다.[15]

---

13 황곡. 『목재집』권4. 〈행장〉. "小學之書, 蓋萬世敎人風化之一大正法也. 國之所以興廢 在乎伍敎之惇不惇如何. 堯舜三王之治, 不外乎伍敎也."

14 황곡. 『목재집』권4. 〈행장〉. "吳於小學, 奉之如神明, 敬之如父母, 吳自疾病數十年, 手不釋此書, 而夙夜競惕, 庶幾勿負."

15 황곡. 『목재집』권3. 「잡저」29화. "余童蒙之時, 不學塾敎, 先受詞章記誦之文. 日以科習爲業, 年過三十, 視小學如髦弁, 悔莫及已. (…) 偶得司馬之名, 余先是家無小學, 遂借於人, 裁成方寸許一卷, 手寫內外篇及前後御製序文, 又作一小袋, 納中而佩于懷, 以便出入坐立飮食言語閒忙時, 常目之具. 每日讀一遍, 每夜誦一遍, 積日而月, 積月而歲, 不期熟而熟矣. 首尾俱通, 然後, 怳然始知萬世風化之大本至道也."

위의 언술을 통해 알 수 있듯이 목재는 『소학』의 중요성을 강조하였다. 『소학』의 학습과 실천만이 세교의 변화를 억제할 수 있는 유일한 수단으로 인식하고 있었던 것이다. 목재는 『소학』의 효용을 충분히 인식하면서 젊은 시절 과거준비에 빠진 나머지 『소학』을 늦게서야 접한 데 대한 아쉬움을 토로하였다. 젊은 시절 과거를 준비할 때는 개인의 입신과 가문의 현창이라는 대의를 앞세웠으나 좋은 결과를 얻지 못했다. 그 이후 『소학』에 눈을 떠 침잠하게 되는데, 목재가 『소학』에 심취하게 된 이유에 대해선 명확하게 서술되어 있지는 않다.

하지만 목재가 처한 현실적 상황을 통해 추정해 보면 무엇보다 향촌사대부의 삶을 영위하기 위해서는 지역의 종장으로 인정받아야 했을 것이다. 즉, 지역 사회의 본보기로 인정받기 위해 평소 삶의 자세에서 실천을 중요하게 여겼을 것이며, 그것을 구현한 텍스트가 『소학』이었기 때문에 『소학』에 심취하게 된 것이 아닌가 생각되는 것이다.

한편 『소학』에 대한 목재의 인식에 대해서는 군왕인 영조의 치세정책 또한 함께 고려될 필요가 있다. 영조는 18세기 중반 『소학훈의』, 『소학언해』의 편찬과 간행을 통해 『소학』의 위상을 한층 더 강화시킨 바 있다. 그 이유는 영조 23년에 발생한 허함 사건에 의해 말미암은 것으로 사건 이후 영조는 『소학』 교육을 강화하여 소학강을 강조하는 영을 지방에 내릴 정도로 『소학』을 치세 방안의 하나로 적극 활용하였다. 이러한 분위기 속에서 『소학』은 18세기 중후반 조선 전반에 영향력을 떨치게 되었다.[16] 따라서 『남강만록』에 기술된 『소학』 관련 내용은 목재의 실천 사상을 뒷받침하는 증거임과 동시에 영조의 치세정책 도구로 소환된 당대 분위기를 보여주는 기록으로 이해할 필요가 있다.

뿐만 아니라 인문지리적 관점에서 지역 문인 그룹의 텍스트 선호

---

16 정호훈. 2014. 『조선의 소학』. 소명. 326-340쪽 참조.

양상 또한 또 다른 측면에서 주목할 필요가 있을 것으로 생각된다. 즉 영남에 형성된 남인 학맥일지라도 학적 지향에 따라 강조하는 텍스트가 조금씩 다르다는 점이다.[17]

앞서 언급하였듯이 18세기에 『소학』을 강조한 것은 군왕인 영조의 정책에 의해 추동된 측면이 강하다. 하지만 목재가 수많은 텍스트 가운데 『소학』을 핵심으로 생각했던 기저에는 지역별로 형성된 문인 그룹의 영향 또한 일정부분 작용했으리라 생각된다.[18] 즉, 경주 지역 문인 그룹의 사상적 배경에 『소학』을 숭상했던 인문지리적 영향이 지역 분위기로 형성되어 전통을 이루었던 게 아닌가 생각되는 것이다. 물론 이는 조심스러운 측면이 있고, 실증적인 자료를 통해 보충되어야 한다. 하지만 흥미로운 점은 이와 같은 양상이 경북 북부 영주 지역을 중심으로 활동했던 소고 박승임의 제자 문인 그룹이 그들의 사상적 기저로 『논어』를 핵심 텍스트로 지목했던 양상[19]과 비견된다는 점에서 충분히 주목할 지점이라 생각된다.

17 이 점은 경향성에 대한 추정으로 대단히 조심스럽긴 하다. 하지만 영남 남인 그룹별로 중요하게 생각했던 텍스트의 존재가 형성되고 있었던 점은 주의깊게 살펴볼 필요가 있다.

18 조선후기 영남 지역별 문인을 정리한 『영남인물고』는 이러한 측면에서 자료적 가치가 크다. 『영남인물고』에 대한 논의는 전병철. 2011. 「『嶺南人物考』 晉州편 등재인물의 시기별 특징」. 『경남문화연구소보』32. 경상대학교 경남문화연구소 ; 한의숭. 2016. 「『嶺南人物考』에 수록된 영천지역 문인 연구」. 『한국선비연구』4. 동양대학교 선비문화연구원 참조.

19 한의숭. 2014. 「人文地理적 관점에서 본 嘯皐 朴承任의 『門人錄』」. 『한국선비연구』3. 동양대학교 선비문화연구소. 234쪽 참조.

Ⅲ. 牧齋 黃斛의 雜著 수록 散文의 양상

황곡의 『목재집』은 전반적으로 지역 사대부 문인의 문학적 지향을 잘 보여준다. 시의 경우 만시와 화·차운시 등 교유관계에서 창작된 작품과 자연경물에 대해 읊은 경물시가 다수를 차지한다. 산문의 경우 시에 비해 창작된 작품 수가 현저히 적은데, 이런 측면에서 주목되는 게 『목재집』권3에 수록된 잡저이다.

잡저에는 〈신관론身官論〉, 〈어동한전설魚洞閒田說〉, 『남강만록南岡謾錄』, 〈의화식전擬貨殖傳〉이 수록되어 있다. 이 가운데 먼저 〈신관론〉은 '신체 기관인 이목구비수족의 기능과 역할에 대해 장단점을 설명한 뒤 신관을 주재하는 천군의 중요성'을 강조한 글이다.[20] 이와 함께 〈어동한전설〉은 어동에 거주하는 이인발이라는 사람의 소유였던 밭이 50금까지 값이 올랐다가 1742년 홍수에 못 쓰게 되어 노는 밭이 되자, 저자가 이 밭을 얻은 뒤 경작하면서 '한가로움'에 대해 자신의 감회와 의미를 붙인 논설문에 해당된다.[21] 위의 두 작품은 모두 '논'과 '설'이라는 문체적 특성을 활용하여 창작되었다. 두 작품보다 더 주목되는 건 목재의 학문적 경향을 집약한 『남강만록』과 〈의화식전〉이다. 그러면 『남강만록』과 〈의화식전〉을 중심으로 살펴보기로 하자.

20 류영수. 2015. 〈身官論〉. 『문집해제』23. 한국국학진흥원 86쪽 참조.

21 류영수. 2015. 〈魚洞閒田說〉. 『문집해제』23. 한국국학진흥원 87쪽 참조.

1. 『南岡謾錄』

『남강만록』은 『목재집』 잡저雜著에 수록된 잡록으로 전체 62개의 항목으로 구성되어 있다. 『목재집』 해제에서 『남강만록』과 관련하여 다음과 같이 정리한 바 있다.

> 남강은 저자의 또 다른 호이며, 저자가 평소에 학문을 통해 체득한 내용을 분야와 조목별로 기록한 것이다. 문집 한 책 가운데 거의 70%를 차지하고 있는 만큼 그의 학문의 방향 및 학문적 역량과 깊이를 잘 알 수 있는 저술이다. 전체적인 내용을 살펴보면, 周濂溪(周敦頤)의 太極理氣說을 도설로 요약하고 邵康節(邵雍)의 皇極經世를 취해 연역하였고, 이어 性情과 心術의 오묘함, 吉凶과 禮俗의 폐단, 科擧와 黨議의 습속, 異端과 佛敎에 대한 문제점 등을 서술한 것으로 모두 60여 항목에 달하는 조목으로 구분하였다.[22]

위의 해제에 따르면 『남강만록』은 잡저의 70%를 차지할 정도로 목재의 사상적 성향을 잘 드러낸 대표적 저작에 해당된다. 『남강만록』에 수록된 내용은 주로 주돈이의 이기설과 관련된 사항에 저자의 견해를 표출한 것이 다수를 이루고 있다. 이와 함께 심학, 과거, 이단, 불교 등 당대의 영남 남인 유학자의 입장에서 문제제기와 주된 관심사라 할 수 있는 것에 대해 서술하고 있다.

하지만 실제 『남강만록』을 자세히 살펴보면 앞서 해제에서 언급한 것 이외의 다양한 내용이 수록되어 있는 게 확인된다. 저자의 세계관을

22 류영수. 2015. 「南岡謾錄」. 『문집해제』23. 한국국학진흥원 87쪽 참조.

보다 면밀하게 추적할 수 있는 자료로 주목되는데, 관련된 항목을 중심으로 분석해 보도록 한다.

① 鬼神論에 대한 관심 표출

『남강만록』에는 이기론과 귀신론에 대한 논의가 다수 발견된다. 조선시대 전반에 걸쳐 귀신론에 대한 논의는 선초부터 꾸준히 지속되어 왔으며 그 기조는 주자의 귀신론에 입각해 있다. 주자의 귀신론은 그 전제가 정이(程頤, 1033~1107)의 "귀신은 조화의 자취이다.(鬼神者, 造化之跡)"과 장재(張載, 1020~1077)의 "귀신은 두 기의 양능이다.(鬼神者, 二能之良能也)"에서 비롯되었다.[23]

주자의 귀신론은 이기론 가운데 기론과 일치하는 관계로 이기론의 하위 담론으로 인정될 수 있다.[24] 『남강만록』의 귀신론 역시 큰 틀에서 주자의 논의에서 벗어나지 않는다. 다만 목재의 『남강만록』에는 귀신론과 관련하여 특이한 논의가 하나 있어 주목을 끈다.

> 동봉선생이 〈남염부주지〉에서 말한 게 있는데, "주공과 공자는 중화 문물 가운데서 탄생한 성인이요, 석가는 서역의 간흉한 민족 가운데서 탄생한 성인입니다. 문물이 비록 개명하였다 하더라도 성품이 박잡한 사람도 있고 순수한 사람도 있으므로, 주공과 공자가 이들을 통솔하였습니다. 간흉한 민족이 비록 몽매하다고 하더라도 기질이 날카로운 사람도 있고 노둔한 사람도 있으므로, 석가가 이들을 일깨워 주었습니다. 주공과 공자의 가르침은 정도로써 사도를 물리치

---

23 박성규. 2004.「주자철학의 귀신론」. 서울대 박사논문. 32-33쪽 참조.

24 최진덕. 2009.「주자학의 이기론과 귀신론」.『양명학』23. 한국양명학회 참조.

는 일이었고, 석가의 법은 사도로써 사도를 물리치는 일이었습니다. 그러므로 정도로써 사도를 물리친 주공과 공자의 말씀은 정직하였고, 사도로써 사도를 물리친 석가의 말씀은 황탄하였습니다. 주공과 공자의 말씀은 정직하였으므로 군자들이 따르기가 쉬웠고, 석가의 말씀은 황탄하였으므로 소인들이 믿기가 쉬웠던 것입니다. 그러나 그 지극한 경지에 이르면 모두 군자와 소인들로 하여금 마침내 바른 도리로 돌아가게 하는 것입니다. 세상을 의혹시키고 백성을 속여서 이도로써 그릇되게 하려는 것은 아닙니다."[25]

위의 예문은 『남강만록』 50화에 해당되는 것으로 김시습의 『금오신화』 전 5편 가운데 1편인 〈남염부주지〉에서 인용한 기록이다. 김시습과 관련된 인물 기사는 조선시대 필기나 야담, 야사[26] 등에서 쉽게 찾아볼 수 있다. 하지만 그의 대표적 저작인 『금오신화』에 대한 언급이나 기록은 필기나 야담, 잡록에서 거의 찾기가 힘들다. 이는 『금오신화』 창작 이후 간행과 유전에 대한 기록이 잘 보이지 않았던 것에서 비롯된 것이다. 육당 최남선에 의해 『계명』19호(1927)에 활자본이 수록되기 전까지 『금오신화』의 실전에 대해서는 제대로 알려진 정보가 없었다. 윤춘년에 의해 간행된 『금오신화』 조선간본[27]이 중국 대련도서관에서 발굴되기

---

25 『목재집』권3. 「잡저」48화. 東峯先生 〈南炎浮洲志〉有曰 : "周孔, 中華文物中之聖也, 瞿曇, 西域姦兇中之聖也. 文物雖明, 性有駁粹, 周孔率之, 姦兇雖昧, 氣有利鈍, 瞿曇警之, 周孔之敎, 以正去邪, 瞿曇之法, 設邪去邪. 以正去邪, 故其言正直, 以邪去邪, 故其言荒誕. 正直, 故君子易從, 荒誕, 故小人易信. 其極致, 則皆使君子小人, 終歸於正理, 未嘗惑世誣民, 以異道誤之也."

26 김시습 관련 일화는 『사우명행록』, 『상촌잡록』, 『용천담적기』, 『석담일기』, 『월정만필』, 『운암잡록』, 『추강냉화』, 『청성잡기』, 『임하필기』, 『패관잡기』, 『해동야언』, 『해동잡록』 등 조선 전기에서 후기에 이르기까지 필기잡록 속에 폭넓게 수록되어 있다.

27 『金鰲新話』 조선간본에 대해서는 최용철. 1999a. 「『金鰲新話』 조선간본의 발굴과 그 의의」. 『중국소설연구회보』. 한국중국소설학회 ; 1999b. 「『金鰲新話』 조선간본의 발굴과 판

전까지 『금오신화』가 과연 조선의 사대부들 사이에 어느 정도나 제대로 읽혔을지 의심스러웠던 것이다. 그런데 『남강만록』에는 바로 이 『금오신화』와 관련된 기록이 기술되어 있어 수목을 요한다.

위의 예문을 보면 목재가 〈남염부주지〉에 대해 언급한 것은 기본적으로 〈남염부주지〉가 가지고 있는 성향과 관련된 것임을 짐작할 수 있다. 목재는 〈남염부주지〉의 특정 부분을 인용하여 그 문학적 성향을 논하고자 했던 게 아니라, 귀신론과 관련된 논의를 하기 위해 〈남염부주지〉를 전고로 거론하고 있다.

이 점은 목재가 『금오신화』 소재 〈남염부주지〉를 이해했던 시각의 일단을 잘 보여주는 것이라 할 수 있다. 즉 『금오신화』 소재 〈남염부주지〉를 소설의 관점에서 이해한 것이 아님을 의미한다. 〈남염부주지〉란 텍스트를 이해하는 방식에 있어 사상사적 관점, 특히 작품 전반에 박생의 입을 통해 언급된 〈일리론〉을 통해 볼 수 있듯이 이기론과 귀신론을 표출하기 위한 수단으로 활용했음을 의미한다.

목재는 위의 예문에 이어 "석가의 도를 배운 자는 그 사람이 삭발을 하고서 아버지와 임금도 부정하여, 인륜을 멸시하고 무상으로 나아가며, 석가의 법을 좋아하는 자는 천당·시왕·지옥·윤회·보응의 설을 믿어 존비귀천을 막론하고 부처에게 공양하고 재를 베풀어 그 혼백을 천도한다."[28]라고 하여 유가적 시각에 입각하여 불가를 해석하고 있음을 드러내 보인다.

따라서 위의 예문을 통해 볼 수 있듯이 목재는 18세기 경주 지역 문인들에게 『금오신화』가 읽혀지되 수록 텍스트에 대한 이해 방식에 있

본에 대한 고찰」. 『민족문화연구』32. 고려대 민족문화연구원 ; 2015. 「『剪燈新話』 주석본과 『金鰲新話』 비평본의 전파와 회귀」. 『민족문화연구』66. 고려대 민족문화연구원 참조.

28 『목재집』권3. 「잡저」48화. "學瞿曇之道者, 其人天, 且無父無君, 蔑人倫, 就無相, 悅瞿曇之法者, 信天堂十王地獄輪迴報應之說, 無論尊卑貴賤, 供佛設齋, 以薦其魂."

어서는 '소설'로 인식하는 것에서 탈피하여, 사상적 관점으로 접근하고자 했음을 확인할 수 있다.

② 忠·孝와 관련된 인물 일화 포착

잡저에는 지역에서 활동하면서 역사의 기록에 남겨지지 않은 인물을 수록한 경우가 다수 발견된다. 이는 지역을 중심으로 역사에 남겨지지 못한 인물과 사적을 기록으로 남기고자 한 저자의 의도에서 비롯된 것이라 할 수 있다. 이때 기록된 내용의 핵심은 충·효·열을 실천한 인물과 관련된 이야기를 중심으로 한 경우가 많다. 관찬기록인 『삼강행실도』나 『오륜행실도』의 경우가 대표적이라 할 수 있다.

반면 관찬으로 수렴되지 않는 경우가 대부분인 지역 소재 인물의 일화는 『남강만록』과 같이 개인 문집의 잡저로 수렴되는 경향을 보인다. 이 점은 사찬 윤리교화 텍스트로 전환되는 과정을 거치게 되는데, 『남강만록』에 수렴된 인물이 이러한 예에 해당된다고 할 수 있다.

『남강만록』에는 저자의 거주지인 경주를 중심으로 견문한 인물 일화가 몇 편 확인되는데, 주로 충·효와 관련된 것이 수록되어 있다. 『남강만록』 37화와 41화가 대표적으로, 37화의 경우 일반적인 잡록에서 자주 확인되는 전형적인 효부 일화에 해당된다. 반면 41화의 경우 호랑이와 관련된 효부 일화가 수록되어 있어 주목을 끈다. 대강의 줄거리를 들어보면 다음과 같다.

> 삼가현에 거주한 것으로 추정되는 효부가 있었는데 일찍 남편이 죽은 뒤 과부로 지내면서 늙은 시아버지를 모시고 지극정성으로 봉양하였다. 그것을 가엾게 여긴 부모가 칭병을 핑계로 효부를 친정으로 불렀다. 효부가 친정으로 가보니 부모의 모의인 줄 알게 되어 늙은 시아버지를 모시고자

> 돌아가다가 큰 호랑이에 가로막혀 먹힐 지경에 이르게 되었다. 효부는 병에 걸린 늙은 시아버지에게 밥을 지어 올린 뒤 잡아먹어도 늦지 않다고 이야기하여 집으로 돌아오게 되었다. 효부는 시아버지를 공양한 뒤 불효를 들면서 시아버지의 곁을 떠나 죽게 됨을 말하자 시아버지는 깜짝 놀라며 효부에게 매달렸다. 이때 천지개벽하는 진동소리가 들리며 시아버지가 개안을 하게 되었다. 호랑이는 효부를 잡아먹지 못하게 되자 밖으로 나갔다가 말을 탄 선비 및 척동과 마주치게 되었다. 척동이 자기 몸을 호랑이에게 던져 선비는 목숨을 건지게 되었으나, 이내 척동을 찾고자 마을 장정을 불러 주변을 수색하다가 구덩이에 빠진 척동을 발견하였다. 호랑이의 존재를 물어보니 호랑이는 이리저리 뛰어다니다 벼랑에 빠져 죽었다고 하여, 아래를 내려다보니 과연 그러했다.[29]

위의 일화는 효부에게 감동한 호랑이가 효부를 살려 주고, 효부를 위해 먹을 것을 잡아다 주는 효부설화의 전통에서 살짝 비껴나 있다. 전반부의 서사는 시아버지를 지극정성으로 모시는 효부가 그것을 가엾게 여긴 친정부모의 모의에 의해 친정으로 돌아갔다가, 정황을 알게 된 뒤 시아버지에게 돌아오는 길에 호랑이에게 먹히는 순간 효부의 효에 감동한 호랑이에게서 목숨을 건진 이야기로 구성되어 있다.

그런데 전반부 서사를 자세히 살펴보면 시아버지에게 이별을 알리는 효부와 이를 극력 거부하는 시아버지의 갈등이 증폭될 때 천지개벽하는 진동소리에 의해 시아버지가 개안開眼하는 상황이 연출되고 있다. 이는 호랑이 관련 효부 설화에서 감동한 호랑이가 효부를 위해 먹이를

29 『목재집』권3. 「잡저」41화.

물어주는 서사의 전통과 다른 지점에 해당된다. 개안모티프가 가미되면서 서사는 짧은 편폭에도 불구하고 변주를 형성하고 있는 게 주목되는 것이다. 문제는 서사의 전개가 여기서 마무리되지 않고, 호랑이가 가진 식욕을 해결하기 위해 새로운 인물이 등장하는 후반부 서사로 연결된다는 점이다.

후반부는 호랑이의 식욕과 그에 맞서는 주인에 대한 척동尺童의 충을 강조한 이야기로 환치되면서 서사가 연결된다. 앞선 줄거리에서 확인했듯이 주인과 척동이 호랑이와 마주치자, 척동은 주인을 구하기 위해 호랑이에게 자기 몸을 던져 충을 구현한다. 특히 이 부분은 전반부 서사와 연결되는 지점이면서 동시에 전변이 발생하는 곳이기에 더욱 주목된다. 이후 서사의 결말은 호랑이의 식욕은 해결되지 못한 채 죽음으로 퇴장하며, 시아버지와 주인을 위해 자신을 희생한 효부와 척동의 생환으로 마무리된다.

『남강만록』 41화는 서사의 편폭이 길지 않음에도 불구하고 각종 모티프가 가미되어 일반적인 효부 설화와 다른 이야기를 형성하고 있다. 물론 41화가 전문傳聞을 바탕으로 단순 전재된 것인지, 목재가 일정 부분 개작을 가미한 것인지 쉽게 구분되지는 않는다. 작품 서두에 "효부가 있는데 거주하는 곳은 미상이나 혹자가 삼가현三嘉縣 사람이라고 하였다."[30]는 기록을 준신한다면 주변에서 전문한 것을 바탕으로 기록한 것으로 추정된다.

하지만 일반적인 효부 서사의 흐름에서 벗어난 지향을 보이고 있기 때문에 목재의 시각이 일정 부분 가미된 개작일 가능성 또한 열려있다. 핵심은 목재가 논찬論贊을 통해 "세간의 불효불충한 사람이 이러한 효

30 『목재집』권3. 「잡저」41화. "有孝婦者, 其居州未詳, 或云三嘉人."

부와 동자를 본다면 어찌 부끄럽지 않겠는가?"[31]라고 밝힘으로써 충과 효에 대한 당대 사람들의 반성을 촉구하는 것에 있다.

잡록에 수렴된 충·효·열 관련 일화는 그 수가 매우 많다. 특히 영남 남인의 문집에는 유가 윤리의 실천과 관련된 인물에 대한 기록이 인물전이나 잡저 항목에 단편 일화의 형식으로 다수 수록되어 있다. 이 점을 고려한다면 『남강만록』 41화의 경우도 이와 연장선상에 놓여 있는 작품으로 이해할 수 있다.

③ 저자 개인의 性情에 대한 표출

『남강만록』에 수록된 글의 또 다른 특징 중 하나로 저자 개인의 성정을 표출한 신변잡기적 성향의 글이 드러나 있는 점을 지적할 수 있다. 이는 문집에 수록된 『만록』이나 『만필』 등의 잡저류 성향의 글이 선초 필기와 일정부분 맥이 닿아 있는 데서 확인할 수 있는 지점이기도 하다.

선초 필기는 주로 일화, 시화, 변증, 야사 등을 중심으로 구성되어 있다.[32] 그렇다 보니 학술사적 맥락에서 이해되는 측면이 많다. 이러한 성향은 조선 후기에 이르기까지 고스란히 전이되는 관계로 저자 자신과 관련된 이야기는 상대적으로 주목이 덜한 편이다.

저자 본인의 주변과 관련된 이야기는 주로 일기를 통해 정리가 되는 편이다. 때문에 조선시대 전반에 걸쳐 일기는 개인의 시점으로 기록된 당대사의 이면 역할을 맡아왔다. 유만주(兪晩柱, 1755~1788)의 『흠영欽英』을 통해 대표적으로 확인할 수 있다.

반면, 잡저류에서 저자 자신에 대한 사적 기록이 전면으로 노출되

31 『목재집』권3. 「잡저」41화. "世間不孝不忠人, 視此婦孺, 胡不愧?"

32 선초 필기에 대해서는 이래종. 1997. 「鮮初 筆記의 展開 樣相에 관한 연구」. 고려대 박사학위논문 ; 신상필. 2004. 「筆記의 敍事化 樣相에 관한 연구」. 성균관대 박사학위논문 참조.

는 경우는 그다지 많지 않다. 학술사적 논쟁에 대한 개인적 시각의 표출이나, 역사 해석에 대한 관점 노출 등이 주를 차지하기 때문이다. 물론 심노숭(沈魯崇, 1762~1837)의 『자저실기自著實紀』[33]에 보이는 바와 같이 개인의 성적 취향이나 기이한 행동들을 저자가 스스로 토로한 독특한 저술이 있기는 하나, 이는 어디까지나 특별한 예외에 해당된다.

『남강만록』은 변증이나 논평류의 일화가 많음에도 불구하고 저자의 성격과 관련된 소회를 기술한 항목 또한 종종 확인된다. 『남강만록』 27화, 39화가 대표적으로 저자가 본인의 성품을 객관적 시점에서 포착하여 서술하는 것이 핵심이다.

> ㉮ 내 성품이 어리석고 미련하여 언어유희를 즐기지 않아 화가 난 기색으로 많은 사람이 모여있는 자리에서 죽은 듯이 입을 닫고 있으니 사람들이 모두 못나고 어리석은 이로 지목하였다. 때문에 어려서부터 늙어 죽을 때에 이르기까지 친애하는 사람이 한 명도 없었다. 지금에 이르러 그것을 생각해보니 이것은 내가 덕을 수양하지 못했기 때문이거늘 후회한들 어디에 미치겠는가?[34]
>
> ㉯ 내 평생에 상천노예와 비복들이 크고 작은 잘못을 하더라도 일찍이 망령되게 매를 때린 적이 없었다. 비록 분노할 때가 있더라도 항상 심지를 굽히고 참고 숨기며 스스로 맹세하여 말하길 '화라는 것은 내 혈기가 부리는 바라, 한 때의 분노를 참지 못할 땐 어려움을 생각하라.'고

33 심노숭의 자저실기에 대해서는 심노숭. 2014. 『자저실기』. 안대회·김보성 외 옮김. 휴머니스트.

34 『목재집』권3. 「잡저」27화. "余性疎愚, 不喜言語戲謔, 慍怒氣色, 稠人廣坐, 尸而含默, 人皆以癡愚目之. 是故, 自年少以至老死, 無一人親愛者, 到今思之, 是吳德不修也, 噬臍何及?"

되새기곤 하였다.[35]

위의 예문 ㉮와 ㉯는 목재가 자신의 성품과 관련하여 자술한 것이다. 스스로의 성정이 미흡함을 드러내어 반성의 자료로 삼고 있음을 알 수 있다. 목재는 자신에 대한 객관적 평가를 바탕으로 다른 사람의 행동에 대해 진단을 내린다. 즉 '수기치인'의 방식을 통해 타인과 세태에 대한 평가와 비판을 서술하고 있는 것이다.

『남강만록』이란 잡록을 통해 목재는 이기론과 같은 사상적 담론에 대한 의견을 피력하는 것에서 시작하여 개인 성정과 같은 신변잡기적 기술에 이르기까지 다양한 스펙트럼을 펼쳐내고 있다. 이를 통해 목재는 18세기를 살아가는 향촌사대부로서 세상에 대한 자아를 적극 표현하고자 노력했음을 알 수 있다.

이와 함께 단편적이긴 하나 『남강만록』에는 소품적 성향을 띤 글이 또한 발견되기도 한다.[36] 이점은 잡록의 특성상 다양한 성향을 지닌 글이 수렴될 수 있는 구조를 가지고 있기 때문에 야기된 현상으로 이해된다. 『남강만록』은 이처럼 잡록의 특성 속에 다양한 사상적, 학술적 담론을 흡수하려 고심한 텍스트로 주목된다.

2. 〈擬貨殖傳〉

목재의 잡저에는 『사기』의 〈화식전〉을 의작한 〈의화식전〉이 실려 있다. 사마천의 〈화식전〉은 재물의 모음에 대한 기록으로 조선조 전반에

35 『목재집』권3. 「잡저」39화. "余平生於常賤奴隸婢僕大過小過, 未嘗妄施鞭扑, 雖有忿怒之時, 常屈心抑志, 隱忍自誓曰 : '怒是吳血氣之所使也, 不忍一時之忿, 以思難耶."

36 『목재집』권3, 「잡저」43화의 경우가 대표적이다.

걸쳐 〈화식전〉에 대한 언급은 80여회를 상회할 정도로 문집 소재 기사나 작품의 전고 등을 통해 다수의 작가들에게 회자되어 왔다. 〈화식전〉은 이처럼 조선 문단에 큰 영향을 끼쳤으나 17세기를 기점으로 작품에 대한 인식이 분화되는 양상을 보인다. 17세기까지는 문장의 전범으로 인식되어 문장 학습을 위해 주로 수용된 반면, 17세기 이후에는 인문지리적 성격에 경제적 문제를 다룬 글로 이해되어 수용된 것이 그것이다.[37]

〈화식전〉에 대한 조선 문인의 문장 전범으로서의 인식은 이재운(李載運, 1721~1782)의 〈해동화식전海東貨殖傳〉[38]에 대하여 "문장은 기세가 왕양하고 문채가 용솟음치며 견식이 넓고 빼어나며 모방하여 본뜬 흔적이 없고, 한 구절의 말도 대우를 일삼지 않으면서 또한 격조를 어겨 거친 것이 없다. 미수 허목의 글이 비록 고건하나 변통이 부족하며 지나치게 메마른 데 비해, 〈해동화식전〉은 변화가 무궁하며 붓끝이 굉장하고 빛이 나 근세 백년 사이에 이러한 작품이 없다"[39]라고 이규상(李奎象, 1727~1799)이 『병세재언록幷世才彦錄』을 통해 평한 것에서 충분히 확인할 수 있다. 이 점은 〈화식전〉이 조선시대 문장학습의 전범으로 이해되고 있었음을 잘 드러내 보여주는 대목이다. 반면 허목(許穆, 1595~1682)의 『기언記言』이나 이규경(李圭景, 1788~1856)의 『오주연문장전산고五洲衍文長箋散稿』를 통해서는 〈화식전〉을 물질, 경제관을 잘 드러낸 작품으로 이해하고 있어 〈화식전〉을 둘러싼 인식의 편차를 확인할 수 있다.

---

37 서신혜. 2006. 「〈貨殖傳〉 수용의 양태와 경향」. 『한국문화』38. 서울대 규장각한국학연구원. 34-52쪽 ; 2007. 「〈화식전〉의 물질관이 우리 문인의 의식에 끼친 영향의 한 예. 조봉묵의 〈공방전〉」. 『어문연구』35권 제4호. 한국어문교육연구회. 390-401쪽 참조.

38 이재운의 〈海東貨殖傳〉에 대해서는 이재운. 2019. 『해동화식전』. 안대회 옮김. 휴머니스트 참조.

39 이규상. 1997. 『18세기 조선인물지-병세재언록』. 민족문학사연구소 한문분과 옮김. 창작과비평사. 114-115쪽 참조.

목재의 〈의화식전〉은 〈화식전〉을 전면적으로 의작한 작품에 해당된다. 이러한 예는 잘 찾아보기 힘든 경우로, 특히 목재의 작품은 조선에서 17세기 이후에 〈화식전〉이 수용된 방식 가운데 인문지리적 성격을 적극 견인하여 의작한 작품으로 판단된다. 목재는 〈화식전〉의 특징 가운데 각 지역의 지리, 물산 등을 설명하는 방식을 차용하여 우리나라의 지역적 성향을 구분하여 설명하는 방식으로 기록하였다. 작품 전체는 16개의 항목으로 나누어 기술되어 있다. 그 가운데 첫 번째 단락은 작품 전체의 총론적 성격의 글에 해당되며, 마지막 16번째 단락은 작품 전체에 대한 총평의 성격을 지니고 있다.

그러면 총론과 총평에 해당되는 단락을 중심으로 목재가 〈의화식전〉을 통해 주목하고자 한 부분을 논의해 보도록 하자.

> 무릇 우리 동국 370개 고을은 백두산이 그 북쪽에 진을 치고, 동서남해에는 물고기와 소금이 대동소이하나 경계 100리를 벗어나면 가격이 점점 올라 열 배에 이르니, 북쪽은 곡식이 귀한 반면 남쪽은 곡식이 흔하다. 목재·대나무·곡식·무명실·누에고치·옻나무·마·면·과일·베·말·소·양·돼지 등은 각기 그 땅의 당연한 바에 따르는 까닭에 가지런하지 않다. 금·철·은·구슬·옥·진주·조개·대모 등은 천리에 걸쳐서 산과 바다에서 나오는 것이 대체로 이와 같다. 대개 국내의 백성이 좋아하는 것은 속요·피복·음식·양생송사의 도구이다. 농공상민은 있는 것과 없는 것을 바꾸게 하니 이 4가지는 백성의 衣食의 근원이다. 사람이 각자 지능만 다투어 귀천의 징험을 알아 완성된 물건에만 힘쓰고 이익을 배로 획득하고자 하면, 능한 자는 한데로 모여 들고 어리석은 자는 흩어지게 된다. 빈부의 도는 사람이 주고 받는게 아니니 어

찌 하늘에 달린 것이 아니겠는가?[40]

목재는 위의 언술을 통해 조선의 농공상민의 존재와 그 가치를 부각시키고 있다. 목재의 글은 사마천의 것을 의작한 것이므로 지향점은 분명하다. 목재가 빈부의 문제를 언급했던 것은 본인과 주변을 통해 경험하고 목도한 생활과 직결된 것이기 때문이다. 목재는 "같은 부모를 둔 친형제라도 항상 재물을 다툼에 화살과 칼로 경쟁함이 있었지 노기를 감추고 원망을 잠재우는 자는 없었다."[41]라고 서술하여 빈부의 문제로 인한 인간성 훼손의 문제를 심각하게 인식하였다.

목재는 이에 대한 본인의 의견을 『남강만록』에도 기술해 놓은 바 있다. 대표적인 예가 10화, 32화, 37화, 60화로 목재의 시각이 잘 투영된 기사에 해당된다.

> 재물이 없는 사람은 원통해도 풀 수가 없고 돈이 있는 사람은 죄가 있어도 죽음으로 대신하지 않으니 이것이 어찌 법을 밝히고 옥사를 처결하는 공적인 방법이라 할 수 있겠는가? 이러한 까닭으로 마을과 시정의 교활하고 간악한 무리들이 횡행하기를 제멋대로 하여 보기에 너그럽고 순박한 거 같으면 무도하게 속박하여 공격하니 사람이 안 죽는게 다행이었다. 죽게 될 상황에서도 오히려 두려워하지 않는 자는 돈이 있기 때문이었다. (…) 다른 사람이 父兄·子弟·妻孥를 죽였

40 『목재집』권3. 「잡저」. 〈의화식전〉 "夫吳東國三百七十州白頭鎭其北, 東西南海, 魚鹽大同而小異, 出疆百里則價漸登, 中什之, 北穀貴, 南穀賤, 材竹穀纑蒳漆麻綿果布馬牛羊毳, 各隨其土之, 所宜故不齊. 金鐵銀玉珠璣貝蝳蝐, 千里往往, 山出海呈, 大率如此. 皆國內人民所喜好, 謠俗·被服·飮食·養生送死之具也. 農商工虞之所出, 以其所有易所無, 此四者, 民所衣食之原也. 人各鬪智爭能, 知貴賤之徵務, 完物獲倍, 利能者輻湊, 不肖者瓦解, 貧富之道, 人不得予奪, 豈非在天者耶?"

41 『목재집』권3. 「잡저」. 〈의화식전〉. "親兄弟同父母, 尙有爭錢財競錐刀, 不有藏怒宿怨者."

> 는데 보복할 방법을 생각지 않고 재물만 논하고 값만 헤아리면서 오로지 和議만 주로 하며, 무사한 것을 다행이라 여기고 후하게 장례 치르는 것을 영광이라 여기며, 관에서는 덮을 뿐 알리지 않고 원수를 대하되 원망이 없으니, 이것이 마을사람의 익숙한 풍습이었다. 人道가 훼손됨이 이보다 심할 수는 없으니 뇌물의 폐단이 가슴 아프구나.[42]

목재는 상업자본의 관점에서 부는 필요한 것이나, 돈으로 인해 인륜이 어그러지는 사회적 문제에 대해서는 심각한 우려를 제기하였다. 위의 예문에서 볼 수 있듯이 돈의 유무로 인해 죄의 유무가 결정되는 비정상적 상황에 대해서는 강력한 문제제기를 통해 의견을 표출하고 있다. 뿐만 아니라 '유전무죄'의 습속을 사람들이 무비판적으로 익숙하게 인식하고 있는 것에 대해서도 탄식을 금치 못하고 있다.

목재의 언술은 18세기 향촌의 민풍과 법질서 집행의 단면을 잘 드러내 보여준다. 돈으로 인한 부정과 비리가 횡행하는 당대 사회에 대한 비판을 적나라하게 표출하고 있는 것이다. 하지만 목재는 이러한 사회현상을 진단하고 비판하는 데 집중하였지만, 개인의 힘으로는 어쩔 수 없는 현실의 문제라는 시각 또한 한편으로 가지고 있었다.

> 그대가 빈궁을 자처하는 게 심하구나. 부귀에 대한 생각이 없는가? 내가 웃으며 말하길 : '인정상 누가 부귀를 바라지 않겠습니까? 부귀는 하늘에 달려있어 얻을 수 있는 게 아니

---

42 『목재집』권3.「잡저」10화. "無財者, 寃不得釋, 有錢者, 罪不代死. 是豈明法折獄之公道哉? 是以閭里桀詰之輩, 市井奸賊之徒, 横行自恣, 視如寬博, 搏擊無度, 人之不死者幸也, 死猶不畏者, 以有錢故也.(…) 人殺其父兄子弟妻孥, 不思報復之道, 而論財擬價, 專主和議, 以無事爲幸, 厚葬爲榮, 掩官不告, 對讎無怨, 此鄕邑細民習熟之風. 人道之蔑, 無踰於是, 貨賂之弊, 可勝痛哉."

니 그것을 생각한들 무슨 이득이 있겠습니까? 내 목숨을 편히 하고, 내 뜻을 견지하여 늙어 죽는 것만 못합니다.[43]

위의 예문을 통해 보면 목재는 부귀는 하늘에 달린 것이라는 운명론적 관점을 견지하고 있음을 알 수 있다. 그에게 있어 부귀는 바란다고 얻어지는 게 아니므로 부귀에 굳이 얽매일 필요가 없는 것이었다. 그랬기에 그의 삶은 당대 유학자들이 공통적으로 추구했던 '안빈낙도'에 몰입되어 있었다. 이러한 시각은 목재가 창작한 한시를 통해서도 아울러 확인할 수 있다.[44]

목재는 위와 같이 부귀를 추구하는 삶에 대해 기본적으로 비판적 인식을 가지고 있었다. 물론 이러한 사고 자체는 당대 유학자들에게 공통적으로 존재하는 것이었다. 세속적 물욕으로부터 끊임없이 절제, 반성하는 자기 갱신의 과정은 그들에게 당연히 요구되는 사항이었다. 목재 또한 이러한 사고에 철저한 인물이었다.

하지만 목재는 〈의화식전〉을 통해 부의 경제적, 물질적 가치를 긍정적으로 인식하고 이를 활용해 보고자 하였다. 이 점은 목재가 〈의화식전〉에 각 지역의 주요 산물을 기록함으로써 지역을 활용할 정보를 제공하고자 했던 것에서 짐작할 수 있다. 즉 부에 대한 세속적 인식을 절제하면서 실질적 삶에 가치를 부여할 수 있는 방안을 찾아내고자 고심한 결과로 이해되는 것이다.

따라서 목재의 〈의화식전〉은 〈화식전〉에 대한 의작의 형태를 띠고 있기는 하나, 단순히 의작에서 그친 것은 아니다. 18세기 경주 지역 향

---

43 『목재집』권3. 「잡저」32화. "曰 : '子處貧窮甚矣, 無富貴之思乎?' 余笑曰 : '人情孰不欲富貴, 富貴在天, 求不可得, 思之何益? 莫如安吳命堅吳志以終老."

44 『목재집』권2. 〈安貧〉. "瞑生兩暗暮歸僧, 小婢抱薪冷竈登. 葉葉錢聲從酒散, 升升米價至春增. 一鑵饘粥曾天定, 伍鼎膏粱豈我能. 富貴貧窮皆有數, 名場何事古營蠅."

촌사대부의 입장에서 본인을 둘러싼 경제 생활의 현실적 환경을 고려하여 민중에 대한 경세가적 의지를 표출한 작품으로 이해할 필요가 있다. 이러한 맥락은 동시대에 영주지역 출신 문인인 문암文巖 정지성(丁志宬, 1718~1801)이 〈칠실공담漆室空談〉[45]을 통해 향촌 경제사회에 대한 대안 모색을 했던 것과 유사하다는 점에서 영남 남인의 경제관에 대한 주목이 요청된다.

물론 이러한 지점이 조선후기를 관통한 실학적 관념과 직접적으로 연결시키기에는 무리가 있겠으나 영남 남인의 경제관 속에도 실물경제에 대한 관심과 대안 마련에 진력을 기울였던 시도의 흔적이 엿보인다는 점에서 목재의 〈의화식전〉은 그 의미를 특기할 수 있다.

Ⅳ. 맺음말

이 글은 18세기 경주 지역 지역학을 탐색해 보고자 목재 황곡의 잡저를 대상으로 살펴본 것에 해당된다. 목재는 경주 지역을 중심으로 활동한 전형적인 향촌사대부의 삶을 영위하였다. 그의 문집 전반에 걸쳐 이러한 성향은 곳곳에서 확인된다. 이 글에서는 『목재집』에 수록된 『남강만록』과 〈의화식전〉을 중심으로 목재의 의식세계를 탐색해 보았다.

먼저 『남강만록』에는 조선시대 귀신론에 대한 지역 문인의 인식이 실려 있어, 어떤 방식으로 이해하고 있는지 확인할 수 있었다. 이와 함

45 정지성의 「칠실공담」은 우언소설적 성향으로 인해 주목을 받아왔다. 최근 『문암집』에 대한 번역이 이루어지기도 하였다. 이에 대해서는 정지성 저. 2016. 국역 『문암집』. 오윤숙·이성호·남종진 역. 동양대학교 한국선비연구원. 참조.

께 지역 출신으로 잘 알려지지 않은 인물을 중심으로 한 일화가 수렴되어 있었고, 저자 자신의 신변잡기와 관련된 이야기가 수록되어 있었다.

주지하듯이 18세기 영남 한문학은 퇴계 이후 제자들의 분화 양상과 퇴계 학문의 종장으로서의 위상을 인정받기 위해 노력을 경주한 개별 학맥의 각축장이었다. 목재는 화계 류의건으로 전승되는 학맥의 영향을 통해 18세기를 살아간 향촌사대부의 의식을 표출하고자 하였다. 이를 집적한 텍스트가 바로 그의 문집인 『목재집』이며, 잡저에 수록된 『남강만록』과 〈의화식전〉을 통해 목재의 전반적인 의식 세계의 일단이 확인되는 것이다. 우리는 목재가 남긴 흔적을 통해 경주 지역을 중심으로 활동한 18세기 영남 남인의 또 다른 세계를 발견할 수 있었다.

이 글은 18세기 경주를 중심으로 한 향촌사대부의 문학적 특징을 잡록을 대상으로 고구하는 데 목적을 두었다. 이는 18세기 지역학의 양상을 살펴보고자 하는 것에 주안점을 둔 것이라 할 수 있다. 지역학의 분기와 성향에 대한 관찰은 지역균형 발전이라는 현재적 시각에서도 유의미하다. 지금과 같이 서울과 지역의 격차가 갈수록 심해지는 상황 속에서 로컬리티에 대한 조명은 당연한 요청이라 생각된다. 로컬리티에 대한 논의가 근래 들어 활발하게 이루어지고 있기는 하나, 지금까지 도외시되어온 상황에 비하면 상대적으로 늦은 감이 없지 않다.

지역에 대한 연구는 지역의 내력과 문화에 대해 충분히 인지하고 있는 지역에서 먼저 이루어져야 한다. 지역을 알고자 하는 충실한 노력이 지속되어야 지역학의 미래가 밝아질 수 있을 것이기 때문이다. 이러한 측면에서 이 글이 그러한 역할을 제대로 수행했는지에 대해선 의문이다. 여러모로 부족하고 거친 부분이 눈에 띄는 게 사실이다. 하지만 이 글의 의도와 결과가 향후 지역학을 견인하는 마중물이 되기를 바라며, 향후 정치한 분석을 통해 진전된 방향으로 논의가 수정, 보완될 수 있기를 기대한다.

참고문헌

黃斛. 『牧齋集』. 국립중앙도서관 소장.

영남대 민족문화연구소. 1988. 『嶺南文集解題』上·下.

한국국학진흥원. 2016. 『文集解題』23.

경북대 퇴계연구소. 2004. 『퇴계 학맥의 지역적 전개』. 보고사.

김윤조 외. 2011. 『18세기 영남 한문학의 전개』. 계명대 출판부.

심노숭. 2014. 『자저실기』. 안대회·김보성 외 옮김. 휴머니스트.

이재운. 2019. 『해동화식전』. 안대회 옮김. 휴머니스트.

이규상. 1997. 『18세기 조선인물지-병세재언록』. 민족문학사연구소 한문분과 옮김. 창작과 비평사.

장인진. 2011. 『영남문집의 출판과 문헌학적 양상』. 계명대 출판부.

정지성. 2016. 국역 『문암집』. 오윤숙·이성호·남종진 역. 동양대학교 한국선비연구원.

정호훈. 2014. 『조선의 소학』. 소명출판.

박성규. 2004. 「주자철학의 귀신론」. 서울대 박사논문.

서신혜. 2006. 「〈貨殖傳〉 수용의 양태와 경향」. 『한국문화』38. 서울대 규장각한국학연구원.

_____. 2007. 「〈화식전〉의 물질관이 우리 문인의 의식에 끼친 영향의 한 예. 조봉묵의 〈공방전〉」. 『어문연구』35권 제4호. 한국어문교육연구회.

신상필. 2004. 「筆記의 敍事化 樣相에 관한 연구」. 성균관대 박사학위논문.

이래종. 1997. 「鮮初 筆記의 展開 樣相에 관한 연구」. 고려대 박사학위

논문.
이종호. 2007.「지역 한문학 연구의 회고와 전망」.『한국한문학연구』39. 한국한문학회.
이구의. 2015.「영남 한문학 자료집성의 사례와 그 의의」.『대동한문학』45. 대동한문학회.
전병철. 2011.「『嶺南人物考』晉州편 등재인물의 시기별 특징」.『경남문화연구소보』32. 경상대학교 경남문화연구소.
최용철. 1999a.「『금오신화』 조선간본의 발굴과 그 의의」.『중국소설연구회보』. 한국중국소설학회.
______. 1999b.「『금오신화』 조선간본의 발굴과 판본에 대한 고찰」.『민족문화연구』32. 고려대 민족문화연구원.
______. 2015.「『전등신화』 주석본과『금오신화』 비평본의 전파와 회귀」.『민족문화연구』66. 고려대 민족문화연구원.
최진덕. 2009.「주자학의 이기론과 귀신론」.「양명학」23. 한국양명학회.
한의숭. 2015.「人文地理적 관점에서 본 嘯皐 朴承任의『門人錄』」.『한국선비연구』3. 동양대학교 선비문화연구원.
______. 2016.「『嶺南人物考』에 수록된 영천지역 문인 연구」.『한국선비연구』4. 동양대학교 선비문화연구원.
______. 2017.「18세기 嶺南 南人의 筆記集에 기술된 영주 관련 人物과 空間 지역에 대한 연구」.『한국선비연구』5. 동양대학교 선비문화연구원.
황위주. 2012.「星州 漢文學의 歷史的 展開樣相」.『영남학』21. 경북대 영남문화연구원.
______. 2016.「일제강점기 문집편찬과 대구·경북지역의 상황」.『대동한문학』49. 대동한문학회.

청성 성대중과 몽암 정희의 교유

김윤조

청성 성대중과 몽암 정희의 교유

—

김 윤 조

Ⅰ. 머리말

조선 후기 문화는 18세기 후반에 가장 성대한 양상을 보인다. 여러 다양한 분야가 다 마찬가지이지만 18세기 후반의 한문문학도 양적으로나 질적으로나 대단히 탁월한 수준에 도달한다. 민족의식의 각성에서 초래된 해동악부의 성행이나 독자층의 확대에 따른 수요 증대에 기인하는 소설의 팽창, 시와 산문 작가가 분리되고 전문화하는 한편 소재나 주제에서 새로운 양상을 개척해간 한시漢詩와 산문을 떠올릴 수 있겠다. 게다가 온갖 문학 사조의 혼재와 함께 실학 및 고증학적 학풍과 문학의 결합에서 오는 참신함도 새로운 흐름으로 자리를 잡았다.

청성 성대중은 조선후기의 갖가지 시대 조류를 가장 예민하게 포착한 문인의 한 사람이다. 문체 문제와 관련해서 그를 보수적이라거나 심지어 연암 등과는 대척적인 인물로 인식하는 경향이 있었지만, 온당하게 이해한 것으로 보이지 않는다. 필자는 지금 같은 검색 기능이 없었을 때인 1990년을 전후한 시기에, 18세기 후반 주로 북학파 계열 인물들의 자호字號를 손쉽게 찾아보는 방법으로 『청성집』을 자주 펼쳐보곤 했었다. 이후로 청성은 필자에게 언제나 관심 있는 인물이었다. 이전에도 자료로 알려지기는 했지만 『청성잡기』가 번역, 소개되면서 성대중의 면모를 다시 파악해야 할 필요는 더 커졌다고 할 수 있다.

한데 성대중에 대해서는 기왕에 상당한 연구가 진행되었다.[01] 대개 산문과 『청성잡기』, 그리고 통신사 일행으로 참가한 일본 여행에서 이루어진 저작에 대한 연구들이다. 한데 성대중은 여러 곳에 지방관으로 근무하면서, 같은 시기 어느 누구보다 다양하고 깊이 있게 국내의 여러 지방을 체험한 인물이다. 그 과정에서 여러 지방의 인물과 자연을 소재로 한 작품을 많이 남겼을 것은 물론이다. 『청성잡기』 번역에서 영남 쪽에 관련된 내용에는 각주를 붙이지 못한 예가 흔히 보이는데, 성대중과 관련 있는 서울 쪽 인물들은 금세 확인이 되고 익숙한 데 반해 지방의 인물에 대해서는 연구자들도 대체로 어둡다.

이 글의 내용을 간단히 말하면 18세기 서울의 저명한 문인인 청성 성대중에 관련된 자료 발굴이다. 하지만, 필자는 거기서 더 나아가고 싶다. 계명대학교 한국학연구원의 기획을 따라, 필자에게 우연히 주어진 인물이 몽암 정희였다. 자료를 찾아보니 몽암은 성대중이 흥해 군수로 근무하면서 교분을 맺은 여러 사람들 중에서 하나였다. 말하자면 이 연구는 우연의 소산이다.

같은 시기에 서울과 경주에서 일생을 살아간 두 문인 학자의 상호 교류의 자료를 토대로, 성대중과 정희 두 사람이 서로의 작품에 영향을

---

01 『青城集』. 1985. 여강출판사.
『국역 청성잡기』. 2006. 민족문화추진회.
손혜리. 2000.「청성 성대중의 문학활동과 문학론」. 성균관대 석사.
정재현. 2001.「청성 성대중의 산문론 연구」. 부산대 석사.
최경렬. 2002.「『청성잡기』 연구」. 성균관대 석사.
손혜리. 2008.「청성 성대중 記文 연구」.『한문학보』18.
김준형. 2009.「『청성잡기』를 통해 본 거지와 거지 이야기」.『민족문학사연구』40.
손혜리. 2010.「성대중의 사행체험과 『日本錄』.『한문학보』22.
손혜리. 2010.「성대중의 『仙槎漫浪集』 연구」.『대동한문학』33.
김경. 2011.「이덕무의 『청성잡기』 評語 연구」.『동양한문학연구』33.
손혜리. 2012.「청성 성대중의 史論 산문 연구-『청성잡기』「惴言」을 중심으로-」.『대동문화연구』80.

주고받은 실상을 우선 살펴보려고 하였다. 성대중의 작품을 이해하는 데도 도움이 되겠지만, 18세기 영남 한문학의 양상을 파악하는데 하나의 자료가 되기를 기대한다.

Ⅱ. 몽암 정희의 생애와 저작

몽암蒙巖 정희(鄭熺, 1723~1793)는 족보[02]에 "자는 용회用晦, 계묘 5월 12일생, 병자(1756) 생원"이라고 기록되어 있다. 영일정씨로, 고려의 명신 정습명鄭襲明을 시조로 하는 가문에서 났다. 문집 끝에 있는 행장에는 처음 이름은 황熀이었다고 한다. 모친은 안동 권대해權大楷의 따님이고, 배우자인 부계홍씨(1724~)는 세범世範의 딸, 성주聖疇의 손녀다.

몽암의 배우자에 대해서는 한 가지 의문이 남아 있다. 입재 정종로(鄭宗魯, 1738~1816)가 쓴 두와蠹窩 최흥벽(崔興壁, 1739~1812)의 행장에, 두와의 세 딸 중에서 맏딸이 안찬중安瓚重과 혼인했고, 안찬중의 네 딸 중에서 둘째딸이 정희와 혼인했다는 기록이 보인다. 곧, 정희는 두와 외손녀와 결혼해서, 두와의 외손서가 된다.[03] 기록의 착오일지 동명이인인지, 더 검토가 필요하다.[04]

몽암은 같은 집안의 학자인 매헌梅軒 정욱(鄭煜, 1708~1770)의 문인이었다. 정욱의 아들 노우魯宇 정충필(鄭忠弼, 1725~1789)이 쓴 그

---

02 1774년 간본 『迎日鄭氏世譜』(司正公派). 계명대 소장.

03 『蠹窩先生文集』 권17. 行狀[鄭宗魯].

04 요절한 몽암의 아들 健弼(1761~)의 생년을 고려하면, 몽암이 서른아홉에 아들을 둔 것은 조금 늦은 듯하다. 하지만 蠹窩와 몽암의 생년으로 보면 가당치 않은 일로 보인다.

부친의 행장에서 알 수 있다. 임종 무렵의 어느 하루, 매헌은 자신의 족제族弟이자 일찍이 그가 가르친 정희를 불러서, 자신의 묘지명을 구술하고 받아쓰게 했다고 한다.[05]

족보에 따르면 몽암은 서른넷이던 1756년에 생원시에 합격했지만 관직에 나간 기록은 없다. 그는 아마도 일정 정도 규모의 농지를 소유한 지주였을 것으로 추정되지만, 학생을 가르치는 일을 중요한 업으로 삼은 듯하다. 시에서 '몽암서재蒙巖書齋'라는 말이 보이기도 하지만, 몽암이 작고한 뒤 그를 위해 올려진 제문에서 "학생들이 소문을 듣고 책상자를 지고 와서 문을 메웠다."는 말이 보인다.[06] 『몽암집』은 6권 3책인데, 그 구성은 다음과 같다.

권1 시 118제 135수.
권2 서書 32편.
권3 서書 18편, 잡저 14편.
권4 상량문 3, 축문 14, 제문 33편.
권5 행장 4, 묘지명 4, 묘갈명 4편.
권6 부록. 만사挽詞, 뇌문誄文, 제문, 행장, 유사遺事, 묘표, 묘갈명, 발跋.

편지 중에 9편이 성대중과 주고받은 것인데, 몽암이 편지를 주고받은 26인 중에 청성과 왕래한 편지가 제일 많다. 대개 서너 통씩이 실려 있는데, 그 두 배가 넘는 분량이다. 청성 외에는 내구內舅 권공權公, 백불

05 鄭忠弼.『魯宇文集』권5.「先考梅軒府君行狀」: 先府君諱煜。字汝輝。姓鄭氏。(中略) 一日。命族弟所嘗受學者熺。書自作墓誌銘。以庚寅十二月二十一日。奄至大故。不肖孤擧號擗踊。無所逮及。嗚呼痛哉。享年六十三。

06 學子聞風。負笈盈門。誘掖成就。君子之樂(李樹仁.『懼庵先生文集』권7.「祭鄭蒙巖文」)

암百佛菴, 이헌렬李憲烈, 이헌유李憲儒 등의 이름이 보인다.

> 옛사람이 이르기를 '시는 형상 없는 그림'이라고 했으니, 사물을 그려내기에 공교롭기 때문에 그림이라고 한 것이다. 하지만 그림에는 잘되고 못 되고가 있으니, 시도 어찌 그렇지 않겠는가? 나는 시에 그다지 솜씨가 없어서 평소 흥에 겨워 쓰는 작품들이 대개 뜻을 표현하기에만 그칠 뿐 솜씨 있게 묘사하지는 못한다. 그림 그리기에 비기자면 수묵水墨으로 어지럽고 흐릿하게 그린 그림이다.
>
> 동월董越은 『조선부朝鮮賦』에서 "관청의 벽에는 다 그다지 솜씨가 빼어나지 못한 수묵화水墨畵를 발랐다."고 했으니, 정말 우리나라 사람들이 수묵화는 곧잘 그린다. 한번 웃으며 내 시고詩稿에 쓴다.[07]

몽암은 그의 말처럼 시에 전력을 기울인 전문적인 시인은 아니었을 듯하다. 6권 3책으로 된 문집에서 제1권 하나만 시라는 점, 수록 작품 118제 135수에서 대부분이 율시나 절구이고 연작은 드물다는 점, 시에서도 만시挽詩가 많다는 점에서 그렇게 말할 수 있을 듯하다. 하지만 시에 대한 의식, 시가 무엇이냐에 대한 작가로서의 물음이나 자세는 분명하고 치열하였다. 「수묵화」라는 제목의 위 글은, 아마도 그의 시고詩稿 첫머리에 붙였을 듯하다. 문집으로 만들어지기 전 몽암 생전에 자신의 시고를 정리해서 그 제목을 「수묵화」라고 붙였을 것으로 생각된다.

---

07 「水墨畵」: 古人謂: '詩爲無形畵', 以其工於狀物, 而謂之畫也. 雖然, 畫有工不工, 詩何獨不然? 余不工於詩, 平日遣興之作, 類皆達意而止, 不能爲描寫之工, 譬之繪事, 殆水墨漫漶之畫也. 董越朝鮮賦曰: "館宇壁間, 盡塗以水墨不工之畫", 信乎朝鮮人善爲水墨畫也. 一笑而題吳藁.

조선후기 작가들 중에 자신의 창작물을 소집小集으로 묶고 각각의 소집 첫머리에 짤막한 서문을 붙인 예가 적지 않은데, 몽암도 그런 방식으로 자신의 시고를 정리한 것으로 생각된다.[08] 어떻게 받아들여야 할지 가늠하기가 어렵지만, 몽암은 임종을 앞두고 제자들에게 자신의 시문을 불살라 없애라고 명하였다. 하지만 그 말을 실천하지 않아서 문집으로 남았다고 한다. 아들을 앞세운 것이 이유의 하나가 아닐까 짐작된다.

「아욕我欲」이라는 시는 몽암 자신의 처지를 잘 나타내고 있다.

산에서 나무하고 살고 싶지만,	我欲山而樵,
산에는 독한 벌레 너무나 많고,	山上多毒螫.
논밭에서 농사하고 살고 싶지만,	我欲田而耘,
논밭에는 잡초 가시 끝없이 돋네.	田中生草棘.
아하! 세상 어딘들,	嗚呼世間何處,
독한 벌레 잡초 가시 없을손가?	無毒螫草棘?
문을 닫고 헐벗고 굶주림 견뎌,	不如閉門忍飢寒,
홀로 앉아 옛 책을 읽을 수밖에.	獨坐古書讀.

'아욕' 두 글자의 의미가 이미 그러하지만, 작품의 첫 두 글자를 제목으로 내세운 것부터 평범하지 않다. 형식적인 면에서 볼 때 5, 6, 7언이 섞여 있고 '산山'과 '전田'과 '이而'와 '독석毒螫'과 '초극草棘'과 '아욕我欲'이라는 말이 각각 두 차례씩 반복되는 것, '오호嗚呼'와 '불여不如' 같은 서술적인 말들이 큰 자리를 차지하고 있는 것, '석螫'과 '극棘'과 '독

08 참고로, 이와 관련해서 성해응도 같은 말을 남기고 있다. 원문을 보이면 다음과 같다. 東人不尙書畫。凡屛簇顔額。往往可惡。用此延賓。得不受嗤點哉。兒謙朝鮮賦。有曰館傳壁間。盡塗以水墨不工之書。戶牖合處。皆寫以混沌初分之圖。蓋自國初。已有此等陋習。爲儐使者。不可不知此。(「東人不尙書畫」, 『硏經齋全集』 外集 권61, 筆記類○蘭室譚叢) 성해응이 『朝鮮賦』의 작가를 兒謙이라고 말한 것은 착각인 듯하다.

讀' 같은 강한 어감의 입성入聲으로 압운을 한 것은 자신의 처지를 효과적으로 드러내기 위한 의도적인 장치들이다. 글, 특히 시문을 쓰는 사람은 대개 그러하겠지만, 작품 하나하나, 글자 하나하나는 모두 수많은 자기 검열과 수정의 결과물이다. 몽암 자신뿐만 아니라 그의 많은 제자들의 교정이라는 검열을 통과해서 문집에 남은 이 시는 몽암의 처지와 마음을 드러내는 대표작으로 읽을 수 있다고 생각된다.

농토에 생계를 대고 있지만, 직접 땔감을 할 수도 농사를 지을 수도 없는 처지다. 농토를 떠나서 관직 등의 다른 세계를 생각해 본다고 해도 인간 세상 어디에나 '독한 벌레 잡초 가시' 없는 곳이 없다. 지식인으로서 몽암 정희가 선택할 수 있는 길은 그저 들어 앉아 옛 책을 잡고 읽는 것뿐이다. 당연한 말이지만, 몽암이 직접 농사를 지어야 한다거나 산에 땔감을 하러 가야 하는 처지는 아니었다. 여러 대에 걸쳐 향촌鄕村에서 지배적인 지위를 유지해온 그의 집안이 경제적 여유를 갖고 있었으리라는 짐작은 일반적인 상식에 기초한다. 몽암의 이런 발언에 대해서 현실에 대한 좌절이니 지식인의 무기력이니 하는 말들은 이제 흔해빠진 상투적인 설명이 되었지만, 몽암이 온몸으로 부딪혀 살아나간 현실은 역시 엄중한 무게였다.

몽암의 저작 중에서 주목할 것은 『몽암집』 권3의 '잡저'에 수록된 14편이다. 그중에서 「전정의田政議」, 「군정의軍政議」, 「예악의禮樂議」, 「경연진강의經筵進講議」의 네 편 의議와 「봉화론烽火論」, 「하도론河圖論」, 「귀신론鬼神論」의 세 편 논論은 몽암의 현실에 대한 인식과 세계관을 보여주는 작품들이다. '사의삼론四議三論'이라고 부르고 싶다. 몽암 저작의 정수다.

「전정의」는 당연히 토지와 조세제도에 대한 논의이다. 경제 문제에 대한 의견을 피력한 글을 첫머리에 둔 것은 『몽암집』 편찬자들의 결정일 수도 있겠지만 넓게 보아서 몽암의 인식에 닿아 있다고 할 수 있을 것이다. 「전정의」의 한 구절에서 몽암은 전정 곧 조세제도는 나라의 모

든 일 중에서 가장 중요한 일이라고 한다.[09]

몽암은 먼저, 정전제로 기억되는 옛날의 조세제도는 두 가지 기능을 갖고 있었다고, 주의를 환기한다. 제산制産과 취민取民이다. 몽암은 '제산'을 달리 양민養民이라고도 말하고 있거니와, 백성들에 대한 적절한 생활 보장이다. 소유 재산과 수입을 근거로 징세徵稅에 머무는 당시의 조세제도는 두 가지 중에서 '취민' 하나뿐이므로, 그것만으로는 부족하다고 한다. 거두기만 하는 것은 말末이고, 양민이 본本이라는 것이다. 따라서 거두기에만 열을 올리고 있는 당시 조세제도의 실상은 조세제도의 총체적인 붕괴라고 한다. 일반 백성들도 자식에게 재산을 나누어줄 때 고르게 해서 굶주리지 않도록 하는데, "하물며 만백성의 부모가 되어서 도리어 여염의 필부에게 부끄럽단 말인가?"라고 목소리를 높이고 있다. 지방관으로 부임하는 수령을 접견하는 자리에서 정조는 수령칠사守令七事를 말해보라고 요구하는 경우도 있었거니와, 몽암은 그 일곱 가지 조목에서 '농상성農桑盛'이 처음에, '부역균賦役均'이 네 번째에 놓여 있는 것은 제산을 취민보다 더 중시한다는 의의를 갖고 있는 것이라고 말한다.

이런 진단을 바탕으로 몽암이 내린 처방은 한전법限田法을 시행해야 한다는 것이다. 정전제를 시행하기 어려운 현실을 인정하면서, 동중서와 정자程子의 말을 인용하여, 한전법이 현실 타개의 방안이라고 주장하고 있다.[10] 반계 유형원의 균전법이나 성호 이익 이래의 한전법과 궤를 같이하고 있고, 나아가 18세기 후반의 수많은 전제개혁 논의와 대동소이한 내용이다. 당시의 논의들은 대체로 토지소유 제한에 초점을 맞춘 균전

09 嗚呼! 國之爲政不一, 內而有學校之政, 外而有軍旅之政, 勸焉而有爵賞之政, 懲焉而有刑獄之政, 公卿百執事之夙夜於朝廷, 牧伯監尉之奔走供職於州縣者, 夫孰非政, 而其爲制治之本, 則莫先於田政.

10 井地之法, 固難猝行, 惟是限田之說, 最爲近古而宜今, 董江都言之詳矣. 程子亦嘗曰: "限田之法, 不可以新莽之所試而遂廢之, 田政之成, 舍是何以?" 雖然, 徒法不能以自行, 愚未知今之世, 誰能爲畢戰之潤色乎?

론 또는 한전론이었다.

병력 감축을 주장한 「군정의軍政議」는 아주 독창적이다. 제도 개혁을 담은 독립 저서들에는 언급이 있지만, 조선조 학자나 관료의 문집에서 상소문이 아닌 독립된 글로 '군정'을 다룬 예는 극히 드물다. 알려진 인물 중에서는 율곡이 젊은 시기에 습작으로 쓴 「군정책軍政策」 하나가 보이는 정도다.

몽암은 먼저, 토지 및 조세제도가 제대로 시행이 된 뒤에야 군정을 제대로 시행할 수 있다고 한다.[11] 군대란 튼튼한 경제의 토대가 있어야 존립할 수 있다는 것이야 상식이지만, 그 말을 자기 글의 제일 첫 구절로 하고 있다. 황구첨정黃口簽丁 등등의 여러 문제들을 열거한 뒤에 몽암은, 강한 군대 곧 국가의 안위는 군인의 숫자에 달려 있지 않다고 말한다. 이상적인 내용인 줄을 모른 바 아니었겠으나 몽암은 춘추 이전에 천자天子의 나라는 군대가 7만 5천 인, 대국大國은 3만 7천5백 인, 그 다음 나라는 2만 5천 인, 소국小國은 1만 2천5백 인에 불과하였다고 한다. 한데 전국시대 위魏나라의 경우 무사武士 20만, 창두蒼頭 20만, 분격奮擊 20만, 시도厮徒 10만에 거車 6백 승, 기騎 5천 필이었고, 초楚의 경우 대갑帶甲 1백만, 거車 1천 승, 기騎 1만 필이나 되었지만 초와 위의 백만 군대가 초와 위의 멸망을 구하지 못한 것은 엄연한 사실이라고 한다.[12]

몽암에 따르면 임진왜란 이전 팔도八道의 군안軍案에 올라 있는 군인의 숫자는 35만 명이었다고 한다. 조선조는 중국 고대의 이상적인 제도에 따르면 대국에 해당하므로 3군 곧 3만 7천5백 인의 군대를 지녀

---

11 「軍政議」: "愚嘗謂田政修, 而後軍政可得以擧也.

12 앞의 글 : 夫天子之兵六軍, 則爲七萬伍千人, 大國三軍, 則爲三萬七千伍百人, 次國二軍, 則爲二萬伍千人, 小國一軍, 則不過爲一萬二千伍百人, 而猶能以此而固國, 以此而威天下, 未嘗患兵之不足也. 及夫戰國之世, 兵愈多而國愈不振, 以蘇秦之說考之, 魏之武士二十萬、蒼頭二十萬、奮擊二十萬、厮徒十萬、車六百乘、騎伍千匹,楚之帶甲百萬、車千乘、騎萬匹, 而楚魏之百萬, 不能救楚魏之亾, 卒乃折而入於秦, 國之安危, 果係於兵之多寡耶?

야 마땅하다. 10배가 넘는 규모라는 진단이다. 몽암은 군사軍事에 밝은 사람이 일을 맡아본다면 "더 늘려야 할까, 더 줄여야 할까?"라고 묻고, "병력은 숫자가 적은 것이 문제가 아니고 정병精兵이 못되는 것이 문제"라고 진단한다. 30만 군대를 절반으로 줄여서 제대로 된 15만 정병을 얻는다면 "어찌 다만 우리나라를 지킬 뿐이겠는가?"라고 끝맺는다.[13] 동아시아 세계에서 조선 하나를 지키는 데서 나아가, 그보다 훨씬 더 큰 영향력을 가질 수 있을 것이라는 말이겠다. 다른 데서 볼 수 없는 식견이라고 생각된다.

몽암은 「하도론河圖論」에서 "하도란 형체 있는 그림인데, 성인의 마음은 다만 하나의 형체 없는 그림일 뿐"[14]이라고, 하도의 존재를 부정한다. 하도낙서河圖洛書란 『주역』 팔괘의 근원과 『상서』 홍범구주의 내용에 관계된 전설로 중시되어 온 것이다. 수많은 사람들이 온갖 설명을 하고 그림으로 그려 보이는 등으로 갖가지 설명을 하고 있다. 한데 몽암은 성인의 마음은 그런 도식으로 표현될 수 없다고 부정하였다.

몽암의 이런 의식은 귀신에 대한 설명에서도 일관된다. '귀신의 이치는 귀신에서 찾으면 불분명하고 황당해서 찾을 수가 없고 뒤집어서 인간에서 찾아야 그 속내를 알 수가 있다.'고 한다.[15] 호흡이나 일체의 기거동작 같은 모든 인간 행위에서 자연의 순환과 운행까지 모두 귀신 곧 이기二氣의 양능良能이라는 설명은 새로운 것이 아니지만, 몽암은 사람에 더 긴밀하게 붙여서 이해해야 한다고 주장한다. 그래서 결론이 "인

---

13 앞의 글 : 我國乃古之所謂大國者也. 壬辰以前, 八道內外軍案, 總三十伍萬, 其後別置新校者亦多, 比之三萬七千伍百人之古制, 不啻十倍之多, 如使善爲軍者爲之定制, 則在所益乎, 在所損乎? 兵不患寡, 而患不精, 以三十萬之軍額, 減其半而精鍊之, 則可得十伍萬精兵, 豈但守吳之國而已也?

14 「河圖論」: 余嘗謂: "河圖, 圖之有形者也, 聖人之心, 特一無形之圖耳."

15 「鬼神論」: 余嘗以鬼神之理, 求之於鬼神, 則窈冥恍惚而不可得, 反而求之於人, 然後原始反終, 而知鬼神之情狀也. (중략) 人與鬼神, 豈有二哉?

간과 귀신이 어찌 둘이겠는가?"이다.

몽암에 대한 제자들의 기억인 '유사遺事'에서 남려南廬 이정엄(李鼎儼, 1755~1831)의 기록은 몽암이 평소 지닌 자세를 잘 보여준다. 이정엄이 상喪에 심의深衣를 쓰는 당시 풍습에 대한 견해를 묻자 몽암은 "염을 할 때 심의를 쓰는 것은 옛 제도이지만 지금은 그 제도를 잃어버렸다."고 하고 소요부邵堯夫 곧 소옹邵雍의 "마땅히 지금 사람 의복을 입어야지."[16] 라는 말을 상기시켰다. 그래서 몽암의 상에는 심의가 아니라 도포로 염습을 했다고 한다.[17]

심의는 조선후기 많은 문인학자들이 심혈을 기울여 그 제도를 연구하고 일상에 사용하였거니와, 몽암은 옛 법도에 매이지 않은, 현실적인 자세를 지닌 사람이라고 하겠다. 잘 알지도 못하는 옛날 의복을 고집할 것 없고, 일상적으로 입는 평상복을 입는 것이 마땅하다는 것이다. 서울이 아닌 경주에서 심의가 아니라 평상복인 도포로 염습을 한 몽암의 사례는, 반함飯含을 하지 않은 홍대용의 경우를 떠올리게 한다.

문집의 제4권에 실린 상량문 3, 축문 14, 제문 33편은 당시 경주와 그 인근에서 몽암의 학자와 문인으로서 위치를 보여주는 저작들이다. 몽암의 외가 쪽 사람인 권병유權秉儒라는 이가 흥해 군수 임기를 마치고 서울로 돌아가 있던 성대중을 찾아가 만났는데, 이미 몽암은 작고한 뒤였다. 청성은 몽암의 유고가 분량이 얼마나 되는지 묻고는, "영남의 문장이 이 분을 넘을 이가 없다. 지금 계셨더라면 조정이 천거할 유일遺逸이 반드시 그에게로 돌아갔을 것"이라고 했다는 기록이 역시 '유사'에

16 邵雍의 아들인 邵伯温(1055~1134)이 지은 『邵氏聞見錄』에 있는 말이다. 원문은 다음과 같다. "司馬溫公依『禮記』作深衣、冠簪、幅巾、縉帶. 每出, 朝服乘馬, 用皮匣貯深衣隨其後, 入獨樂園則衣之. 常謂康節曰: '先生可衣此乎?' 康節曰: '某爲今人, 當服今時之衣.' 温公嘆其言合理." 『소씨문견록』은 널리 읽혔지만, 사마광과 소옹의 이 대화는 이후로 여러 필기류 저술들에 인용되어 있다.

17 鼎儼嘗問深衣之制曰: "今人喪用深衣何如?" 公曰: "殮用深衣古也, 而今人多失其制." 因誦邵堯夫'當服今人衣'之句. 是故, 公之喪, 以道袍殮襲.

보인다. 성대중은 몽암의 편지에 대해서 "온아하고 순정純正해서 참으로 주서朱書의 체제를 얻었다."고 하였다.

Ⅲ. 정희와 성대중의 교유

청성青城 성대중(成大中, 1732~1809)은 몽암보다 아홉 살 아래다. 청성은 문집인 『청성집』과 잡록류 저술인 『청성잡기』를 남겼고, 후자는 한국고전번역원이 국역 간행하였다.[18] 연암과 그 주변 인물을 거론할 때 빠질 수 없는, 18세기 후반 서울의 문인 중에서 대단히 중요한 인물이다. 청성의 관력官歷을 간략히 서술하면 다음과 같다.

1753년 22세에 생원, 1756년 25세에 문과를 한 뒤 내직을 거쳐 1762년 31세에 강원도 회양부에 있던 은계도 찰방銀溪道察訪을 역임하고, 1763년 32세에 조엄趙曮을 따라 서기書記로 일본에 통신사로 다녀왔다. 1766년 35세에 울진 현령, 1774년 43세에 평안도 운산 군수, 1783년 52세에 홍해 군수, 1787년 56세에 북청도호부사, 1793년 62세에 통정

---

18 2006년에 국역 간행된 『청성잡기』 3책은 애초 斗溪 李丙燾 박사가 소장하고 있던 청성의 친필 사본 저서였다. 『국역 청성잡기』의 해제(필자는 박소동)에 따르면, 두계는 『青城雜記』 3책 이외에도 『青城小稿』 1책, 『青城詩稿』 3책, 『青城詩』 1책, 『青城詩文』 1책, 『青城漫筆』 2책, 『關西紀行』 1책, 『達句長軸』 1첩, 『達句餘馥』 1책, 『澄淸鴉集』 1책 등 14종 21책을 소장하고 있었다고 한다. 그가 민족문화추진회 이사장으로 있던 1984년 당시에는 위 책들이 민족문화추진회에 보관되어 있었지만 지금은 소재를 알지 못한다고 한다. 14종 21책 중에서 『青城雜記』나 『青城漫筆』은 독립 저술로 생각되지만, 나머지 저술의 일정 분량은 문집인 『청성집』에 수록되었으리라고 짐작이 된다. 그중에서 『達句長軸』, 『達句餘馥』, 『澄淸鴉集』의 세 가지 시집은 아마도 성대중이 홍해 군수로 부임한 1783년과 그 이듬해 무렵의 작품일 것으로 짐작된다. 제목만으로 보아서는, 여러 곳의 지방 근무 중에서 홍해 군수로 부임하거나 재임 중의 저작이 많이 남은 것으로 보인다.

대부로 승진하고 위원渭源 군수가 되었다. 1795년 64세에 체직되어 포천으로 돌아갔다. 청성의 아들 성해응이 충청도 음성 현감을 역임하고 돌아온 뒤에 그 마을은 '음성말(마을)'로 불렸다. 청성은 외직의 중간중간에 교리 등의 내직을 역임하였고, 특히 문체 문제와 관련해서 정조의 각별한 관심을 받은 일은 잘 알려져 있다.

청성이란 경기도 포천의 다른 이름이거니와, 성대중은 경기도 포천에서 출생해서 과거 급제 이후 강원도, 평안도, 경상도, 함경도에서 지방관을 역임하였고 30대 초반에 일본을 다녀왔다. 그의 저술을 일별하면 18세기 후반 당시 조선 최고의 인물들과 넓은 교분이 있었고, 국제적인 시야와 현실에 대한 날카로운 문제의식을 겸비하고 있다.

청성은 1783년 6월말에 흥해군수로 임명되어 1787년 5월말까지 4년간 재임하였다. 정조 5년 신축(1781) 6월에 흥해군수로 임명되어 2년을 재임한 윤언철尹彦喆의 후임이었다.[19] 그러니까 몽암 정희와 청성 성대중의 교유는 청성의 흥해 군수 부임에서 시작되는 것이다. 흥해는 경주부의 진관으로 올라 있다. 『신증동국여지승람』에 의하면 경주부의【진관】으로 '군郡'이 울산·양산·영천·흥해의 넷이고, '현縣'이 청하淸河·영일迎日·장기長鬐·기장機張·동래東萊·언양彦陽의 여섯이었다.

청성이 흥해군수로 재직한 시기에 경상감사는, 임명된 시기만 표기하면, 이병모(李秉模, 1782. 11), 정창순(鄭昌順, 1785. 2.), 김상집(金尙集, 1786. 8.), 김광묵(金光默, 1787. 5.)이고, 이후로는 홍억洪檍, 이조원李祖源, 정대용鄭大容, 조진택趙鎭宅, 이태영李泰永 순으로 이어진다.

비슷한 시기에 경주부윤은 두 사람이다. 우선 김광묵(金光默, 1730~1790)은 1783년 9월초에 경주부윤에 임명되어 부임하였는데,[20] 부윤

19 『일성록』 정조 5년 신축(1781) 6월 22일(계사).

20 『일성록』 정조 7년 계묘(1783) 9월 6일(갑오) 기록에, 정조는 성정각에서 하직하는 수령들을 접견하면서 경주 부윤으로 가는 金光默에게, "내려가서 힘써 다스리라."고 당부하였다.

과 군수로 만난 둘은 서울에서 서로 잘 알고 지내던 사이였다. 김광묵은 김육金堉-김석주金錫冑의 후손으로, 김상묵金尚默의 아우다. 김상묵(1726~1779)은 김종수(金鍾秀, 1728 ~1799) 등과 함께 영조 만년 무렵 동원아집東園雅集[21]의 구성원으로, 노론 집권 세력의 구성원 중에서도 핵심이었다. 김광묵은 5년 뒤에 경상감사로 임명되었지만, 성대중과 감사와 군수로 만나지는 않았을 듯하다. 성대중은 임지인 흥해에 새롭게 보수를 한 망신루望辰樓 낙성식에 경주부윤이던 김광묵과 청하현감으로 있던 채민공蔡敏恭을 초청하였다. 채민공은 성대중보다 여섯 달 앞서 1783년 초에 청하현에 부임했는데, 흥해와 경계를 접하고 있는 고을이다. 두 사람 역시 서울에서 이미 서로 친밀한 사이였다.[22] 『신증동국여지승람』의 흥덕현【누정】조에 "망신루는 읍내에 있다. 성을 등지고 높이 솟아 평평하게 큰 들을 임해 있다."고 기록하고 있다. 김광묵은 2년 임기를 채우지 못하고 교체되었는데, 경상감사 정창순의 평가에서 '중고中考'를 얻었기 때문이었다.[23] 성대중은 그를 전별하면서 아쉬워하는 시를

---

21 詩社를 표방했지만, 정치적 결사의 성격이 짙었다. 여러 사람들의 기록이 있지만, 金鍾秀의 기록이 대표적이다. 참여자는 70대부터 30대까지 13인이었는데, 다음과 같다. 형제가 함께 참여한 경우는 김상묵-광묵이 유일하다.
尹汲(1697~1770), 南有容(1698~1773), 李得培(1715~1774), 趙暾(1716~1790), 宋載經(1718~1793), 沈履之(1720~1780), 李惟秀(1721~1771), 金熤(1723~1790), 金尙默, 金鍾秀, 尹蓍東(1729~1797), 金光默, 兪彦鎬(1730~1796). (『夢梧集』 권7, 「年譜」).
13인이 이후에 역임한 官歷을 보면 윤급·조돈·송재경은 이조판서, 이유수는 형조판서, 윤시동·유언호는 우상, 김종수는 좌상, 김익은 영상을 역임했다. 남유용은 문형으로, 정조의 스승이었다. 심이지는 이조참판, 이득배·김광묵은 이조참의, 김상묵은 동부승지를 역임했다.

22 「望辰樓落成。東都尹金公光默. 丹丘伯淸河蔡倅敏恭 來會。丹丘倡韻。同賦」: 水國蒼凉再起樓。昔人先識戀君愁。神仙故步披塵聳。湖海餘情枕郭流。北極星辰通遠夢。南州霞鶩集淸遊。敢言下邑涓埃報。多謝諸公信宿留。

23 『일성록』 정조 9년 을사(1785) 6월 15일(임진) : 단풍정(丹楓亭)에 나아가 선전관의 시강(試講)을 행하고, 서울과 지방에서 올린 전최(殿最)를 개탁(開坼)하였다. 시관(試官)은 구선복(具善復), 조시준(趙時俊), 윤행임(尹行任)이다. ○ 경상 감사 정창순(鄭昌順)의 계본에, "경주 부윤(慶州府尹) 김광묵(金光默)은 폄목이 '위엄 있고 밝게 다스리기는 했지만 끝까지 칭송을 듣지 못하는 것이 애석하다.〔威明之治 惜不終譽〕'이고... (下略).
『일성록』 정조 9년 을사(1785) 6월 24일(신축) : 함인정(涵仁亭)에 나아가 친정(親政)을

남기고 있다.[24] 성대중은 김광묵의 아들인 김기서金基叙와도 교분이 있는데, 김기서는 노론뿐 아니라 다산 정약용 등과도 폭넓은 교유를 지닌 인물이다. 김광묵 후임 경주부윤은 김이용金履容이었다. 1785년 6월 하순에 임명되었는데, 1787년 5월말에 경주부윤으로 재직하고 있는 점이 확인된다. 청성이 김이용과 교유한 기록은 없다. 당색이 달랐다.

비슷한 시기에 이덕무(1741~1793)는 42세이던 1783년 2월초에 사근도찰방(경남 함양)으로 부임해서 46세 되던 1786년 3월초까지 근무하였다. 이덕무와 성대중은 경상감사가 주관하는 행사에서 만나기도 했다. 또한 성대중이 흥해로 부임하는 길에 대구의 경상감영에 들러 감사 이병모를 만났을 때, 연암과 가까운 주요 인물인 태호太湖 홍원섭(洪元燮, 1744~1807)은 감영의 통판通判으로 근무하고 있었다. 성대중과 홍원섭은 서로 만나서 이덕무의 시에 차운시를 지었고, 그 시는 성대중의 문집에 남아 있다.

성대중은 1784년 가을에 청량산을 찾는다. 경상 감사 이병모가 도내를 순시하면서 청량산을 들르는데, 같이 모인 수령들이 청성 이외에 당시 봉화현감 심공저沈公著, 영양현감 김명진金明鎮, 하양현감 임희택任希澤, 인기安奇찰방 김홍도金弘道 등이었다. 청성은 그때의 기록을 유기遊記로 남기고 있는데, 봉화현감 심공저와는 오랜 친구라고 하고, 김홍도는 '국화國畵'로 저명하다고 덧붙이고 있다.[25] 참고로 하양현감 임희택(1744~?)은 박평朴玶의 사위로, 박제가의 자형이다. 그래서 박제가의 『정유시집』 권4에, 연경으로 가는 임희택에게 준 무려 140수로 된 오언절구 연

행하였다. ○ 김이용(金履容)을 경주 부윤(慶州府尹)으로.. (下略).

24 『청성집』 권3: 「東都尹遭中考徑歸。不勝悵戀。追送途中」 : 綠樹鳴蟬悄掩關。念公歸轎火雲間。一行作吏知何得。山水東南壯觀還。其二 : 繁絃緩舞慘將離。講武堂高月上遲。且置東山殘妓淚。試看南峴萬民碑。

25 「清凉山記」 : 甲辰(1784)仲秋。按使李公(李秉模)行部入山。遂往從之。至清凉寺。奉化沈倅公著，英陽金倅明鎮，河陽任倅希澤，安奇金丞弘道并來。沈倅吳久要也。金丞以國畵名。

작이 실려 있다. 임희택은 유득공과도 각별했다. 그는 하양현감으로 재직할 때 놀라운 살인 사건을 겪었는데, 유득공에게 전해주어서 『고운당필기』에 기록되어 있다. 이 시기보다 뒤의 일이지만, 이태영李泰永이 경상감사로 있을 때 연암 박지원은 안의현감으로 재직했고(1791~1796), 젊은 시기 친구였던 두 사람은 함께 해인사에서 만나기도 했다.

몽암이 성대중에게 보낸 9통의 편지 중에서 제일 첫 편지는 청성이 흥해로 부임한 이듬해 봄에 쓰인 듯하다. 청성은 내연산內延山을 여러 차례 찾은 듯한데, 부임 이듬해 봄에 여러 사람들과 같이 봄놀이를 하였던 것으로 짐작되고, 거기서 지은 시를 몽암에게 보내왔다는 내용을 담고 있다. "봄이 한창이라 그리움이 더해만 갔는데, 문득 오늘 하루에 편지를 두 통이나 받은 데다 내연산에서 지으신 새 시까지 보내셨으니 보배로움을 이루 말할 수 없습니다."[26] 첫 편지의 첫머리다.

청성은 그 다음 모임의 시기를 통지한 것으로 보이는데, 몽암은 편지를 받은 그날은 '종을 부려 목화를 심느라고', 그 다음날은 또 '콩이며 조를 심느라고' 모임에 가기 어려운 사정을 설명하고 있다.[27] 몽암은 청성이 보내온 시에 화운시를 남기고 있다.[28]

『청성집』에는 내연산에서 지은 시는 보이지 않고, 「유내연산기遊內延山記」가 실려 있다. 부임 첫 해인 1783년 가을에 도내를 순시하는 경상감사 이병모를 수행해서, 회재晦齋를 모신 학산서원鶴山書院을 들르고 보경사寶鏡寺를 시작으로 내연산을 둘러본 기록이다. 대비암大悲菴에 머물고

---

26 「答成興海 大中」: 春意方闌, 懷仰益苦, 忽此一日, 疊承兩書, 兼得內延新詩, 蘇倒珍玩拱璧, 不足多也.

27 앞의 글 : 熺頃雖入峽, 而歸意匆匆, 來去過巖, 走馬而歸, 惟日竢飛鶴之報期, 不負一春計. 今此承示, 乃知期在明日, 今日發去, 方可及期, 顧安得如意作行耶? 東望悵然. 曩固自疑薄緣之不得與此會, 今果然矣. 今日課奴種綿, 明日又當種豆種粟, 埋沒塵埃如此, 得無爲豪士所笑? 來詩適亢, 未卽奉和, 幸少寬之. 後當塞白求教, 兼叩法廣詩興也.

28 「次成興海遊內延山韻」.

있던 명승名僧 의민毅旻에 대해 특별히 기록을 하였는데, 늙고 병들어서 산을 내려가지는 못하는 형편이었다고 한다.[29] 성대중은 따로 의민의 시집에 서문을 남기고 있다(「毅旻大師詩集序」).

> 새벽에 까치가 울더니 저녁에 편지를 받았습니다. 짤막한 내용에 소식은 많이 담긴데다 좋은 모임에서 지은 두 수의 시까지 보내주셨으니, 받잡고 놀랍고 기뻐, 오래 내리는 비의 수심을 잊겠습니다. 더구나 요즈음 잘 지내시는 줄도 알았으니, 더욱 다행입니다.
> 저는 담이 무너지고 집이 부서져 온전한 데가 없습니다만 미련해서 마음을 낼 줄을 모릅니다. 하지만 떨어진 신발로 진흙길 다니기가 겁이 나 이웃 나들이하지 않은지 거의 보름이니, 무료하기 짝이 없습니다.
> 보내주신 절인 생선은 감사히 받았습니다. 집사가 아니라면 제가 어찌 생선이 있는 밥상을 받겠습니까. 햇죽순 스무 줄기를 이웃에서 얻어 보내오니 죽을 쑤어 먹을 만할 것입니다. 동파東坡가 말한 옥삼갱玉糝羹이 될는지요?[30]

대개 시 짓고 담소하는 모임에 대한 일을 편지로 서로 주고받고 있다. 성대중이 바닷가 고을인 홍해 군수로 있으니까, 정희에게 절인 생

29 『청성집』 권6. 「遊內延山記」 : 癸卯(1783)仲秋。從按察李公。入淸河之內延山。按察公時以行部過也。山口有鶴山書院。晦齋李文元公俎豆所也。下馬肅容而過。至寶鏡寺。漢明帝時所刱。云舊有伍十三菴。今幾盡廢而猶稱嶺左巨刹。有高麗圓眞國師碑。李公老製。而石剝苔蝕。字半不可辨。(下略)

30 「答成興海」: 晨占鵲喜, 暮得魚書, 一字之問, 信息亦大, 兼寄示贈大集二絶, 奉玩驚喜, 足破雨中牢愁. 況審比日政侯萬重, 尤慰尤慰. 熺牆壞屋破, 無一善狀, 惟是主人頑愚, 不知動念. 然敗屐怯泥, 不通鄰比者, 幾半月, 其無聊可知. 惠鮓感領, 微執事, 吳何以食有魚也? 新筍廾莖, 乞鄰送似, 可作糝羹, 此東坡所謂玉糝羹耶?

선을 보내준 것이다. 그것을 받은 몽암은 답례로 죽순 한 묶음을 보내면서 죽을 쑤어 먹을 만할 것이라고, 바닷가로 유배되었던 동파의 예를 들었다. 동파가 만년에 해남도로 유배되어 어려운 형편이었을 때 산약山藥 또는 산우山芋라는 채소로 죽을 쑤어 먹었는데, 그 죽을 옥삼갱이라 불렀다고 한다.

한데, 다음 편지는 주목된다.

> 너그러운 정사政事의 혜택을 입으리라 기대했는데 도리어 독촉을 하시는 것은 어째서입니까? 지난겨울에 포흠逋欠이 많은 백성들이 아전의 독촉을 견디지 못해서 겨와 쭉정이를 섞어서 쌀을 공납하는 자가 있는 것을 보았는데, 저도 겨와 쭉정이를 섞어 공납을 하려고 하니, 일소一笑에 붙여 용서해 주시기 바랍니다.
> '계림鷄林의 일곱 가지 괴이한 일'이라는 것은 동경지東京誌와 읍지邑誌에 실려 있지 않으니, 아마도 속어俗語로 전해오는 일일 듯합니다. 경주부 동쪽의 영지影池와 불국사 무영탑 같은 것은 이해되지 않는 괴이한 일인데, 포함시켜도 될는지요?[31]

앞 단락은 세금 감면 청탁이겠다. 한데 그 태도나 자세가 자못 당당하다. 경주에 살던 몽암이 흥해 군수에게 청탁을 한 이유가 무엇이었는지 등의 자세한 내막을 더 알 도리가 없지만, 지방에서 몽암 정도의 유력한 이는 이런 정도의 요구를 할 수 있었던 것으로 짐작할 수 있겠다.

---

31 謂蒙寬政, 今乃督之, 何也? 前冬見多逋之民, 不勝吏督, 有雜以糠粃而納米者, 吳亦欲以糠粃納, 幸一笑而恕之也. 雞林七恠, 東京誌及邑誌, 無所載, 想是俗語相傳, 如府東之影池、佛國寺之無影塔, 是亦弔詭, 可備其數耶?

뒤쪽 단락은 성대중의 학자적 성실성을 보여주는 기록으로 읽을 수 있겠다. 계림 칠괴鷄林七怪라는 말이 관용어처럼 쓰였던 모양이고, 청성은 몽암에게 그 자세한 항목을 질문한 것이었다. 아마도 일곱 가지가 무엇무엇인지, 질문을 한 듯하다. 몽암은 그중에서 지금 경주 외동읍에 있는, 무영탑 전설로 유명한 영지影池와 불국사 석가탑을 들고 있는데, 나머지 다섯 가지 중에서 몇 가지는 서로 대화를 했거나 따로 편지를 주고받았을 것으로 짐작할 수 있겠다.

성대중의 중요한 저작인 『청성잡기』에는 몽암을 취재원으로 한 울산의 괴이한 일이 수록되어 있다. 제목은 「백련암白蓮巖의 전설」이다.

> 울산의 백련암은 옛 전쟁터인데, 돌들이 어지러이 치솟아 있어 여기에 잡귀들이 산다고 전해 온다. 어떤 사람이 감히 귀신이 두렵지 않다고 말하면서 홰를 여러 개 모아 불을 놓았다. 그러자 귀신들이 곧 불을 놓은 자의 집에 난동을 부려 던진 돌들이 방 안에 가득하였는데도 창문은 그대로 닫혀 있었다. 그 사람이 곧 사죄하고 애걸하는 글을 돌조각에 써서 문 밖으로 던지자, 귀신도 돌조각에 글을 써서 도로 방으로 던졌다. 그런데 그 글자를 전혀 알아볼 수 없고 오직 첫줄에 쓴 '임진 사월 대군 하륙壬辰四月大軍下陸' 여덟 자만 알아볼 수 있었으니, 왜병 귀신이었던 것 같다. 이후로 귀신의 장난이 점점 사라져 갔는데 비린내 나는 도깨비불의 잔재가 오랫동안 사라지지 않고 아직도 우리나라 사람들을 괴롭히고 있단 말인가. 이상은 경주의 진사 정희가 이야기해 준 것이다.[32]

32 『청성잡기』 제3권(醒言). 「白蓮巖의 전설」: 蔚山白蓮巖, 古戰地也, 亂石嵯峨, 傳言雜鬼止焉。有人敢言不畏, 聚炬爇之, 鬼乃亂動, 擾於爇者之家, 投石滿室, 而窓牖則猶故閉也。人乃

'비린내 나는 도깨비불의 잔재'라는 번역은 다소 의역이지만 어쨌든 왜병 귀신을 가리키는 말이다. 임란의 기억을 예민하게 포착한 청성의 의식을 드러내는 기록이지만, 몽암의 제보를 토대로 한 것이다. 몽암 역시 그런 의식을 소유하고 있었다는 점, 말할 것도 없겠다. 말하자면 서로 역사 인식이라거나 넓게 보아서 학문적 관심사를 공유하였다고 보인다.

흥해를 방문한 몽암은 청성이 흥해 군수로 부임하기 이전의 작품을 얻어 읽었다. 방문하고 돌아와서 청성에게 보낸 편지에서 두 가지 작품을 언급하고 있는데, 하나는 「유렵기游獵記」이고 다른 하나는 서울에서 홍대용 등 많은 사람들과의 모임을 서술한 작품인 「기유춘오악회記留春塢樂會」였다. 청성이 1772년에 지은 「유렵기」[33]는 『청성집』에서 전모를 볼 수가 있는데, 몽암은 그 작품에서 사냥의 현장을 서술한 부분 10개 구句를 인용하여 인상 깊은 내용으로 꼽고 있다. 많은 사람들이 유춘오에 모여서 악기를 연주하며 어울리는 장면은 몽암에게 대단히 인상적이었던 듯하다.[34] 몽암은 청성의 작품을 통해서, 서울의 새로운 문물이나 서울 문단의 참신한 면모를 접했음이 물론이다.

『청성집』에 「원효암元曉菴에서 약남藥南 이헌락(李憲洛, 景淳), 곡구谷口 정희(鄭熺, 用晦) 및 이정택(李鼎宅, 大有), 이정훈(李鼎勳, 大集)을

書諸石片, 謝罪乞哀, 投之戶外, 鬼亦書之石而反投之, 字絶不可辨, 只辨首行所書壬辰四月大軍下陸八字, 蓋倭鬼也。自後寢息, 腥燐餘醜, 積久不消, 猶復厲我人耶。慶州鄭進士熺, 道之如此。고전번역원 간행 번역본을 인용.

33 『청성집』 권6. 「雲岳遊獵記」: 壬辰(1772)之臘。(中略) 雉起于前。掣而直出。瞥而上戾。戢而反眄。折而下旋。高集而斜睨。輕掠而捷攫。斂羽縮爪。返其韝焉。竦身四顧。颺而後息。(後略) 몽암의 편지와 글자 출입이 있다. 몽암이 접한 것은 『청성집』 교정 이전의 원고본이었을 것이다.

34 又得盛藁一册而讀之, 「游獵記」所云: "掣而直出, 瞥而上戾, 徐而反眄, 折而下旋, 高集而邪睨, 輕掠而捷攫, 斂羽縮爪, 徐下其韝, 竦息四顧, 颺而後息者", 無亦執事之自批自評也耶? 雖然, 此但形容其操縱疾徐之筆勢耳, 若夫雷春塽上, 芳樽寤客, 衆樂交作, 琴者簫者笙者歌者, 各奏其能, 一倡一和, 宮羽迭進, 調入幽眇, 使人聽之, 疑其爲勻天廣樂者, 不知與盛作之春容節奏, 其雅俗何如也? 狂言至此, 可發一笑也.

만났는데, 동봉東峰의 승려 회관誨寬도 왔다」[35]는 제목의 시가 있다. '봉峯, 송松, 봉逢, 종鍾, 중重'의 다섯 개 운자는 상평성 두 번째 동운冬韻이다. 청성은 이 시를 모임을 같이 한 몽암에게 보내고, 화운을 해달라고 부탁하였다. 청성의 부탁으로 몽암이 지은 차운시가 그의 문집인 『몽암집』에 다음과 같은 제목으로 실려 있다.

「성흥해成興海와 원효암에서 만나 담화를 나누었는데, 이함창李咸昌 및 이대유李大有와 대집大集이 함께 모였다. 돌아온 뒤에 흥해가 율시 한 수를 보내와서 화운시를 지어달라고 요구하면서 또 동강東江에서 모이자고 하였다. 나는 영양永陽에서 막 돌아와서, 차운시만 지어보내고 모임에는 가지 못하였다.」[36] 청성은 회관誨寬이라는 승려도 모임에 같이 있었다는 점을 밝히고 있는데 몽암은 밝히지 않았다. 청성은 '약남藥南 이헌락李憲洛'으로 이름을 표기하였는데 몽암은 '이함창李咸昌'이라고, 관직으로 호칭하였다. 『일성록』 정조 원년 정유(1777) 8월 16일 기사에 이헌락을 함창현감으로 삼았다는 기록이 있다. 이들 모임의 시기는 아마도 1786년 봄이었을 것으로 추정된다. 『청성집』의 시는 시간순으로 편집되어 있는데, 1785년 6월에 파직된 경주부윤 김광묵金光默에 대한 언급에서 멀지 않은 데 놓인 점으로 미루어, 그 이듬해 봄으로 추정할 수 있겠다.

성대중이 흥해를 떠날 때 몽암은 당연히 전별시를 주었다. 그 한 구에서, "백 리의 좁은 고을 천하 인재 용납하랴, 마음에 둔 사람을 하

35 『청성집』 권3 : 「元曉菴。會藥南李景淳憲洛，谷口鄭用晦熺暨李大有鼎宅，李大集鼎勳。東峰誨寬師亦來」:捫蘿一徑掛中峰。剩許雙鳧涉萬松。仙老筍輿催鶴引。異僧金策隔花逢。海聲浩蕩爭晨唄。山氣淸冷入夜鐘。啼鳥留人歸馬立。洞門煙柳夕陰重。

36 『몽암집』 권1 : 「與成興海會話于元曉菴, 李咸昌及李大有、大集, 俱赴約. 歸後, 興海示一律要和, 又約會于東江, 余自永陽纔歸次韻, 未赴」: 東聳磨靑海上峯, 中藏蘭若翳杉松. 片心可尙人人許, 兩面要從處處逢. 雲雨世情看一局, 樓臺淸夢警孤鍾. 西游未赴東江約, 江樹茫茫翠幾重?

루아침에 잃고 마네."라고, 애석해하고 있다.[37] 청성이 서울로 돌아간 뒤에도 몽암과의 교유는 이어졌다. 전체 9통의 편지 중에 청성이 흥해를 떠난 뒤에 보낸 편지가 4통이다. 제목이 '성흥해'가 아니라 '성교리成校理'로 바뀐다. 한데 그 4통 가운데서 1통만 안부를 내용으로 한 일상적인 편지이고, 나머지 3통은 스물여덟 젊은 나이에 세상을 떠난 몽암의 아들 건필(健弼, 1761~)의 묘도문자를 부탁하는 데 관련된 내용이다. 거듭된 부탁에 청성은 애사를 지어 보내는데,[38] 받은 몽암은 다시 편지를 보내서 애사의 내용에서 마뜩찮은 문구를 수정해 달라고 요구하고 있다.

따로, 편지와 함께 전달되었겠지만, 청성은 「백낙천白樂天의 '중은中隱'에 화운한 시」를 지어 몽암에게 보냈고, 몽암은 차운을 해서 회답하였다. 청성은 자기 시 앞에다 짤막한 설명을 붙였다. 「경산자京山子가 백낙천의 「중은」 시를 써서 내게 보이니, 완연히 나의 서울 생활에 비긴 것이었다. 그 운韻을 따라 나의 은거를 써서 경산에게 답을 했다.」[39] 『몽암집』에는 「성비서成秘書가 향산香山의 '중은' 시에 화운을 해서 서편書便에 보내주었기에 차운해서 보내다」[40]라는 제목으로, 향산과 청성의 시에 대한 화운시가 실려 있다.

한편 성대중의 아들인 성해응成海應은 청성이 「백락천의 '중은'에 화

37 「送別成興海」: "冷落誰曾過訪頻? 知音還愧匣琴塵. 江樓夕望烟橫帳, 山寺春遊草作茵. 百里那容天下士, 一朝仍失意中人. 逢迎樽酒他年事, 鳧影南州再有因."

38 「慶州鄭生 健弼 哀辭」.

39 「和白樂天中隱詩」: 京山子書白樂天中隱詩示余。宛吳居洛事也。爲步其韻。志余之隱。且以報京山。
我雖居城市。何異在山樊。室有詩書寤。門無車馬喧。釋褐三十年。棲遲老一官。寧知好爵榮。但愛秘書閒。祿給春醅濫。氈扶宿客寒。官俸亦不薄。歲用四千錢。公庭豁數畝。怪石對南山。賓朋幸不棄。雅集敞西園。嘉樹蔭當戶。落花燦盈筵。醉豈忘公事。暇則草野言。澗徑塵不涉。林扉晝常關。一切榮辱憂。曾不到眼前。持比樂天隱。吳猶享其全。歸田固多樂。處世亦何患。惟師展禽和。自得鹿門安。泊然名利外。隱亦下中間。

40 「成秘書和香山中隱詩, 因書見示, 次韻却寄」.

운한 시」를 지은 동기를 더 구체적으로 설명하고 있다. 1788년, 그러니까 홍해에서 서울로 돌아간 이듬해 여름에 청성은 서울에서 비성秘省 곧 교서관에 근무하고 있었는데, 그보다 앞서 서울을 떠나 포천으로 가족을 이끌고 이사를 간 당대의 명필 경산京山 이한진(李漢鎭, 1732~?)이 백낙천의 시 「중은」을 써서 보내왔다. 청성을 백향산에 비긴 것이라고 한다. 청성과 경산은 동갑이었다. 뛰어난 글씨로 쓴 시를 받은 청성은 화운시를 쓰고, 역시 당시의 명인인 나열羅烈에게도 화운시를 쓰도록 해서 이한진에게 보냈는데, 이한진은 다시 아마도 청성과 나열 두 사람의 시를 소전小篆으로 써서 하나의 첩帖으로 만들어서 보내왔다고 한다. 연경재는 그것을 '중은첩'이라고 이름을 하고 집안의 소중한 물건으로 간직하고 있다고 한다.[41] 몽암의 기록과 시는 청성이 당시 나열뿐 아니라 여러 사람들에게 자신의 시를 보내고 화운시를 받았음을 알게 한다.

성대중이 홍해에 있으면서 홍해와 경주 주변의 일과 사람을 소재로 지은 글은 대략 다음과 같다. 시는 더 많겠지만 우선 문文만 들어둔다.

『靑城集』 권5, 「毅旻大師詩集序」
『靑城集』 권5, 「贈興海崔生基大序」
『靑城集』 권6, 「遊內延山記」
『靑城集』 권6, 「淸凉山記」
『靑城集』 권7, 「興海明倫堂重修記」
『靑城集』 권8, 「書滄海逸士畫帖後」
『靑城集』 권9, 「慶州金義士墓誌銘」

41 「題中隱帖後」(『硏經齋全集』 續集 冊16. '書畵雜識') : 先君子當 正宗戊申(1788)夏。淹直秘省。京山李公在洞陰山中。書白樂天中隱詩而寄之。盖以況先君子也。先君子步其韻。且屬朱溪羅公和之。京山又書以小篆。裝爲一帖°風流文采。不徒輝映當時。後之見者。必有想慕而不可及者。此奚徒一家之珍藏乎。

『青城集』 권9, 「興海九隄紀功碑」
『青城集』 권10, 「慶州鄭生健弼哀辭」
『遁翁集』(韓汝愈, 1702~1769), 「遁翁先生文集序」, 『청성집』에는 미수록.
『農叟集』(崔天翼, 1710~1779), 「崔天翼墓誌銘」, 『청성집』에는 미수록.

이렇게 쓰고 보면 청성의 저작에서 영남 지역의 인물과 자연이 차지하는 비중이 대단히 크다는 점이 새삼스레 드러난다. 그를 온당하게 이해하기 위해서는 이런 쪽에 더 관심이 가야 마땅할 것이다. 청성은 창해滄海 정란(鄭瀾, 幼觀)과 농수農叟 최천익崔天翼 두 사람에 특히 관심을 보였고, 몽암 역시 두 사람에 대한 언급을 남기고 있다.

Ⅳ. 맺음말

18세기 후반의 유수한 문인 학자이자 관료인 청성 성대중(1732~1809)은 1783년 6월말에 흥해군수로 임명되어 1787년 5월말까지 4년간 재임하였다. 50대 전반이었다. 성대중은 재임 기간에 경주의 학자인 몽암 정희(1723~1793)와 교분을 맺었고, 서울로 돌아간 뒤에도 편지를 주고받으면서 교유를 지속하였다. 이 글은 정희와 성대중의 문집에서 관계 자료를 찾아서 정리한 보고이다. 몽암은 삼십대 초반이던 1756년에 생원시에 합격했지만 관직에 나간 기록은 없다. 소규모의 농지를 소유한 地主로, 학생을 가르치는 일을 중요한 업으로 삼아 일생을 영남의 한 도시 경주에서 지낸 재야 지식인이었다.

몽암은 시문에 두루 조예가 있었지만 전문적인 문인으로 많은 작품을 남기지는 않았다. 하지만 그의 저작에서 『몽암집』 권3의 '잡지'에 수록된 「전정의」, 「군정의」, 「예악의」, 「경연진강의」의 네 편 의와 「봉화론」, 「하도론」, 「귀신론」의 세 편 논은 주목할 만하다. 대개 현실에 대한 인식과 세계관을 보여주는 작품들이다.

몽암은 옛 법도에 매이지 않은, 대단히 현실적인 자세를 지닌 사람이었다. 그는 하도낙서의 존재를 부정하였다. 성인의 마음은 그런 도식으로 표현될 수 없다는 것이다. 그는 또 귀신의 이치는 인간에서 찾아야 그 속내를 알 수가 있다고 한다. 사람에 더 긴밀하게 붙여서 이해해야 한다고 주장한다. 나아가 몽암은 상례에서도 대단히 개명한 자세를 보여준다. 그가 작고한 뒤에는 특수한 옛날 법식에 따라 만들어지는 심의가 아니라 평상복인 도포로 염습을 했다고 한다.

몽암은 전정 곧 조세제도는 국가 재정을 위한 조세 징수 기능뿐만 아니라 백성들에 대한 적절한 생활 보장 기능을 가져야 한다고 주장한다. 소유 재산과 수입을 근거로 징세에 머무는 당시의 조세제도는 두 가지 중에서 징수에 한정되므로, 그것만으로는 부족하다고 한다. 몽암의 처방은 한전법 시행이어서 18세기 후반의 수많은 전제개혁 논의와 대동소이한 내용이다. 하지만 지방의 재야 지식인으로서 그런 식견과 주장을 지닌 인물이었다는 점을 알 수 있겠다.

병력 감축 주장은 대단히 독창적이다. 몽암은 강한 군대는 군인의 숫자에 달려 있지 않다고 말한다. "숫자가 적은 것이 문제가 아니고 정병이 못되는 것이 문제"라고 진단하였다. 그는 장부에 이름만 올라 있는 30만 군대를 절반으로 줄여서 제대로 된 15만 정병을 얻어야 한다고 주장한다. 그런 정도로도 동아시아 세계에서 큰 영향력을 가질 수 있을 것으로 전망한다. 다른 데서 볼 수 없는 식견이라고 생각된다.

성대중은 외직으로 많은 시간을 보냈다. 그는 흥해군수로 부임해서 만난 경주부윤 김광묵, 경상감사 이병모를 비롯한 여러 고을의 수령들과 교분을 유지한 것은 물론이지만, 경주와 흥해 등지의 유력한 인사 및 식자들과도 긴밀한 교유를 맺었다.

몽암의 문집에는 몽암이 성대중에게 보낸 9통의 편지가 실려 있다. 첫 편지는 청성이 흥해로 부임한 이듬해 봄에 쓰인 듯한데, 두 사람은 이후로 대략 10년 가까운 기간 교유를 지속한 것으로 짐작된다. 청성은 내연산에서 봄놀이를 하거나 시를 짓고 담소하는 모임을 갖거나 할 때 몽암과 서로 편지를 주고받고 있다. 두 사람은 생선과 죽순을 주고받으면서 친밀한 관계를 더해갔다.

성대중은 성실한 학자이므로, 임지와 그 주변의 일에 관심이 깊었다. 청성은 계림칠괴라거나 울산의 괴이한 일을 내용으로 하는 「백련암의 전설」 같은 기록을 몽암의 제보와 협조로 알 수 있었다. 몽암 역시 학자적인 의식을 소유하고 있었다는 점, 말할 것도 없겠다. 말하자면 서로 역사 인식이라거나 넓게 보아서 학문적 관심사를 공유하였다고 보인다.

몽암은 흥해로 부임하기 전의 청성 작품들을 읽고 평을 하기도 했다. 두 사람은 작품을 주고받고 평을 구하기도 했다. 성대중이 흥해를 떠난 뒤에도 두 사람은 시를 주고받는 등으로 교분을 이어갔다. 젊은 아들을 여읜 몽암이 그 묘도문자를 부탁하는 일로 자주 연락을 한 것이었다.

참고문헌

鄭熺. 『蒙巖集』. 계명대 소장본.

성대중. 1985. 『靑城集』. 여강출판사.

_____. 2006. 『국역 청성잡기』. 박소동 외 역. 민족문화추진회.

『迎日鄭氏世譜』(司正公派). 1774년간. 계명대 소장본.

『국역 일성록』 정조조. 한국고전번역원.

성해응. 「東人不尙書畵」(『硏經齋全集』 外集 권61. 筆記類○蘭室譚叢).

鄭忠弼. 「先考梅軒府君行狀」(『魯宇文集』 권5).

李樹仁. 「祭鄭蒙巖文」(『懼庵先生文集』 권7).

行狀[鄭宗魯](『立齋先生文集』 권17).

邵伯溫. 『邵氏聞見錄』.

손혜리. 2000. 「청성 성대중의 문학활동과 문학론」. 성균관대 석사.

정재현. 2001. 「청성 성대중의 산문론 연구」. 부산대 석사.

최경렬. 2002. 「『청성잡기』 연구」. 성균관대 석사.

손혜리. 2008. 「청성 성대중 記文 연구」. 『한문학보』18.

김준형. 2009. 「『청성잡기』를 통해 본 거지와 거지 이야기」. 『민족문학사연구』40.

손혜리. 2010. 「성대중의 사행체험과 『日本錄』」. 『한문학보』22.

_____. 2010. 「성대중의 『仙槎漫浪集』 연구」. 『대동한문학』33.

김경. 2011. 「이덕무의 『청성잡기』 評語 연구」. 『동양한문학연구』33.

손혜리. 2012. 「청성 성대중의 史論 산문 연구-『청성잡기』「惴言」을 중심으로-」. 『대동문화연구』80.

설파 손성악의 생애와 산수 유람의 의미

구 진 성

설파 손성악의 생애와 산수 유람의 의미

—

구 진 성

Ⅰ. 머리말

이 글은 18세기 중반부터 19세기 초반까지 경주慶州 지역에 거주했던 설파雪坡 손성악(孫星岳, 1741~1813)의 인물 성격과 산수 유람의 의미를 알아보기 위해 작성되었다. 설파가 당대에 남긴 작품이 적지 않지만 현재까지 그에 관한 연구가 전무한 실정이다. 그의 사상과 문학을 본격적으로 고찰하기에 앞서 인물의 대략적인 성격과 성향을 파악하는 작업이 필요하다고 판단된다. 그의 가계를 통해 그가 태생적으로 처해 있던 환경에 대해 살펴보고, 대표적인 인물 성격을 제시하겠다. 그리고 그가 만년에 집중했던 산수 유람을 개관하고 그 의미를 알아보려 한다.

설파는 경주 양동 마을에 세거했던 경주 손씨의 후예로, 조선 중기 이후 손중돈孫仲暾·이언적李彦迪이 배출되어 그 가계의 격이 크게 신장되었다. 그러나 설파에 이르기까지 여러 대 동안 문과합격자를 배출하지 못하였다. 설파의 집안에서 설파에게 요구한 임무는 '벼슬'이었고, '학문學問'은 당시 사회가 선비에게 요구한 임무였다. 벼슬과 학문은 설파가 살았던 시대에 사족士族의 일원이라면 자유로울 수 없었던 삶의 조건이었으며, 특히 설파에게 가해진 압력은 더욱 심했을 것으로 보인다. 그러나 설파는 진사進士가 된 뒤에 학문에 전념한 것이 아니라 산수 유람에 심취하였다. 이로써 그의 삶에서 산수 유람이 지니는 의미가 범상치 않음을 짐작할 수 있다.

본 연구를 위해 활용할 주 자료는 설파의 문집 『설파집雪坡集』인데, 설파가 작고한지 100년 정도 지난 일제시기에 간행된 것으로 추정된다. 총 8권으로 제5권 초반까지 시詩가 수록되어 있고, 나머지 5권·6권·7권은 서書·축문祝文·제문祭文·애사哀辭·설說·유산록遊山錄·서序·기記·발跋·상량문上樑文·명銘·전傳·가장家狀등 다양한 문체로 구성되어 있다. 8권은 부록으로 설파를 위한 제문祭文·만사輓詞와 설파의 전기傳記 자료가 수록되어 있다.

Ⅱ. 가계와 인물 성격

1. 양좌동良佐洞 손씨孫氏의 후예

설파雪坡 손성악(孫星岳, 1741~1813)은 경주慶州 양좌동良佐洞에 세거하던 경주 손씨(이하 '양동 손씨')의 후예이다. 설파의 자는 숙옥肅玉이고 본관은 경주이며, 호는 설파이다. 부친은 손상구(孫象九, 1723~1788)이고, 모친은 여주 이씨驪州 李氏 이희중李毅中의 딸이자 이언적의 7대손이다. 경주 손씨가 대대로 세거하던 경주 양동 마을에서 1741년에 태어났다.

양동 손씨의 선대는 경주, 상주, 청송 등지에 거주하였다. 설파의 11대조 손소(孫昭, 1433~1484)가 당시 양좌동에 거주하던 풍덕 류씨豊

德 柳氏 류복하柳復河의 딸과 혼인하면서 그 후손들이 양좌동에 세거하게 되었다. 손소가 여주 이씨 이번(李蕃, 1463~1500)을 사위로 맞아들이면서 이번의 후손들도 양좌동에 거주하게 되었는데, 이 중 대표적인 인물이 이번의 아들 이언적(1491~1553)이다. 양좌동의 손씨와 이씨는 한 마을에 대대로 살면서 서로 혼인하는 경우가 적지 않았는데,[01] 설파의 모친 이씨도 이언적의 후손이다.

설파의 11대조 손소는 1459년 문과에 급제하여 이시애의 난 때 활약한 공로로 공신에 책록 되었고, 이후 공조참의, 진주목사 등 여러 내외 관직을 역임하였다. 특히 김종직(金宗直, 1431~1492)과는 동방同榜 급제한 사이로 30여 년을 한 조정에서 긴밀히 교유하였는데, 이 같은 인연으로 손소의 사후에 아들 손백돈孫伯暾 등이 김종직에서 묘갈명을 요청하여 받기도 하였다.[02]

손소의 아들 손중돈(1463~1529)은 부친의 뒤를 이어 여러 고위직을 역임함으로써 양동 손씨 집안의 위상을 크게 높인 인물인데, 설파에게는 생가 10대조가 된다. 손중돈은 1489년 문과에 급제하여 의정부 우참찬, 경상·전라·충청·함경의 감사 등 요직을 두루 거쳤다. 특히 이언적은 외숙 손중돈에 대한 마음이 각별하였고, 손중돈의 사후에는 홍언필(洪彦弼, 1476~1549)에게 묘갈명을 부탁하여 받았다.[03] 손계돈(孫季暾, 1470~1530)은 손중돈의 동생으로 1495년 진사에 입격하였는데, 그가 설파의 10대조이다.

이와 같이 설파의 집안은 조선 초기 가세가 크게 번성하였고, 외손 중에 문묘에 종사된 이언적도 출현하였다. 특히 설파가 거주한 곳이 손

---

01 李樹健. 1995.『영남학파의 형성과 전개』. 일조각. 208-236쪽 참조.

02 金宗直.『佔畢齋集』卷2「雞川君孫公墓碣銘」: 旣卒事 碣于墓 伯暾等 以書請銘於同知中樞府事金宗直 宗直再與公同科第 又同選承文院 遂爲三十年之執友 知公爲詳 義不可辭.

03 洪彦弼.『默齋集』卷5 雜著「孫四宰墓誌銘幷序」: 公之甥司諫李彦迪 視公猶父 盡心庀事 囑余誌且銘.

중돈과 이언적의 생가였다. 설파의 조부 손명우(孫命遇, 1690~1754)는 본래 손중돈의 8대손이었는데, 손계돈의 7대손 손경孫炅의 양자가 되었다. 손경이 거주하던 집이 손중돈과 이언적의 생가였던 것으로 보이며, 양자가 된 손명우가 가산을 이어받고 장손이었던 설파에게로 승계되었다.[04] 이상에서 논의한 가계를 표로 정리하면 아래와 같다.

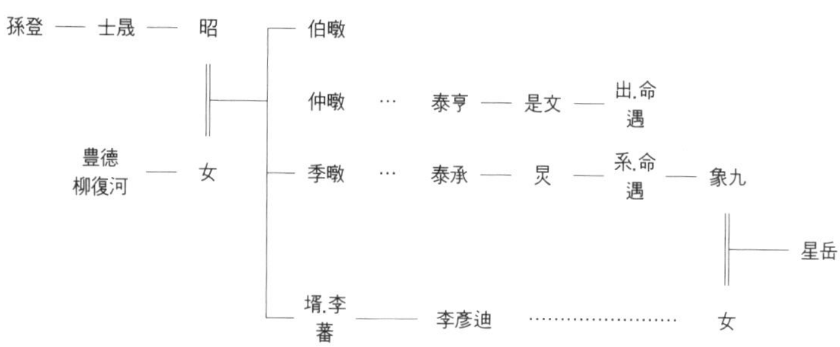

2. 농가農家로서의 자의식

위에서 살펴본 바와 같이 설파의 집안은 조선 중기에 가격이 크게 신장되었다. 그러나 이후로 설파의 조부 대에 이르기까지 뚜렷이 현달한 인물이 나오지 않았고, 가세도 점차 쇠락해 갔던 것으로 보인다. 가세를 좌우하는 요소는 사환仕宦과 가산家産이라고 할 수 있는데, 설파의 조부 대까지 이 두 가지 측면이 모두 부족했던 것이다.

그러다가 조부 손명우는 손경의 양자로 와서 쇠락해가던 집안을 일으켰다. 이를 통해 설파가 처했던 경제적 여건을 짐작할 수 있으며,

04 설파의 조부가 家産을 증식하고 부친을 거쳐 설파에게로 승계된 정황은, 설파가 부친의 遺敎를 기록한 「謹錄遺敎」를 통해 짐작할 수 있다.

또한 설파가 농가적 자의식을 지니게 된 계기를 살펴볼 수 있다. 설파가 쓴 조부 손명우의 가장家狀에는 저간의 상황이 아래와 같이 서술되어 있다.

> (조부께서) 養子로 들어와서 옛집이 퇴락하고 옛 터전이 황폐해진 모습을 보고 개연히 말씀하기를 "이곳은 우리 襄敏公[손소]이 터를 잡으신 곳이고 景節公[손중돈]과 晦齋先生[이언적]이 태어나신 곳이다. 지나가는 사람들도 모두 그 분들을 敬慕하는데, 하물며 자손된 자가 정돈하고 수리할 것을 생각하지 않을 수 있겠는가? 지금 그 책임이 나에게 있으니 서책에 몰두해서 오활해지기보다는 집안의 옛 자산들을 수습해서 경영하는 것이 나을 것이다."라고 하였다. ……조부께서는 이때부터 마음을 다해 계획해서 노복들 중에 완악한 자들을 마음으로 복종하게 하고, 토지 중에 황폐해진 부분을 개간해서 힘써 농사지었다. 수십년이 지나자 마침내 옛 터전을 수습하고 새 집이 세워졌다.[05]

설파의 조부 손명우가 양자로 들어간 집은, 설파의 11대조 손소(1433 ~1484)가 양좌동으로 이거하여 거주했던 터에 위치했던 것으로 보인다. 손소가 거주하던 집에서 손중돈·이언적 등 양좌동 출신으로 명망이 높은 인물들이 태어나 가세가 번성하였지만, 그 후 손명우 대까지 백여 년이 흐르면서 집안이 쇠락해져갔던 정황을 살필 수 있다.

---

05 孫星岳.『雪坡集』卷7「王考處士府君家狀」: 及歸所後家 見舊舍頹圮 故基荒廢 慨然曰 "此吳襄敏公之所卜居 而景節公及晦齋先生 皆胎降于此 後人之過者 尙皆敬慕之 況爲子孫者 可不思所以整理而修葺之乎 今其責在余 與其埋頭於書册而迂緩 曷若收拾其舊物而經紀之"……府君自是盡心規劃 驅使其婢僕之頑悍者而心服之 闢治其土畦之鹵莽者而力穡之 至數十年 遂拓其故址 而新屋以修之.

손명우는 애초 학업에 뜻이 있었고 그 재능을 인정받기도 하였지만, 양자로 들어온 뒤로는 가산을 관리하고 경영하는 데에 힘을 기울였다. 황무지를 개간하여 농토를 넓혀 가산을 늘이고, 농사일에도 직접 관여하였던 것으로 보인다. 이러한 손명우의 삶은 아들에게까지 영향을 미쳐서, 설파의 부친 손상구가 아래와 같이 농가農家로서의 의식을 가지게 되었다.

> 우리 집은 農家이다. 선대부터 농사일에 힘써서 祭祀를 지낼 때나 徭役, 婚禮·喪禮 때 공급하였다. 선비가 祿을 먹지 않으면 농사가 바로 직업이다. 가난해도 괜찮으나 넉넉해도 괜찮다. 너는 노동하기를 꺼리지 말고 반드시 힘써 짓거라.[06]

위는 손상구의 말을 아들 설파가 기록한 글이다. 손상구는 설파에게 선비가 벼슬하지 않는다면 농사를 직업으로 삼아 전념해야 함을 강조하면서, 농업을 통해 부를 일구어도 아무런 부끄러울 것이 없다는 입장을 피력했다. 농업에서 산출되는 수익은 선비로서의 품위를 유지할 수 있는 수단이 되며, 이를 위한 노동도 선비로서의 본분이 된다는 것이다. 이는 선비로서의 삶이 벼슬이나 학문 등 어느 한가지 양태로 고정된 것이 아니라 농업에서 가치를 발견할 수도 있다는 입장이 내재되어 있는 것이다.

조부로부터 내려온 농업에 대한 입장은 설파에게까지 계승되는데, 아래에서 설파는 스스로를 농가라고 규정하고 있다.

> 나는 農家의 부류이다. 일찍이 農書 한 부를 얻어 기뻐하

06 孫星岳.『雪坡集』卷7「謹錄遺敎」: 又曰 我家農家也 自先力穡 以供祭祀 及徭役昏喪 士而不祿則此其職也 貧亦可也 饒亦可也 爾勿憚勞 必力作焉.

> 며 베꼈다. 그것을 그릇되게 여기는 혹자가 말하기를 "그대의 뜻이 비루하다. … 그대는 종이가 있으면 『詩經』·『書經』·『禮記』·『春秋』를 쓰는 것이 가하고, 韓愈·柳宗元·蘇軾 등 여러 대가들의 글을 쓰는 것도 가하다. 그러나 반드시 이러한 논밭을 일구는 설을 필사하는 것은 그 뜻이 어찌 비루하지 않겠는가?…"라고 하였다. 나는 한숨 쉬고 탄식하며 말하기를 "그대가 말대로라면 내 뜻은 과히 비루하다. 그러나 農業이라는 것은 곧 근본이다. 인류가 살아온 이래로 농업을 통해 서지 않는 사람은 없다."라고 하였다.[07]

위의 인용문은 『농사직설農事直說』을 읽고 농업에 대한 자신의 견해를 밝힌 글 중의 도입부인데, 혹자와의 문답 형식으로 자신의 의론을 펼친 글이다. 설파가 농사법이 설명된 『농사직설』이라는 책을 구해서 흥미롭게 보며 베껴 쓰고 있었는데, 마침 혹자가 그 광경을 보고 비루한 일이라며 비난하였다. 선비라면 마땅히 경전이나 문학서를 읽어야 한다는 주장이었다. 이에 대해 설파는 농업이 근본이며 사람은 농업을 떠나서는 생존할 수 없음을 역대의 다양한 사례를 들어 역설하였다.

위의 첫머리에서 '나는 농가의 부류이다.'라고 스스로의 정체성을 드러내고 있는데, 이는 설파의 조부 때부터 유전된 이 가계의 특징으로 보인다. 또한 선비로서의 본분을 학문과 문학의 영역에 국한하지 않고 농업이라는 가치를 긍정하는 태도에서, 다양한 삶의 가치를 인정하는 의식 또한 이 지점에서 예견된다고 하겠다.

---

07 孫星岳.『雪坡集』卷「書農事直說後」: 予農家者流也 嘗得農書一部 喜而謄之 或有非之者曰 子之志 陋矣 … 子之有卷 書之以詩書禮春秋 可也 書之以韓柳歐蘇諸子百家 亦可也 而必以此治田易畝之說 謄之者 其志豈不陋矣 …余喟爾而嘆曰 若子之說 吳之志 果陋矣 然農者是本 生民之始 無不由是而立焉.

3. 일생에 걸친 과거科擧 응시

설파의 스승은 부친 손상구와 재종숙 석현石峴이었다. 설파는 8세 때 부친에게 『사략史略』 1권을 배우고, 9세 때는 석현에게 『통사通史』를 배웠는데, 본인의 진술에 의하면 책을 펴서 글자를 보고도 제대로 읽지 못했고 글을 외우는 재주는 전혀 없었다고 한다. 그래서 주위에서 석현에게 가르쳐도 전혀 발전이 없으니 가르치기를 그만두기를 권했는데, 석현은 설파에게서 문장의 뜻을 알고자 하는 의지를 발견하고 세상을 떠날 때까지 지도하였다.[08] 설파는 훗날 진사시에 입격한 뒤 석현의 묘소에서 저간의 상황을 고하고 감사의 뜻을 표했다.[09]

설파는 15세까지 사서四書와 이경二經을 다 배웠지만 스승의 지도를 받아 읽어내는 정도였다고 하며 기초적인 한시도 짓지 못했다고 한다. 그러다가 16세 때 관례를 치른 뒤, 석현이 다른 문사들과 어울리면서 그들이 공부하는 모습을 보고 배우기를 권유하자[10] 부친의 지원으로 인근의 정혜사定惠寺로 가게 되었다. 당시 정혜사에는 노우魯宇 정충필(鄭忠弼, 1725~1789) 등 동향의 선배들이 과거 공부를 하고 있었다. 설파는 이들과 함께 어울리면서 과거 시험 공부에 점점 재미를 붙여 나갔던 것으로 보인다.[11]

---

08 孫星岳. 『雪坡集』 卷7 「自敍」: 余兒時 骨節疎緩 才氣鈍朴 且口不捷給 八歲 始入學 受史略第一卷於先大人 周年而畢 九歲 請學於石峴再從叔 受通史 口不成讀 又無誦才 狀甚奇怪 長老或曰 才劣如此 敎誨無益 莫如棄之 從叔曰 "我無他兒 渠亦無他事 如是消日 何妨此兒 或問小註 欲知文義 是可尙也" 遂不廢課讀.

09 孫星岳. 『雪坡集』 卷5 「祭再從叔父墓文」: 今春赴省 蓮籍忝名…惟此識字 皆公之賜.

10 孫星岳. 『雪坡集』 卷5 「祭再從叔父墓文」: 及其旣冠 勉以從友遊學.

11 孫星岳. 『雪坡集』 卷7 「自敍」: 十伍 雖遍四書二經 只受讀而已 未能作伍言古風 十六始成人 越明年春 從叔曰 "汝已冠其首 往隨文士後 觀做工模樣" 先人於是 裹糧送定惠寺 是時 霞溪魯宇丈 下洞諸丈 李潭陽兄弟 設接 有日 賦題 '堯夫不知乃翁心' 學題解掇拾成篇 篇中有'石無光於靑山 玉有瑕於黃壤'一句 諸丈曰 '此君有述才 一篇有一兩句 可觀'云 諸丈撤還李潭陽兄弟 仍上靑蓮菴 余亦隨後同做 是歲做八十餘首 稍有向學之志.

17세 되던 해에 스승 석연이 세상을 떠난 뒤로는 집을 떠나 주로 동학들과 어울려 다니며 공부하였고, 18세 가을에는 처음으로 향시를 보면서 점차 글짓는 법을 터득하게 되었다.[12] 이후로 61세 되던 해 진사에 입격할 때까지 수십 차례 향시에 응시하였고, 그중 향시 합격만 8회였다.[13]

설파는 18세부터 과거에 응시하여 61세까지 거의 일생 전반에 걸쳐 시험을 준비하였다. 이는 시험 준비에 어느 정도의 가산을 소비해도 무방했던 설파 집안의 경제적 여건을 반영하는 것이기도 하지만, 설파의 경우에는 부친의 강력한 의지가 작용하였다. 설파의 부친은 설파의 과거 공부를 적극적으로 지원하였다. 석현이 설파의 공부를 위해 동학들과 어울리며 배우는 것이 필요하다고 하자 식량을 싸서 유학을 시켰고, 늘 지필묵을 준비해서 글자 연습을 하도록 하였다. 다음의 일화들에서도 과거 합격에 대한 부친의 열망을 읽을 수 있다.

> ㉠ 처음 夏城에서 鄕試를 본 뒤 점차 문장을 엮는 법을 알게 되었다. 다만 전염병을 꺼려해서 향시에 많이 응시하지는 못하였다. 마침내 과거 공부를 그만두고 스승을 따라 학문을 하고 싶은 마음이 있어 大山의 문하에 가겠다고 선친께 청하였다. 그러자 선친이 말씀하시기를 "글쎄. 너의 뜻은 가상하지만 우리 집안에서 과거 합격자가 오랫동안 나오지 않았으니, 너는 잠시만 과거 공부에 전념해서 집안을 일으키는 것이 나을 것이다."라고 하셔서 나는

---

12 孫星岳.『雪坡集』卷7「自敍」: 十八往智溪觀營白見參 此後頗勤學業 是年秋 初觀夏城鄕試 漸知綴文之法.

13 孫星岳.『雪坡集』卷7「自敍」: 辛酉(1801)春 赴今上登極慶科 得鄕解於夏山 幸中省試 凡八次得解 回甲而始小成 嗚呼 得失早晚其有數 若是夫.

감히 다시 청하지는 못하였다.[14]

ⓛ 무신년(1788) 가을 醴泉의 향시에 합격하였을 때 선친이 宿患으로 위독하였다. 나에게 명하여 말씀하시기를 "너는 이후에 覆試를 보아야 할 것이다. 득실이야 모르겠지만…"라고 하시고 돌아가셨다. 아! 내가 거칠게나마 문자를 이해한 것은 모두 선친이 권유하고 감독하신 정성 덕분이다. 비록 돌아가신 뒤라 할지라도 오히려 차마 포기할 수 없는데 하물며 이와같은 遺命을 내리셨음에랴. 이러한 까닭에 廢擧를 결단하지 못하였다. 그 뒤에 복시를 보았으나 낙방하였다.[15]

㉠은 설파가 과거에 응시한 초기의 일화로 보이고 ⓛ은 설파가 48세 되던 해의 일화이다. 설파는 청년 시절 전염병에 대한 염려 때문에 과거 시험 보러가는 길을 흔쾌히 나서지는 못했던 것으로 보이는데, 이는 유람하는 과정에서도 설파가 빈번하게 표출하는 감정이었다. 그래서 설파는 부친에게 과거 공부를 그만두고 학문을 위해 대산大山 이상정(李象靖, 1711~1781)의 문하에 들어가 공부할 뜻을 내비쳤던 것이다. 그렇지만 설파의 부친은 집안의 명예를 위해 과거에 계속 응시하기를 바랬고(㉠), 이러한 뜻은 임종 때까지 변함이 없었다.(ⓛ)

앞서 살펴보았듯이 설파의 10대조 류곡 손계돈이 진사에 입격한 이래 설파의 부친 대에 이르기까지, 설파의 직계에서는 문과나 사마시 급

14 孫星岳.『雪坡集』卷7「自敍」: 初觀夏城鄕試 漸知綴文之法 但拘於忌疾 多不赴解 遂有廢棄程文 從師問學之意 欲往大山門下 先人曰 "唯唯否否 汝志則嘉矣 吳家科名久替 汝姑專治科業 以扶門戶 可也" 余不敢更請.

15 孫星岳.『雪坡集』卷7「自敍」: 戊申(1788)秋 得醴泉鄕解 先人以宿患危䅇 命之曰 "汝日後見省試可也 得失有不可知" 仍遭終天之痛 嗚呼 余之粗解文字 皆是先人勸督之誠 雖親沒之後 猶不忍抛棄 況遺命如是乎 以此不能決意廢擧 其後省試而屈.

제자가 나오지 못했다. 설파의 조부 대에 집안 경영에 힘을 쏟아 어느 정도의 자산을 축적했던 점을 감안한다면, 설파 부친의 남은 소망은 설파가 과거에 합격하여 집안의 격을 높이는 것이었다. 따라서 설파 부친은 초시에 합격한 설파가 자신의 병세 때문에 복시에 응시하지 못할 것을 염려하여, 위와 같은 유언을 남겼던 것이다.

결국 설파는 부친의 소망대로 늦은 나이지만 진사에 입격하였다. 이를 통해 일생동안 과거 공부에 힘을 쏟았고 입격을 위한 문장을 단련하는 데 힘을 기울였음을 짐작할 수 있다.

부친의 명으로 일평생 과거시험에 몰두하기는 했으나, 설파의 취향은 시에 있었다. 아래의 인용문은 설파가 자신의 시집이 나오게 된 배경을 서술한 글이다.

> 내가 일생 동안 힘을 쓴 것은 모두 '과거 시험에 적합한 문장[程文]'이었다. 비록 몇 편의 글이 사람들에게 펴져 있지만 이것은 雕蟲篆刻에 불과하여 마치 '합격을 위한 도구[筌蹄]'와 같은 것이었다. 그러면서 楚詞를 長技로 삼아 詩家의 명작들을 시간 날 때마다 펴보면 마음이 자못 기뻤다. 그러나 시의 체제와 격식을 한가로이 익힐 시간은 없었다. 늙어서 비슷하게 흉내는 내 보지만 音韻은 조화롭지 않고 志趣는 무뎌서 風格이라고는 찾아볼 수 없다. 비유컨대 기운이 약한 사람이 어린 나이에 병을 얻어 온갖 약물을 써보지만 효험을 볼 수 없어, 혈맥은 말라 손상되고 정신은 상처로 망가진 뒤에, 비록 천하의 영험한 丹藥이 있다고 한들 어찌할 도리가 없는 것과 같으니, 어찌 볼 만한 것이 있겠는가? 그러나 내가 性情을 표출한 부분과 절차탁마한 공부는, 결코 程文에서는 볼 수 없고 오히려 멋대로 읊은 시에서 찾을 수 있다.

> 하물며 늙은 나이에 과거장에 나아간 것은 내 처음 마음이 아닌데, 어찌 입격한 것으로 스스로를 자랑하겠는가? 이러한 까닭에 내 졸렬함도 모르고 이에 감히 평소 흥을 읊고 唱酬하거나 부친 시 몇 편을 별도로 한 책자로 만들어 자손들에게 보낸다.[16]

위에서 본인도 밝히고 있거니와 설파는 일생동안 '과거 시험에 적합한 문장[程文]'을 연마하였다. 설파의 정문程文 중 수작 몇 편이 수험생들에게 참고가 될 정도로 인정을 받았기는 하였지만, 설파는 이를 '글을 짓기 위한 작은 기술[雕蟲篆刻]'이나 '합격을 위한 도구[筌蹄]' 정도로 인식하였다. 따라서 정문을 통해 얻어진 진사의 직함도 내세울 만한 것이 아니었으며, 그의 문집에 정문과 관련된 글이 보이지 않는 점도 이러한 측면에서 해명이 가능하다.

설파는 어릴 적부터 시에 대한 관심이 많아 여러 작가들의 시를 감상하는 것을 즐겼지만, 정문을 공부하느라 제대로 배우기는 힘들었다고 진술하였다. 또한 늦은 나이에 본격적으로 시를 공부하여 풍격을 제대로 갖추기엔 역부족이었다는 아쉬움도 표하였다. 그럼에도 그가 자신의 시를 모아 별도의 책으로 묶은 의도는 그 속에 자신의 '있는 그대로의 마음[性情]'과 '노력한 모습[磨琢]'을 후손들에게 알리고자 한 데에 있었다. 즉 자신의 진면목은 정문이 아니라 시에서 드러난다는 것이다. 설파에게서 시는 산수 유람과 함께 그의 이상적인 삶을 완성하는

---

16 孫星岳.『雪坡集』卷7「自敍」: 余一生用力皆是程文 雖有些小章篇 見播人口而此不過篆虫小技 便同筌蹄 又以楚詞爲長技 至於詩家 隨暇披閱 心頗喜之 而未能閑習體格 晩後效顰 音韻不叶 鋒穎頓挫 全沒標致 譬如氣弱之人 早受病根 多用雜藥而未能責效 血脈槁損 精神剝落 後雖有度世靈丹朱 如之何 豈有可觀 然而自家性情之流出 磨琢之用工 決不可見之於程文 而猶可求之於謾詠 況白首荊圍 非其初志 何可以此自衒 是以 不知其拙 乃敢收拾平日所著遣興酬寄若干篇 別作一册子 付之子孫.

주요한 요소였다.

Ⅲ. 산수 유람의 의미

1. 유람의 성립 조건과 동기

설파가 남긴 유람기는 모두 7편이다. 그중 가장 젊은 시절에 유람했던 곳은 청량산인데, 설파가 23세 되던 해 가을 동당시東堂試에 응시하기 위해 예안禮安에서 묵으면서 이루어졌다.[17] 그 후로 33세 가을에는 과거 시험이 치러지던 거창居昌으로 간 걸음에 가야산을 유람하게 되었다.[18] 그 다음 유람은 62세 되던 해 봄에 이루어지게 되는데, 따라서 근 30년 동안에 유람한 기록은 찾을 수 없다. 그렇다고 설파가 30년 가까운 세월동안 유람을 다니지 않았다고 보기는 힘들다. 청량산과 가야산 유람의 경우에서 볼 수 있듯이 과거에 응시하는 과정에서 유람이 발생하는 경우가 있는데, 설파는 61세에 진사시에 입격할 때까지 수없이 많은 시험장을 찾아 다녔을 것이기 때문에, 명승에 대해 호기심이 많은 설파가 매번 유람의 욕구를 절제하기는 힘들었을 것이다.

젊은 시절에 유람한 기록 2건은 모두 설파가 64세던 해 봄에 달전達田에 우거하면서 작성되었는데, 설파는 40년이 지나서야 기록하게 된

17 孫星岳.『雪坡集』卷6「清凉山遊錄」: 癸未秋 慶科監試後 將觀東堂試 余先往禮安 占舍館于邑西里吏家 栗里族人孫龍慶君見 亦占舍比隣 日與之同遊.

18 孫星岳.『雪坡集』卷6「伽倻山遊錄」: 癸巳秋余將赴右試 試所居昌也 往梅村 與姨叔鳴丈和卿氏 作行 自伊淵到覺寺.

저간의 상황을 아래와 같이 설명하였다.

> 아! 청량산과 가야산은 내가 40년 전에 노닐며 지나간 곳이다. 젊은 시절에는 안목이 넓지 못해서 아름다운 산수가 있다고 해도 졸면서 말타고 지나가는 것과 같았다. 매번 한번 여행차비를 해서 다시 한번 가보고 싶었지만 세상일에 얽매어서 끝내 이루지 못하였다. 마치 무릉도원에 들어갔던 어부가 다시 그곳을 찾고자 했으나 초목이 우거져 이루지 못한 것 같으며, 劉晨과 阮肇가 선녀의 자취를 다시금 밟고자 하였으나 구름과 안개가 가리워졌던 것과 같다. 비록 잠깐사이의 일이었으나 일생 동안 그리움이 가시질 않음을 어찌 하겠는가? 갑자년(1804) 봄 이래로 達田齋菴에 우거하면서 적적하고 무료해서 정신을 모아 옛일을 망라하여 이상과 같이 엮었다. 잘못 기록한 부분이 없을 수 없을 것 같으니 독자는 한번 웃어도 괜찮을 것이다.[19]

위와 같이 64세의 설파는 2, 30대에 유람했던 청량산과 가야산을 추억하였다. 젊은 시절 유람했던 기억을 3, 40년이 지나서도 생생히 떠올리고 있는데, 여기에서 3, 40년간 간간이 회상할 정도로 당시의 유람이 인상 깊었음을 알 수 있다. 두 편의 유람기 모두 상당한 분량으로 유람의 과정과 방문한 장소, 전해 들은 이야기 등을 서술하고 있는데, 이를 통해 그곳들이 얼마나 깊게 각인되었는지를 짐작할 수 있다. 가야

---

19 孫星岳.『雪坡集』卷6「淸凉山遊錄」·「伽倻山遊錄」(後誌) : 噫 淸凉·伽倻 此吳四十年前遊玩經歷處也 少日眼目不長 雖佳山好水 便同和睡走馬 每欲一治筇屐 重尋前塵 世累縻之終莫之遂 彷佛武陵漁子 欲尋桃花舊源 而草樹迷茫 劉阮二生 欲躡仙郎遺躅 而煙霞掩翳雖三步回頭 一生繫戀 何可得也 甲子春來 寓達田齋菴 寂廖無聊 提攝精神 網羅古事 掇拾如右 似不無郢書燕說之誚 覽者一粲 可也.

산을 유람한 33세 이후에도 적지 않은 장소를 유람을 했겠지만, 청량산과 가야산은 설파에게 그립지만 다시는 찾아갈 수 없는 무릉도원과 같은 낙원이었던 것이다.

유람기의 작성 시기가 가장 이른 작품은 「옥계유산록玉溪遊山錄」으로 추정된다. 옥계를 유람한 날짜는 1802년 4월이고, 유람기는 유람을 끝마친 직후에 작성한 것으로 판단된다. 기록 시기를 명시한 여타 유람록과는 달리 별도로 기록 시기를 밝히지 않았고, 유람의 동선과 일정이 날짜별로 상세히 기록되어 있는 점을 통해 볼 때, 유람한 지 멀지 않아 작성되었음을 짐작할 수 있다. 또한 작성 시기를 기준으로 정해진 것으로 보이는 문집 수록 순서에서 옥계 유람 기록이 첫 번째로 위치하고 있다.

설파의 옥계 유람은 '공식적'으로 떠나는 최초의 여정이었다. 앞서 설파가 부친의 유언으로 인해 한평생 과거 공부에서 자유로울 수가 없었던 정황을 살펴보았는데, 이는 산수 유람에서도 반영된다. 1801년 봄에 진사시에 입격하고 이듬해 봄에 옥계 유람을 떠나게 되는데, 설파가 살던 양동 마을에서 옥계 계곡까지의 거리는 도보로 50여 킬로미터이다. 이 정도의 거리는 설파의 표현대로 '하룻밤 먹을 양식[宿舂]'만 가져가면 다녀 올 수 있었지만, 과거 공부에서 자유로울 수 없었기 때문에 유람을 미룰 수밖에 없었던 것이다. 부친의 유언을 완수하지 못한 상황에서 공개적으로 자기 취향을 즐기기는 어려운 일이었을 것으로 판단된다.

이후로 1806년 66세 때는 울산·양산 등 남쪽 지역으로 10박 가량 유람하였고, 1807년에는 대구 팔공산 가암架巖을 다녀왔으며, 1811년 71세 때에는 주사산朱砂山 등 경주 일대를 10박 정도의 일정으로 둘러보았다. 이 유람에 대한 기록들은 모두 유람 직후에 작성된 것으로 추정된다.

요컨대 설파의 산유 유람은 일생 동안 적잖이 이루어졌던 것으로 추정되지만, 공식적인 유람은 과거의 부담을 떨친 1802년 4월에 시작되었고 유람기 또한 이때를 기점으로 작성되기 시작하였다. 또한 3, 40년 전의 인상 깊은 유람까지도 이때에 기록되었다.

설파의 산수 유람은 우선 명승에 대한 깊은 관심에서 비롯되었다. 설파는 자신의 유람뿐만 아니라 타인이 명승을 유람한 기록을 열람함으로써 유람에 대한 자신의 열망을 간접적으로나마 충족하기도 하였다. 아래에 제시하는 두 건의 기록은 각각 거창 원학동 유람록과 금강산 유람록을 얻어 보고 지은 글인데, 여기에서 명승을 갈구하는 설파의 심리를 읽을 수 있다.

> 三洞은 내가 오매불망 가보고 싶었던 곳이었으나 한 번도 유람할 기회를 얻지 못했다. … 어느 날 吳載賓이 『猿鶴洞遊山錄』이라는 작은 책자를 보내주었다. 아마도 나에게 臥遊를 시켜주려고 한 것으로 보이는데, 오재빈이 미리 내 마음을 알아차렸다고 말할만하다.[20]
>
> 遲菴 李東沆이 지은 「海山錄」이 있다고 들어… 그것을 얻어서 보니, 수십 장 종이의 책 한 권이었다. 기대면서 누우면서 책을 넘겨보니 문장은 섬세하고 상세했고 맥락이 분명했다. 온갖 바위와 골짜기가 삼삼한 것이 마치 직접 가서 겪은 일 같았고, 표연히 正陽寺 歇星樓에 나를 가져다 놓은 것 같았다. 다리 힘을 들이지 않아도 앉아서 그것을 보니, 그 공을 아껴 두루 유람한 점이 오히려 지암이 눈으로 직접 본

20 孫星岳.『雪坡集』卷7「嗚載賓猿鶴洞遊錄序」: 三洞余所悟寐而未得一遊者也 丁卯秋 自泗陽 將向菊田 中途遲滯而還 其後長城之疾 連年塞路 迄未遂 日嗚載賓 送猿鶴洞遊山錄 一小册 蓋要余臥遊也 載賓可謂先獲我心者也.

> 것보다 나은 점이 있었고, 김남중의 그림도 오히려 하찮게 되었으니, 이 유람록은 소리 나는 그림이라고 이를 만하다. …나는 지금 이후로 평생의 한을 보상받았으니, 어찌 유쾌하지 않겠는가?[21]

오재빈은 설파의 이종제로 거창에 거주한 것으로 보인다. 오재빈도 산수 유람을 무척 즐겼고, 설파의 권유로 옥계 계곡 등을 유람하기도 하였다.[22] 오재빈은 거창에 있는 원학동을 유람하고 유람기를 지어 1807년경 설파에게 보냈다. 설파는 직접 가보지 않고 타인의 기록을 읽는 것만으로도 크게 만족한 것으로 보인다. 특히 이동항(李東沆, 1736~1804)이 지은 금강산 유람록의 경우에는 큰 관심을 가지고 구해 보려고 노력했고, 유람기를 입수하여 읽은 뒤에는 '소리나는 그림[聲畵]'이라고 표현할 정도로 극찬했다.

직접적인 동기는 아니지만 유람기를 기록한 이유를 밝히고 있는 부분도 있는데, 관련 내용을 뽑아 보면 아래와 같다.

> 주왕산을 유람한 것은 임술년(1802) 가을의 일인데, 이 기록은 갑자년(1804) 봄에 완성되었다. 대개 우거하던 중에 무

21 孫星岳.『雪坡集』卷7「書李遲菴聖哉海山錄後」: 嘗聞 皇朝太祖有詩曰 願生高麗國 一見金剛山 …吳友李遲菴聖哉…辛亥因寒旅陞廡疏事 留京邸累月 與畿輔同志 辦得金剛采眞之遊…余嘗登瓶窩翁浩然亭 得見前時內賜金南重所畵蓬萊眞面一障子 雲色嵯峩 如千軍馳驟劍戟森羅 其中萬瀑·青鶴·百塔·九井·須彌·天王等峯 雖歷歷指點而如水中之見月·霧中之看花 只得其彷佛而已…遲菴又顧余曰 關東島嶼最下者 猶勝於此 爲余說金剛遊玩 不覺令人心魂爽然 聞其所撰海山錄…觀之 則數十紙一卷册子也 倚枕披閱 文章纖悉 脈絡分明 千巖萬壑 森森如身親經歷 飄然置我於正陽歇星之間 不費脚力 坐而得之 其省功周覽 返有勝於遲菴之目擊 而金南重之畵本 猶是餘事 此錄可謂有聲畵也 … 吳自今以後 得償平生之恨豈非快哉.

22 孫星岳.『雪坡集』卷7「送嗚載賓遊玉溪內延序」: 今年春 載賓果以一款段一奚僮 來到渭陽訪余於達田寓舍…仍作東江·玉溪·內延之遊 載賓眞所謂膏肓於泉石煙霞者也.

> 료하여 앞의 유람을 떠올려 보았는데, 때때로 펼쳐 감상하며 우울함을 녹이는 자료로 삼고자 했을 따름이다.[23]
> 마침내 각처에서 노닐며 감상한 자취를 써서 이후에 펴보는 자료로 갖추어 놓았다.[24]

설파는 1802년 봄·가을로 두 차례 유람을 떠나는데 가을 유람지는 주왕산 일대였다. 그런데 어떤 이유에서인지 당시에는 곧장 기록하지 못하고 2년 가까운 시간이 지나서야 기록하게 되었다. 그러면서 그 기록들을 '근심을 녹이는 자료[銷憂之資]'로 쓰려는 의도에서 작성했음을 밝히고 있다. 이를 통해 유람의 추억은 설파의 심리적 위안에 상당한 역할을 했음을 짐작할 수 있으며, 기록을 통해 오래도록 생생히 보존하려는 의식이 있었음을 알 수 있다. 유람의 추억을 수시로 되새겼기 때문에 40년이나 지난 청량산 유람을 생생하게 복원할 수 있었을 것이다.

젊은 시절부터 관심을 가지고 명승을 찾아다닌 행적을 통해 이것이 그의 취향임을 짐작할 수 있는데, 아래의 「옥계유산록」 첫머리에서는 유람의 동기를 매우 간략하게 서술하고 있다.

> 옥계 계곡의 맑고 뛰어난 산수는 경향 각지에서 이름이 높으나, 나는 하룻밤 먹을 양식만 가져가면 다녀올 수 있는 거리에 있는데도 아직 유람하지 못했으니 하나의 아쉬운 일이다.[25]

---

23 孫星岳.『雪坡集』卷6「遊周王山錄」(後誌) : 遊山在於壬戌之秋 是錄成於甲子之春 蓋寓中無聊 追想前遊 欲其時時披玩 以爲銷憂之資耳.

24 孫星岳.『雪坡集』卷6「南遊錄」: 二十二日…遂書各處遊玩之跡 以備日後披閱之資云爾 詩在謾詠.

25 孫星岳.『雪坡集』卷6「玉溪遊山錄」: 玉溪淸勝擅名京鄕 而宿舂之地 尙未遊覽 此一欠事也.

여기서는 전국적인 명승지가 자신이 사는 곳과 매우 가까이 있는데도 가보지 못해 아쉬워 유람을 결행한다고 밝히고 있다.

설파는 젊은 시절부터 명승에 대해 깊은 관심을 가져 기회가 닿는 대로 유람하기도 하고 유람기를 입수해서 간접 유람을 즐기기도 하였다. 그러나 공개적으로 기획하여 결행한 유람은 과거에 있어 소기의 목적을 달성한 1801년 이후에 이루어졌다. 아래는 이상에서 논의되었던 유람기를 정리한 표이다.

유람기 제목 (문집 수록순)	유람 시기	작성시기	주요 유람지
玉溪遊山錄	1802년 4월 1~9일	직후 작성 추정	玉溪, 遯世洞, 八角山, 內延山
遊周王山錄	1802년 9월 8일~	1804년 봄	周王山·峯·寺·菴·窟,
淸凉山遊錄	1763년 가을	1804년 봄	禮安, 陶山書院, 愛日堂, 羅漢殿
伽倻山遊錄	1773년 가을	1804년 봄	居昌, 覺寺, 海印寺
南遊錄	1806년 9월 12~22일	곧장 기록	玉蓮菴, 盤龜, 勺掛川, 通度·圓寂寺
架巖遊錄	1807년 抄秋	직후 작성 추정	泗陽, 八公山, 架巖
朱砂山遊錄	1811년 9월 8~18일	직후 작성 추정	朱砂山, 斷石山, 梅月祠, 栢栗寺

2. 꿈의 실현으로서의 유람

이상과 같이 설파는 73세 10월에 세상을 떠나기 2년 전까지 유람을 다녔고 세세하게 기록하였다. 62세부터 약 10년간의 노년을 산수 유람에 집중했다고 해도 과언이 아니다. 그렇다면 설파의 '유람'이 지니는 의미를 밝히는 작업은 그의 삶을 이해하는 데에 간과할 수 없는 부분이다.

앞서 유람을 하게 된 동기에서도 드러나지만 설파는 명승에 대한 호기심이 강했다. 또한 타인의 유람 기록을 입수하여 읽음으로써 그 욕구를 간접적으로나마 채우고자 노력하였다. 이러한 산수 유람에 대한 열망은 꿈에서까지 표출되기도 하였는데, 아래는 설파가 67세 무렵 있었던 한 일화를 소개하면서 일생에 걸친 자신의 산수 취향을 회고한 글이다.

> 정묘년(1807) 2월 …㉠꿈에 어떤 곳을 노닐었는데, 古井의 곁에 怪石이 빽빽이 솟아 있었다. 나는 그중 가장 기이한 돌 6, 7개를 골랐는데, 은연히 산골짜기 암혈에서 구름이 드리운 모양을 하고 있었다. 곁에 있던 어떤 사람이 또 큰 돌덩이를 주면서 하는 말이 "이것이 五香爐입니다"라고 하였다. 내가 자세히 살펴보니 향로의 모양과 흡사했다. 아! 특이한 일이다. ㉡내가 팔공산을 유람하려고 하고 있었는데, 산신이 미리 정해 놓고 자신의 모습을 드러낸 것이 아니겠는가? 그 후의 유람에서 당연히 그것이 징험되었다. ㉢그렇지만 나는 평소에 이와 같은 꿈을 꾸는 일이 많았다. 어떤 때는 ⓐ산골짜기로 들어가 푸른 벼랑과 비취빛 절벽이 좌우로 늘어선 곳에서 무더기로 쌓인 돌들을 집어서 하나하나 품평하기도 하였고, 또 어떤 때는 ⓑ높은 누각에 올라 아득히 먼 곳을 바라보면서 정신과 기운이 맑고 시원해짐을 느끼기도 하였다. 또는 때때로 ⓒ벽 가득히 그림이 걸려 있는데 화목들이 영롱하고 채색이 현란해서 벽을 어루만지며 찬탄하는 꿈을 꾸기도 하였는데, 이런 경우가 한두 번이 아니다. ㉣혹 이것은 내 정신이 나도 몰래 아름다운 산수와 조용히 합치되어

가슴 속에 온축된 것들의 精髓가 발현되어 그런 것인가?[26]

㉠·㉡는 꿈이 현실에서 재현되었다는 내용이고, ㉢·㉣는 그에 대한 자신의 해석이다. 1807년 가을 설파는 팔공산 가암으로 유람을 떠날 계획을 세우고 있던 차에, 꿈에서 어떤 괴석을 보았고(㉠) 꿈에서 본 괴석을 가암 유람 중에 발견했다는 것이다(㉡). 위의 글에서는 꿈이 현실화한 내용이 명시되어 있지 않지만, 설파의 다른 기록에는 가암 유람 중 송림의 벽탑 옆에 꿈속의 괴석이 있었다고 하였다.[27]

설파는 위와 같은 신비한 경험을 하고 기록을 남기면서, 산수 유람하는 꿈을 평소 자주 꾸었다고 회고하였다(㉢). 산골짜기 속 절경이 펼쳐진 곳에 쌓여 있는 돌의 모습을 품평하기도 하고(ⓐ), 높은 누각에 올라 트인 경관을 바라보면 정신이 맑아지기도 하고(ⓑ), 절벽에 가득 걸려 있는 그림들을 보고 그 생동감에 감탄하기도 하였다(ⓒ). 이처럼 산수 유람의 여러 상황이 설파의 꿈속에서 나타나고 있었던 것이다.

이를 통해 평소 산수 유람에 대한 욕구가 얼마나 강렬했던 것인가를 짐작할 수 있다. 설파는 자신의 정신이 암암리에 아름다운 산수와 조용히 감응해서, 평소 품고 있던 뜻 중에 가장 정수에 해당하는 부분[菁華]이 발현된 것으로 해석하였다(㉣). 여기에서 설파에게 있어 산수 유람은 단순히 취향이나 기호를 넘어서는 의미를 지닌다. 비록 꿈속의 경험일지라도 정성껏 기록해 두었거니와 꿈이 자신의 정수가 발현된 것

26 孫星岳.『雪坡集』卷6「記夢」: 丁卯(1807)仲春…㉠夢遊一處 古井之傍 有怪石嶙峋 余擇其最奇者 六七枚 隱然有山谷巖穴雲烟之狀 傍有一人 又獻一大塊曰 此伍香爐也 余諦視之 恰似香鑪之狀 嗚呼異哉 ㉡余方欲遊八公山 無乃山神前期現形而然歟 日後行當驗之 ㉢雖然余平日 每多如此之夢 或入山谷 蒼崖翠壁 左右羅列 多得磈磊之石 一一品題 又或登臨高樓 縹緲遠望 神氣淸爽 又或時現 滿壁圖畵 花木玲瓏 采色眩耀 拊壁贊歎 如此者不一 ㉣或是精神暗與好山水默契 而胸中之所蘊蓄者菁華發越而然歟.

27 孫星岳.『雪坡集』卷6「架巖遊錄」(後誌): 余寓安寺時 夢遊一處 見怪石點檢 傍有一人曰 此伍香鑪也 及到松林 甓塔之傍 有怪石 宛然夢中所見 可異也.

으로 인식하고 있기 때문이다.

이처럼 설파에게 있어 산수 유람에 대한 꿈은 단순한 뇌의 작용이나 허무한 환상에 불과한 것이 아니었다. 산수 유람은 그의 삶에서 가장 핵심적인 부분을 담당하는 요소였던 것으로 보이는데, 자기 삶의 지향을 드러낸 아래의 진술을 통해 살펴보자.

> 또한 내가 산수 유람하기를 좋아하는 것은 고요하고 외진 곳을 사랑하기 때문이고, 음주를 즐기는 것은 흉금을 쏟아내려는 것이다. 詩를 읊조리기를 즐기는 것은 性情을 陶冶하려고 하는 것이고, 영예와 이익을 구하지 않는 것은 편안하고 고요함을 즐기기 때문이다. 이렇게 늙어가고 이렇게 살아간다면, 이것이 이른바 '저 天命을 즐기면서 다시 무엇을 의심하겠는가', '세상과 더불어 아등바등하지 않는다'는 것이다.[28]

위의 인용문은 설파의 「답객난答客難」이라는 작품의 일부로, '객客'의 문제제기에 대해 '설파자雪坡子'가 답하는 형식으로 이루어져 있다. 객은 설파자가 진사가 된 후 유람을 다니며 음주와 음풍농월을 일삼으면서, 마땅히 해야 할 유학(주자성리학)에 힘을 기울이지 않는 행태에 대해 비판하였다.[29] 객의 비판에 대해 설파자는 여러 측면에서 답변하는데, 위의

28 孫星岳.『雪坡集』卷6「答客難」: 且吳好遊山水 愛靜僻也 耽飮盃酒 瀉胸臆也 喜吟詩句 陶性情也 不求榮利 樂恬靜也 如此而老 如此而生 此所謂樂夫天兮復奚疑·不與世而營營者也.

29 孫星岳.『雪坡集』卷6「答客難」: 今聞優遊山水 漫浪詩酒 慕李杜之風流 效元白之習氣 自放於形骸之外 甘心於昏冥之域 未有實效 狂費心力 吳有所慨惜焉 方今儒道日盛 聖化風動 周情孔思 家絃戶誦 冠章甫而衣縫掖者 莫不以子朱子書爲之準的 此退陶之所節要 錦溪之所鏤刻 蓋爲斯文而作也 子何不明窓靜几 日夕誦讀 支分節解 銖累寸積 焚膏油而繼晷 恒念茲而在茲 尋學海之波瀾 踐聖道之藩籬 苟能如是 大可以爲儒家之宗匠 小不失爲私門之法

단락은 설파자가 자신의 유람·음주·시읊음 등의 취향을 긍정하면서 삶의 지향을 제시하는 맥락 속에 있다.

산유 유람을 통해 고요한 곳을 찾아가고, 술을 마시면서 마음속 이야기를 털어내며, 시를 읊으며 마음을 다잡는 등의 일이 곧 천명天命을 즐기는 요소로 기능한다는 것이다. 위의 끝 부분에 도연명의 「귀거래사」를 인용하였듯이, 자연을 완상하고 시주詩酒를 일삼으며 살아가는 것을 천명으로 여겼던 도연명처럼, 설파도 자신의 취향을 긍정하면서 그것들을 이상적 삶과 연계하고 있다.

설파에게 유람은 꿈을 실현하는 주요 요소였다. 여기서 꿈은 환상이 아니라 이상이었다. 설파는 삶의 이상을 실현하는 요소에 산유 유람을 위치시켰다. 유람·음주·시읊음 등의 취향을 향유함으로써 하늘이 자신에게 내린 명을 완수할 수 있다는 것이다.

한편 설파가 이처럼 자신의 산수 취향과 이상적 삶을 연계짓기까지는 그 사이에 적잖은 갈등 요인들이 있었던 것으로 보인다. 앞서 객의 문제제기는 곧 설파 내면의 갈등이기도 하다. 즉 '주자성리학'이라는 사회적 압력 앞에 자기 취향의 긍정 논리를 구성해야 했던 설파의 처지가 반영된 작품이 위의 「답객난」이다.

설파는 손중돈·이언적 등에서부터 비롯된 가학의 영향도 적지 않게 받았던 것으로 보인다. 특히 이언적은 학문의 측면에서 이황의 깊은 인정을 받았고 1610년에는 이황과 함께 문묘에 종사되어, 이후 유학자의 표준으로서 공적 승인을 획득했다. 학문이 권력과 무관할 수 없었던 시대에서 개인의 학문 성향은 사족의 위상과도 직결되는 문제였다. 주자·퇴계 등이 성취한 학술적 성과를 준수해서 학문하는 태도가 평가의 중

則 聲譽由玆而益暢 位望於是焉可獲 奈何事雕鏤物外之風花 不求實地上工課 虛驚老境之光陰也.

요한 요인이었다.

설파도 이와 같은 학문의 시대적 조류에서 벗어날 수 없었다. 과거 합격은 사족의 위상을 유지하는 데에 주요한 요인이었기 때문에 부친이 유언을 남겼던 것이고, 설파도 과거를 사족에게 불가피하게 주어진 일로 보는 등[30] 순응하는 태도를 보였다.

그러나 문제는 과거의 부담에서 벗어난 뒤에 발생했다. 과거 준비 기간에는 그에게 학문을 요구할 수 없었으나, 이후에는 과거를 핑계로 학문을 도외시하기 어려웠던 상황이 있었던 것이다. 이러한 설파 내면의 갈등 혹은 설파에게 가해진 사회적 압력이 객의 문제제기[31]를 통해 드러나는 것이다.

3. 품격 쇄신의 계기로서의 유람

설파의 유람기에는 교훈이나 철리를 얻으려는 의식을 찾아보기 힘들다. 주로 여행의 경로나 일정을 자세히 서술하거나, 각처에서 보고들은 내용들을 세밀히 기록하거나, 경물과 경관에 대한 다소의 감상과 품평이 주를 이룬다. 설파는 유람기를 읽고 감상하는 일도 유람의 하나로 인식했기 때문에, 前代에 이루어진 유람기도 관심을 가지고 탐독했으리라 짐작되지만 그 영향은 별달리 발견되지 않는다. 철리적 성향이 짙은 장현광의 「주왕산록」[32]이 인용되었지만, 봉우리의 형세에 대한 묘

30 孫星岳. 『雪坡集』 卷7 「澗松堂遺稿後誌」 : 士生斯世 雖不免科擧之累 而能不失其操存 自立於波盪之中者 復幾人哉.

31 孫星岳. 『雪坡集』 卷6 「答客難」 : 晩來小成 雖未得搏扶搖而上征 尙有釣鰲之餘志 宜秉燭而孜孜羌兀兀而不懈.

32 朴英鎬. 2017. 「周王山 遊覽錄의 현황과 특징」. 『東方漢文學』 제71집. 372-385쪽.

사를 짤막하게 언급하고 있을 뿐이다.[33]

설파의 산수 유람에서는 철리를 추출하려는 의식은 찾기 힘들고, 주로 사실의 묘사나 감상에 치중되어 있는데, 이는 유람 그 자체를 즐겼던 데에서 기인한 것으로 판단된다. 유람을 어떠한 것을 위한 수단으로 인식하지는 않았던 것이다. 이는 앞서 언급한 천명을 즐기는 하나의 요소로서 유람을 인식하고 있는 측면과 맥이 닿는 부분이다.

이와 같이 설파는 목적 의식을 가지고 산수를 유람하지는 않았지만, 유람으로 인해 얻어진 효과에 대해서는 인지하고 있었다. 아래의 인용문은 설파가 친족 동생 손성락孫星樂이 제주도를 유람하고 지은 유람기를 본 뒤의 감상이다.

> 족숙 山甫씨가 제주 판관으로 부임하였는데, 족제 天應이 갑자기 바다를 건너 제주 관아에 1년을 머물렀다가 돌아왔다. 매우 특이한 일이다. 천응의 성격은 본래 치밀하지 않고 졸렬하여서 행동 반경이 백리를 넘지 않았다. 그런데 하루아침에 먼지구덩이에서 벗어나 바닷길 수천리를 뛰어넘어 이렇듯 장한 유람을 이루어냈으니, 놀라고 괴이하게 여기지 않는 사람이 없었다. 천응의 말이 자신이 소싯적에 꿈에 어떤 장소를 유람했는데 곁에 있던 사람에게 물어보니 '이곳은 제주이다'라고 답해서 이상하게 여겼다고 한다. 지금 제주의 바다와 산의 형승을 보니 과연 꿈속에서 노닐었던 장소와 꼭 같았다고 한다. 사람의 일생에서 한번 유람하는 일도 미리 정해져서 그런 것이 아니겠는가! 옛날 東坡가 항주 백학원을 유람할 적에 前生에 이곳을 유람했다며 탄식하였는데, 천

33 孫星岳.『雪坡集』卷6「遊周王山錄」: 旅軒先生周王山記 以諸峯之氣勢 譬之劉·項之爭雄韓·彭之用兵 亦可謂善形容也.

> 응이 전생에 제주 사람이었던 것은 아닌지 모르겠다.
> 천응은 바다를 건널 때의 밤낮, 뱃길이 험하고 평온했던 형세, 파도가 세차게 밀려들던 상황과 그 산천의 풍토를 서술하여 한 폭으로 이어서 완성했으며, 사이에 시편을 지어 우울감을 풀어내었다. 그리고 이것을 「남유록」이라고 이름 붙였다. 나는 그가 사실을 기록한 것이 간략·적당하고, 읊은 시편이 원만·유창한 점을 보니 俗儒의 고루한 모습이 없었는데, 그가 혹시 바다와 산의 도움을 받아 신선의 고을에서 換骨한 것인가?[34]

손성락의 제주도 유람은 족숙 산보山甫가 제주 관아로 부임하면서 이루어졌다. 친족이 부임한 곳을 방문하는 일은 흔히 있을 수 있지만, 제주도라는 벽오지라면 여간의 결심과 준비가 필요한 일이 아니었을 것으로 보인다. 더군다나 설파의 표현대로 천응과 같이 성격이 졸렬하고 치밀하지 않은[疏拙] 사람이 제주도와 같은 먼 길을 가기는 쉽지 않은 일이다. 그런대도 천응은 끝내 제주도로 가서 1년을 머물다가 왔는데, 설파는 이 점을 매우 특이하게 생각했다.

천응은 제주도에서 돌아와 「남유록」이라는 여행 기록을 남겼다. 설파는 이 기록을 읽고 천응이라는 사람의 품격이 달라진 점을 발견했다. 예전의 소졸疏拙한 천응이라면 도저히 짓기 힘든 뛰어난 문장으로 유람록이 이루어져 있었던 것이다. 사실의 기록은 간략하고 적당하며 읊은

34 孫星岳.『雪坡集』卷7「族弟天應南遊錄序」: 族叔山甫氏之通判濟州也 族弟天應 卒然入海 留衙一年而還 甚奇事也 天應性本疏拙 行不出數百里外 一朝擺脫塵臼 超越陸海數千里之地 辦此壯遊 人莫不驚怪 自言少時夢遊一處 問之傍人 曰此瀛州也 心異之 今行見其海山形勝 果與夢中所遊 若合符契 無乃人生一遊 亦皆前定而然耶 昔東坡遊杭州白鶴院 歎前生遊此 未知天應前生亦瀛州之人耶 天應敍其渡海時日月 木道險夷之形 波浪澎湃之狀 及其山川風土 連成一幅 間以詩篇 宣暢幽鬱 名之曰 南遊錄 吳見其記實簡當 吟詠圓滑 無俗儒腐澁之態 其或得海山之助 而換骨於神仙之鄉耶.

시는 원만하고 유창해서 속유俗儒의 폐습이 전혀 느껴지지 않는다고 평가했다. 설파는 이 원인을 제주도의 산수가 천응의 품격에 영향을 미친 것으로 해석했다. 이는 산수가 인간의 품격을 쇄신시킬 수도 있다는 견해를 드러낸 것이다. 아래도 이와 비슷한 맥락의 기록이다.

> 三洞은 내가 오매불망 가보고 싶었던 곳이었으나 한 번도 유람할 기회를 얻지 못했다. … 어느날 오재빈이 『원학동유산록』이라는 작은 책자를 보내주었다. … 손을 바삐 움직여 책을 넘겨보니, 4, 50리가 되는 산행 중에 絶景이 아닌 곳이 없었다. 하물며 전현들이 지나간 자취가 모두 이 책 속에 있어서, 某里의 花葉을 찾아가고 葛川의 煙霞를 방문하였으니, 어찌 사람에게 감발하고 흥기하게 하는 점에 없겠는가? 또한 기록 가운데의 시를 보니 평이·담백하고 곱고 아름다우니, 시내와 산악의 도움을 얻었으리라 생각된다. 고인은 '선비는 3일만 떨어져 있어도 괄목할 정도로 발전한다.'라고 하였으니, 하물며 30년이나 보지 못했음에랴.[35]

오경정(吳慶鼎, 載賓)은 설파의 이종 동생으로 30년이나 서로 보지 못한 사이이다. 설파는 그의 글을 받아보고 예전과는 달리 오경정의 시가 괄목할 정도로 발전했음을 감지하고, 이를 산수의 도움에 기인한 것으로 이해하고 있다. 설파 본인도 유람을 나서며 자신의 시어가 청신해

---

35 孫星岳.『雪坡集』卷7「嗚載賓猿鶴洞遊錄序」: 三洞余所悟寐而未得一遊者也 丁卯秋 自泗陽 將向菊田 中途遲滯而還 其後長城之疾 連年塞路 迄未遂 日嗚載賓 送猿鶴洞遊山錄 一小册 蓋要余臥遊也 載賓可謂先獲我心者也 忙手披閱 山行四伍十里 無非絶景 況前賢往躅具在此中 尋某里花葉 訪葛川煙霞 豈可無令人感發而興起者乎 且見錄中詩 平淡軟媚 想得溪山之助 古人云 士別三日 可以刮目 況三十年之久乎.

졌음을 느낀다고 읊었는데,[36] 유람을 통한 시품의 쇄신 효과를 인지하고 있었음을 알 수 있다.

Ⅳ. 맺음말

이상에서 조선 중기 경주 지역의 문인 설파 손성악(1741~1813)의 가계와 생애의 주요 국면을 일별하고, 그의 생애에서 산수 유람이 지니는 의미를 고찰해 보았다.

설파는 경주 양좌동에서 태어나 생을 마칠 때까지 인근에 거주했다. 그의 10대조 손계돈은 진사이고, 생가 10대조 손중돈은 문과 급제 후 여러 고위 관직을 역임하였으며, 손중돈의 생질 이언적은 문묘에 종사되는 등 집안의 위상이 높아졌으나, 그 이후 설파 대까지 뚜렷한 사환은 없었다. 설파의 조부는 농업과 개간을 통해 가세를 신장시켰다. 이러한 가계 상황은, 설파가 과거와 농업에 관심을 기울이게 되는 배경이었다.

설파는 부친의 유언을 따라 지속적으로 과거에 응시했고 61세에 진사가 되었다. 그러나 과문科文보다는 시에 평생 흥미가 있었고, 시집을 엮어 자신의 진면목을 후손들에게 남기고자 하였는데, 설파에게 있어 시는 산수 유람과 함께 이상적 삶을 실현하기 위한 주요 요소였다. 또한 설파는 스스로 농가農家를 자처하며 농업에 관심을 기울이기도 하였

36 孫星岳.『雪坡集』卷3「安國寺途中口占(壬戌)」: 四月淸和節 玉溪玩景行 綠陰隨處滿 青草望中生 驅馬穿山色 逢僧坐水聲 此遊非偶爾 詩語覺新淸.

다. 선비로서의 본분을 과거·학문에 국한하지 않고 농업에서도 가치를 발견하고 있다. 이는 다양한 삶의 가치를 긍정하는 태도가 반영된 것인데, 산수유람 취향의 긍정 또한 여기에서 예견된다.

설파는 진사에 입격한 이후 생을 마칠 무렵까지 산수 유람에 집중하였다. 과거 시험의 부담이 해소된 뒤에 자신의 평소 취향을 드러낸 것인데, 설파에게 산수 유람은 꿈의 실현이자 품격 쇄신의 계기였다. 설파는 산수 유람을 이상적 삶을 실현하는 주요한 요소로 인식하였고, 유람을 통해 인품이나 시품이 향상될 수 있다고 여겼다.

설파에게 있어 과거와 학문은 자신의 취향과 거리가 있었으나, 선비로서 그것들을 추구해야 한다는 가계적·사회적 압력은 한평생 지속되었다. 부친이 유언한 과거의 임무는 끝내 완수하였지만, 그에게 학문(주자성리학)을 요구하는 압력에는 자신의 취향을 이상적 삶과 연계하여 긍정함으로써 극복하였다. 삶의 다양한 가치를 긍정하고 그에 대한 논리를 구성하였으며 산수 유람을 통해 실천했던 설파의 삶에서, 18세기 후반 경주지역 문인의 한 양상을 일별할 수 있을 것이다.

참고문헌

孫星岳.『雪坡集』. 국립중앙도서관.

金宗直.『佔畢齋集』. 한국문집총간.

洪彦弼.『默齋集』. 한국문집총간.

李樹健. 1995.『영남학파의 형성과 전개』. 일조각.

朴英鎬. 2017.「周王山 遊覽錄의 현황과 특징」.『東方漢文學』 제71집.

도와 최남복의 생애와 시세계

조 해 훈

도와 최남복의 생애와 시세계

—

조 해 훈

Ⅰ. 머리말

계명대에서 지역 한문학에 대한 관심을 가지고 지속적으로 연구를 진행한다는 것은 참으로 다행스런 일이다. 세상의 모든 사람들이 제각기 사회를 지탱하는 역할을 한다는 관점에서 본다면 퇴계 등 탁월한 문사들만 연구해야 하는 건 아니다. 특히 18세기는 조선이라는 나라 전체적으로도 그렇지만 경북지역도 분명 학문적으로, 문학적으로 크게 활성화된 시기이다. 이제 지역의 한문학에 대한 연구는 좀 더 세부적이고 개별 작가들에 치중할 필요가 있다.

지역 한문학 연구에서 유념해야 할 부분은 해당 작가의 작품에 관심을 가지는 것도 중요하지만, 그 지역만의 정서와 그 지역에서 살며 창작을 해온 작가의 생각 및 특징을 밝혀내는 일이다. 또한 작품을 쓴 배경 및 이유, 다른 지역과는 차별되는 해당 지역만의 독특한 창작환경을 찾아내는 일이다. 그래서 해당 지역의 장소성 및 공간성, 그리고 당시 함께 살았던 일반인들의 삶의 형태도 중요하다. 그럴 경우 반드시 유명하거나 뛰어난 작가가 아니더라도 연구의 가치가 있는 것이다.

그런 차원에서 본다면 경주지역의 도와陶窩 최남복(崔南復·1759~1814)의 경우는 특별한 문사에 해당한다. 그는 경주 연화산에 백련서사를 지어 장수지처藏修之處로 삼아 평생 후학을 양성하고 학문에 매진하였으며, 드물게 구곡을 지정하여 경영하면서 「백련구곡도가」를 지었다.

18세기가 되면 경주 지역은 이전 시기에 비해 문사들의 수가 크게 늘어났고, 사마시에 입격하는 사람들도 증가해 그들만의 유식공간인 경주사마소가 복원되었다. 따라서 그곳을 중심으로 수창을 하여 많은 작품들이 생산되었다. 도와가 경영한 백련서사도 당시는 경주에 속한 지역이었다. 그 역시 경주사마소에 가끔 들러 다른 사마들과 교유를 하고 수창을 하였다.

도와에 대한 연구로는 그가 읊은 「백련구곡도가」와 관련한 논문 2편[01] 있을 뿐이다. 따라서 그에 대한 연구 성과가 크게 미흡한 편이다.

이 글에서는 도와의 생애를 고찰하고, 그의 시세계를 분석하여 그의 시에 나타난 몇 가지 특징을 밝혀낼 계획이다. 이 연구를 통해 그는 어떤 목적으로 연화산에 들어가 백련서사를 지어 경영하였는지를 검토하고, 또한 그것은 과연 경주지역에서 어떤 의미를 가지는지를 조명할 것이다.

---

01 이종호. 2010. 「영남선비들의 구곡경영과 최남복의 백련서사」. 『영남학』 18. 경북대학교 영남문화연구원. 99-158쪽 ; 성범중. 2010. 「구곡원림과 울산의 구곡제영-도와 최남복의 「백련구곡도가」와 천사 송찬규의 「반계구곡음」」. 『한시 속의 울산 산책-울산의 경승과 사람살이』. UUP(울산대학교 출판부). 213-238쪽.

Ⅱ. 최남복의 생애

도와는 1759년 경상북도 경주시 내남면 이조리에서 부친인 삼락당三樂堂 최찬崔瓚과 모친인 전주이씨 사이에서 태어났다. 가계는 경주최씨 정무공파이다. 외조부는 전주이씨 병와 이형상의 증손이고, 장인은 풍산유씨 서애 유성룡의 후예이다.

도와가 19세 때 안동에서 열린 도회시都會試[02]를 보러 갔다. 유태좌의 삼종숙인 유동춘이 풍채가 좋고 학문도 뛰어난 그를 보고는 귀하게 여겨 누이를 아내로 삼아주었다고 한다. 도와가 태어날 때 조부 최종한이 꿈을 꾸었다. 신인神人이 오색구름을 헤치고 내려와 가지고 온 금패에 '남경복'南景復이란 세 글자를 썼다. 조부는 자신의 아버지 최경담崔慶聃의 '경'慶자와 '경'景자의 음이 같아 이상하게 여겼다. 따라서 자를 경지景至, 이름을 최남복으로 지었다.

도와는 어려서부터 재주가 뛰어났다. 7세에 십구사(十九史)를 익혔고, 또한 『논어』 한 질을 50여 번 읽고 거의 외웠다. 10여 세에 문의를 터득하였으며, 13, 14세부터 『통감』과 사서삼경을 읽고 노우 정충필(鄭忠弼· 1725~1789)의 문하에 들어가 주자서 등을 배웠다. 노우는 1747년(영조 23)에 두역痘疫이 창궐하자 아버지를 따라 경주에서 경북 영양 입암으로 이주하였다. 그곳에서 최홍벽과 대산 이상정에게 글을 배웠다. 노우는 당대에 선비로서 중망이 높았으며, 도와에게는 이숙이기도 하였다.

---

02 조선시대에 지방유생의 학업장려를 위하여 실시한 시험으로, 유월도회(六月都會)라고도 한다. 매년 6월에 관찰사가 그 도의 교생을 한 곳에 모아 강경과 제술로 시험하여 그중에서 우수한 사람 3~5명을 선발하여 생원시와 진사시, 초시를 거치지 않고 회시에 직접 응시할 수 있는 특전을 주었다.

도와의 교유관계는 어떠하였을까? 그는 대산이 세상을 뜨자 만시를 지어 다음과 같이 애도하였다.

왕왕 문하에 올라 뵈면	往往登門拜
과분하게 정성스레 맞아주셨지.	諄諄荷禮奢
귀담에서 선생님을 뵈었을 땐	龜潭拜杖屨
솔바람 사이로 노래를 읊조리셨지.	松籟警吟哦
맑은 얼굴에서 맘이 넓으심을 알았으며	粹面知心廣
정신을 기르시어 오래 사시라 빌었는데	頤神祝壽遐
사문이 이윽고 복을 잃었으니	斯文仍失祿
우리들은 다시 무엇에 의지할까?	吾輩更依何
	〈輓大山先生〉[03]

위 시에서 보면 도와가 종종 대산 문하에 찾아뵈었음을 적시하고 있다. 귀담은 고산서원이 있는 마을 앞 내에 있는 못이다. 귀담에서 대산을 뵈었다는 것은 도와가 거기까지 직접 찾아갔음을 밝히고 있다. 대산이 경주사마소를 방문하고 언양 반구대에도 들러 지역의 문사들과 수창을 하였으니 그때 인연을 맺은 것인지, 아니면 도와의 스승인 노우가 대산의 문하여서 인연을 맺은 것인지는 정확하게 알 수 없다. 어쨌든 도와는 대산의 문하에 드나들었으며, 그의 제자들인 조유원 등과도 교유를 하였다. 또한 도와는 경주와 울산, 언양의 문사들인 치암 남경희, 죽오 이근오, 염수헌 김용한 등과도 가깝게 사귀었다.

도와가 과거공부를 한 것은 부친의 명 때문이었다. 하지만 얼마 지나지 않아 부모상을 당하는 등 9년간의 거상居喪 탓에 모발이 모두 서

03 崔南復. 『陶窩集』 권1.

리 빛으로 변하였고, 지나칠 만큼 부모의 죽음을 슬퍼하여 몸이 쇠약해졌다. 그로 인해 학업이 많이 늦어졌으나, 늘 책을 놓지 않았다.

그러다 그의 나이 34세인 1792년에 생원시에 합격하였다. 그는 입신이나 진취에는 뜻이 없었으며, 부모님 묘소 아래 작은 서재를 짓고 스스로 호를 '도와'라 하였다. 그리곤 명銘을 지었다. 그 내용은 "네 모습은 지극히 완고하고, 네 마음도 매우 비웠구나. 마땅히 너는 흙을 먹고 살아야 할 것이다."라는 것이었다. 그러면서 일체의 명리와 득실에는 관심이 없었으며, 책을 읽다가 마음에 드는 구절이 있으면 침식을 잊을 정도로 몰두하였다. 마을 아이들이 찾아와 배울 것을 청하면 그 자질에 따라 가르쳤다.

그는 경주에서 아름답기로 이름난 연화산에 백련서사를 지어 유식할 장소로 삼았다. 당시 일부 못된 사람과 중이 방해하였지만 다행히 경주 부윤의 도움으로 서사를 경영할 수 있었다.

정자를 지을 무렵 주자를 꿈에서 만나 정자의 이름을 부탁하였다. 잠에서 깨어나니 '옥정'玉亭이란 두 글자만 생각났다. 그리하여 주자의 시집에서 '수'漱자를 뽑아 '수옥정'이란 이름을 지었다. 주자의 「무이잡영」에서 이름을 따 수옥정 서쪽은 만대루, 동쪽은 우애헌이라 각각 지었다. 게다가 역락재를 만들어 학동들이 공부할 수 있는 공간으로 활용하였다. 그는 찾아온 학도들에게 공부를 가르쳤을 뿐 아니라, 인품이 아주 고매하여 많은 사람을 감동시키며 유풍을 진작시켰다.

또한 1783년 문과에 장원급제한 수재인 질암 최벽(崔璧·1762~1813)이 당숙이었다. 질암이 크게 현달하지 못하고 52세에 세상을 버렸다. 도와는 이에 질암의 묘비 등 글을 써서 찬양하였을 뿐 아니라, 6촌지간인 그 자제들을 보살폈다.

경주부윤 이채가 향음례를 열었을 때 도와는 주사主事를 맡았고, 의학에 능해서 산후나 두과 및 소아 질병을 잘 다스렸다. 그 외 선조인

정무공 최진립 장군의 유허비를 세우는 데 큰 힘을 썼으며, 자녀 교육의 규범이 되는 『내범편저』內範篇著를 지었다.[04]

Ⅲ. 최남복의 시세계

도와는 장수지처로 삼은 백련서사에서 후학을 양성하는 한편 성리학을 연구하면서 시를 지었다. 시는 그의 문집인 『도와집』 권1에 149수, 권2에 147수, 총 296수가 실려 있다.

도와의 시는 내용적으로 크게 '교유 관련 시'와 '유람 관련 시', 그리고 '백련서사를 중심으로 읊은 시'로 구분된다. 교유 관련 시편들 저변에 흐르는 정서는 '한閒의 정서'이며, 유람 관련 시편들에서는 '관조의 정서', 백련서사를 중심으로 읊은 시편들에서는 '장수藏修 의지'가 각각 읽힌다.

따라서 본 장에서는 위의 세 가지로 도와의 시를 분류해 그의 시가 가지는 특징 및 시인으로서 가진 삶의 철학을 규명해 보기로 한다.

1. 교유 관련 시

당시 문사들에게 있어 교유는 필수적일 만큼 당연한 것이었다. 교

04 위의 책. 권8. 부록 「行狀」 및 「墓碣銘」; 조철제 편저. 2004. 『경주문집해제』. 경주시·경주문화원. 203-205쪽.

유를 통하여 자신들이 공부한 학문과 시문들에 대한 점검을 하고 수준을 가늠한 것은 물론, 수창을 하면서 서로 시를 주고받을 수 있었기 때문이다. 조선시기 문사들에게 있어 증답시와 차운시 등이 많은 것은 그러한 교유의 산물로 볼 수 있다.

도와 역시 굽이굽이 깊은 산속에서 서사를 경영하면서 살았기 때문에 직접적인 만남 또는 서간을 통해 여러 벗들과 교유를 하였다. 즉 당대 지식인들에게 있어 교유는 지적인 네트워크의 역할을 한 것이다.

먼저 도와가 주로 어떤 사람들과 교유를 했으며, 그 대상은 누구인지를 살펴볼 필요가 있다. 다음은 도와가 백련서사에서 죽오 이근오를 기다리며 읊은 작품이다.

석천 친구 별 일 없으신가?	如何石川子
약속 저버린 채 다만 서간으로 안부를 묻네.	負約只存書
그윽한 골짝에 봄이 먼저 오니	幽壑春先到
서쪽 숲으로 떠 있던 해가 기우네.	西林日正疎
술 담근 지 오래된 것 응당 아실 테니	知應沉綠蟻
혹 청노새 병들어 못 온다 하지 마시게.	無或病靑驢
난간에 기대어 오랫동안 턱 고이고	倚檻支頤久
조용히 자허부를 읊고 있겠네.	悄然賦子虛
	〈蓮社待李騎郎覲吾〉[05]

위 시를 보면 도와가 어떤 이유로 죽오 이근오와 한 약속을 지키지 못하였다. 그래서 편지를 썼다. 미안한 마음도 있고 해서 술 담가놓고

---

05 최남복. 앞의 책. 권2.

기다리고 있으니 다른 핑계 대지 말고 꼭 오기를 기다린다는 내용이다. 시적 화자의 무위적인 심정이 잘 드러나는 작품이다. 벗을 기다리는 마음 외에는 다른 욕심이 전혀 시에 담겨져 있지 않다. 벗이 올 때까지 난간에 턱 괴고 한나라의 사마상요가 지은 문장인 「자허부」나 읽으며 조용히 기다리겠다는 그 마음이 바로 한의 마음인 것이다. 어찌 이근오가 오지 않을 수 있겠는가.

기다림의 대상인 죽오 이근오(1760~1834)는 울산 지역에서는 최초로 문과에 합격한 문사이다. 1790년(정조 14) 증광시에 급제하여 승문원부정자·성균관전적 등을 역임했고, 1804년 병조정랑을 끝으로 고향인 울산으로 낙향해 오늘날 울산시 웅촌면 석천리에 거주하였다. 수련의 첫 구에서 석천 친구라고 한 것은 이근오가 그곳에서 살기 때문이었다.

위 시를 읊은 때는 아마도 이근오가 낙향한 이후인 것으로 보인다. 시제에서 기랑騎郎이라고 한 것으로 추측할 수 있다. 기랑은 기성騎省의 낭관郎官, 즉 병조의 낭관이다. 이근오가 마지막 벼슬로 병조 정랑을 지냈던 것이다.

다음은 이근오가 치암 남경희, 도와 최남복, 용암 최기영, 최천용과 함께 백련서사에서 만나 교유한 내용을 소재로 읊은 시이다.

봄이 다한 산중에 여름이 돌아오니 春盡山中夏序回
짙은 소나무와 계수나무가 층대를 지키네. 陰陰松桂護層臺
뜬 구름, 흐르는 물에도 마음은 다툼 없는데 浮雲流水心無競
푸르고 붉은 절벽이 눈앞에 갑자기 펼쳐졌네. 翠壁丹厓眼忽開

숲 속에 은둔하여 스스로 만족하니　林下棲遲知自適
인간명리 또한 어디 있으랴.　人間名利又何處
돌아가지 않고 머물러 자고 가려하니　欲歸不去仍淹宿
날도 저물지 않았는데 새들이 재촉하네.　日未西時啼鳥催
〈與南癡巖景羲 崔陶窩景至南復 崔龍庵翊之祈永 崔天庸會話白蓮社〉[06]

위 시에서는 산중에 여름이 시작되는 상황을 묘사하고 있다. 그러면서 구름이 떠가거나 물이 흘러가거나 마음은 미동도 없이 고요하다고 한다. 또한 백련서사에 은거하는 삶을 만족하면서 세상의 명리 따위에는 관심이 없다고 한다. 이는 이근오의 심중을 나타내기도 하지만 백련서사를 운영하는 도와의 마음을 시적 화자가 표현하고 있는 것이다. 그래서 미련에서 시적 화자는 이러한 무욕의 공간에서 세속으로 돌아가지 않고 싶다는, 즉 한정閒情의 상태에 계속 머물고 싶다는 심정을 토로하고 있다.

아마 이근오가 도와에게 가면서 최기영 및 최천용과 함께 갔는지는 알 수 없지만, 백련서사에서 서로 교유를 하였다. 생원인 용암 최기영은 만년에 경주 내남면 이조리에서 경주 문천汶川 옆 교촌으로 이주하였으며, 병촉헌을 지었다.

다음은 울주 언양에 사는 염수헌念睡軒 김용한(金龍翰·1738~1806)이 도와에게 화답한 시이다. 최남복이 마을 남쪽에 토담을 지어 도와라고 이름 짓고는 시를 지어 화답을 요청하였던 것이다.

기와를 포기하고 띠풀집을 지었으니　捨瓦誅茅獨任勞

---

06 李觀吳.『竹塽集』권1.

숲속 호두나무 아래 작은 오두막이네. 小廬楸下卜林皐
경비 적게 들여 무릎 겨우 움직이게 猶安容膝鳩財少
높이 흙을 쌓아 바람만 막았구려. 爲蔽旁風築土高
마당의 약초는 고기보다 더 맛있고 藥草盈庭茹當肉
집 안으로 흘러들어오는 샘물은 막걸리 맛이라네. 甘泉入戶飮如醪
한 삼태기 흙을 지고 백척간두에 나아가시면 若將一簣竿頭進
집과 함께 교화敎化, 도야陶冶 이루시리. 君與慈窩共化陶
〈崔上舍景至南復築土室于里南先楸下 名之曰陶窩 作詩要和〉[07]

위 시에서는 김용한이 최남복이 지은 도와에 대한 이야기를 하고 있다. 즉 도와는 기와집이 아닌 띠풀로 지은 집으로, 겨우 무릎이 움직일 수 있는 아주 작은 움막임을 알 수 있다. 또한 마당에는 약초들이 자라고, 집안에 물맛이 남다른 샘이 흘러들어 오고 있다. 도와가 최진립 장군의 후손으로 당시 경제적으로 다소 넉넉하였지만 그가 얼마나 검약하게 살았는지를 짐작하게 해준다. 그의 말대로 명리를 벗어난 삶을 살고자 하였다. 이런 공간에서 도와는 장수유식藏修遊息할 수 있었던 것이다.

도와가 이기理氣를 변론하고 시문을 수창하며 교유한 문사로 경북 의성에서 태어나 영천으로 이주하여 그곳에서 후학을 양성한 수헌隨軒 조우원(趙友愿·1751~1804)과 그의 아우 조우각(趙友慤·1754~1821)이 있다. 조우원은 대산 이상정의 문하였다. 조우각은 도와가 세상을 버리자 만시 2수를 지어 애도하였다. 그중 첫 수를 보자.

---

07 金龍翰,『念睡軒集』권1.

동남의 인물 중 그대를 으뜸으로 쳤으니
東南人物最君數
산림에서 명망 있고 가정 살림도 넉넉했네.
雅望山林家計優
송나라 유현을 사모하여 성리학을 담론하고
慕宋儒賢談性理
선대의 존주의리 이어 춘추를 읽었네. 尊周世德讀春秋
어찌 알았겠는가 오래도록 병을 앓다가 那知杯弩十年影
선약도 부질없어 수를 누리지 못하였네. 竟破金丹九轉頭
사람은 가고 정사만 홀로 남았으니 人去獨留精舍立
산에는 온통 단풍 지고 냇물이 부질없이 흘러가네.
四山楓落水空流
〈輓崔上舍景至南復〉[08]

도와는 인품이 고매하여 산림에서 명망이 있었으며, 성리학을 담론하였다. 하지만 병을 앓다가 약도 소용없이 세상을 떠나고 말았다. 그가 경영하던 정자만 홀로 남았는데, 냇물은 부질없이 흘러가고 있다며 도와의 죽음에 안타까워하고 있다.

도와는 성리학에 대한 수준이 상당했으며, 성리학 담론을 즐겼음을 짐작하게 해주는 글들이 있다. 이를테면 「하락도설」河洛圖說[09]에서 하도와 낙서를 수리적으로 설명하고 있다. 즉 '천지가 있는 후로 이理와 기氣가 있고, 상象과 수數가 있다. 상이란 이가 사물에 형상하여 드러난 것이고, 수란 이가 사물에 붙여 서열된 것으로, 그 드러남과 서열이 바로 기이

08 趙友慤.『蒼軒集』卷上.
09 최남복. 앞의 책. 권5.「雜著」.

다'라고 하였다.

또한 무극이란 태극을 설명하기 위하여 나온 것이라며, 주렴계가 「태극도설」太極圖說에서 말한 "무극태극설"無極太極說에 대해 분석[10]하였다. 또 조우원趙友愿과 이기설理氣說을 논한 글에서는 이황의 이기론理氣論을 지지하였다.[11]

도와는 치암 남경희(1748~1812)가 세상을 버리자 만시 7수를 지어 애도했다. 그만큼 치암과도 우정이 각별했다. 도와의 교유 시에서 살펴보았듯이 주로 경주와 울산, 언양의 문사들과 교유를 하였음을 알 수 있다.

또한 벗들과 수창한 시에서 알 수 있듯 자신의 숨김없는 심중 또는 마음을 표현하고 있다. 그 마음의 기저에는 세상의 명리와는 상관없이 무욕의 마음, 무의의 마음이자 게으를 정도로 한가한 마음인 '한의 정서'가 드러나고 있다. 즉 한의 세계에 무한정 잠기고자 하는 마음가짐이었을 것이다. 한의 정서는 현실적인 관심과 욕망으로부터 마음을 자유롭게 가지고, 그 자신과 자연이 함께 평화스러운 상태임을 나타내는 것[12]이다. 그건 도와가 일찍 백련서사를 지어 경영하면서 삿된 욕망인 기심機心을 버리고 자신의 분수를 달게 여겨 안주하였기 때문일 것이다. 그건 물욕과 잡념을 버린 자만이 누릴 수 있는 여유로움을 한껏 즐기겠다는 심산에 다름 아니었다.

---

10 위의 책. 권5. 「太極圖說」.

11 위의 책. 권3. 「與趙恭甫友愿」.

12 劉若愚. 1994. 『中國詩學』. 李章佑 역. 明文堂. 102-107쪽.

2. 유람 관련 시

특히 조선후기에 들어오면 선비들에게 유람은 하나의 일상 패턴이 될 정도였다. 그건 산수 유람을 매개로 호연지기를 기르는 한 방편이기도 했지만 절친한 벗들과 동행하면서 우정을 더욱 다지기도 하였고, 또한 낯선 곳에서 문사들을 만나 수창을 하면서 인적 네트워크를 구축하기도 하였다.

18세기 영조 연간의 대표적인 문인 가운데 한 명인 월곡月谷 오원(吳瑗·1700~1740)은 다음과 같이 산수 유람과 시 창작에 대한 이야기를 하였다.

> "나는 타고난 성품이 산수와 벗, 술을 좋아한다. 시 또한 좋아한다. 어떠한 이유 없이 시를 짓지는 않는다. 산에 오르고 물가에 이르면 시를 짓고, 벗들을 만나면 시를 짓고, 술이 있으면 시를 짓는다. 많이 짓거나 잘 짓기를 바라지는 않는다."[13]

도와의 유람도 오원이 말한 것처럼 산수를 통하여 시를 짓는 방편이기도 하였던 것이다. 그는 30대에 부산과 양산지역을 여행하였다. 그가 여행한 경로는 동래부의 정원루→범일동의 영가대→다대포의 몰운대→양산의 원적산 등이었다. 그는 이 유람을 통해 여러 수의 시를 지었다.

동래부 객사의 부속 건물로 규모가 컸던 정원루靖遠樓에서 열린

13 오원. 『月谷集』 권9. 「題詩稿後」. "吳性好山水好友朋好酒, 又好詩, 其詩無故不作. 登山臨水則作, 見朋友則作, 有酒則作, 不求多不求工也."

모임에서는 죽오 이근오도 명단이 있는 걸로 볼 때 부산과 양산 여행은 그와 동행을 하였을 수도 있다. 당시 동래부사는 윤필병(尹弼秉·1730~1810)이었다.

시제는 〈동래부 정원루에서 작은 모임이 열렸다. 그때 윤필병 동래부사, 이정운 참판, 이연학, 이근오와 모여 이야기를 나누었다.〉이다. 도와가 이와 관련한 시를 지었으니, 물론 그도 당연히 참석하였다.

> 남쪽 고을의 성가퀴에서 연기가 먼지처럼 피어오르고
> 南州雉堞出煙塵
> 이른 새벽에 중문에서 딱따기 자주 치네.
> 五夜中門擊柝頻
> 명승지에는 이름난 선비가 와서 놀고　勝地來遊名下士
> 높은 누각에는 마음속으로 그리던 사람과 모여서 대화하네.
> 高樓會話意中人
> 관문 겸 요새에 거문고 음악이 울리니 아무 근심이 없고
> 無憂關塞絃歌動
> 관아에 시 구절이 새로우니 좋은 일일세.　好事官家句語新
> 술이 다하고 등불이 흐릿해지니 취하여 눕고
> 酒盡燈疎因醉臥
> 한 공간의 화목한 분위기를 봄에 풀어놓네.
> 一堂和氣散爲春
>
> 〈萊府靖遠樓小會 時府史 尹弼秉, 李參判 鼎運, 箕城 李鍊, 鶴城 李觀吾 團話〉[14]

14 최남복. 앞의 책. 권1.

위 시는 동래부에 있는 정원루에서 동래부사를 포함해 몇몇의 선비들이 술을 마시며 담소하는 자리를 묘사한 것이다. 이 당시 정원루는 정면 5칸에 측면 2칸의 총 10칸 규모의 누각으로 상당한 규모였다.

수련은 동래성으로 둘러싸인 동래부의 상황을 묘사하고 있다. 성 위에 낮게 담을 쌓아 여기에 몸을 숨기고 적을 감시하거나 공격하기도 하는 성가퀴에서 연기가 피어오르는 모습이라든지, 이른 새벽에 동래성의 중문에서 딱따기 치는 소리가 들리는 상황 등을 묘사하고 있다. 딱따기는 밤에 야경夜警을 돌 때 서로 마주 쳐서 '딱딱' 소리를 내게 만든 두 짝의 나무토막을 말하며, 이처럼 성이 있는 지역에서만 들을 수 있다.

함련에서는 당상관인 동래부사와 참판 등 고위관료와 도와처럼 막 생원시에 입격해 내세울 것 없는 선비들이 풍광이 잘 보이는 높은 누각에 앉아 이런저런 이야기를 나누며 대화를 하는 모습을 설명하고 있다. 죽오 이근오도 몇 년 전인 1790년에 문과에 급제하였으니, 아직 하급관리일 때이다. 윤필병 당상관이 1792년 7월부터 1795년 3월까지 동래부사로 근무했으니, 이 자리가 마련된 것은 그 어느 무렵이었을 것이다.

경련에서 변방이자 바다를 통해 조선으로 들어오는 관문이며, 외적의 방비에 있어 중요한 군사적 요충지인 동래부에 거문고 음악 소리가 울려 퍼진다는 묘사는 그만큼 동래부가 평화롭다는 의미이고, 긴장감이 감도는 관아에 시 구절이 들리니 분명 좋은 징조라는 설명이다.

미련은 술잔을 부딪치며 담소도 하고, 수창도 하면서 밤늦게까지 흥을 즐기니 술이 다 떨어지고 등불도 흐릿해져 잠을 자러 가는 시간 무렵, 생각해보니 봄밤에 정원루에서의 이 모임이 아주 화애로웠음을 강조하고 있다.

도와 시의 특징 중 하나는 항상 담담하고 평이하게 시적 묘사를 한다는 것이다. 이러한 것은 그가 '관조觀照의 정서'[15]를 시에 투영하고 있다는 의미이다.

위 시에서도 변방이자 중요한 군사 요충지여서 항상 긴장감으로 팽팽할 것으로 생각했는데, 이처럼 평화롭게 화목한 술자리를 그는 격하거나 감정의 큰 기복 없이 역시 관조의 정서로 덤덤하게 읊고 있는 것이다.

다음 시 역시 동래부의 부산진성 남문 앞에 있는 영가대에서 읊은 시로, 판상시를 차운한 작품이다. 차운한 원시原詩가 어느 문사의 작품인지는 밝히지 않고 있다. 그러한 시 읊기 또한 도와 시 창작의 특징 중 하나로 볼 수 있다.

> 산이 감싸 안은 큰 바다는 형세가 광활하고
> 山抱滄溟勢欲寬
> 누대는 백 척으로 난간은 굽었네. 樓臺百尺曲欄干
> 떨어지는 비 소리가 바람 따라 세차지고 雨聲淅瀝隨風急
> 어슴푸레한 바다는 밤이 되니 추워지네. 海色微茫入夜寒
> 화각 소리 들리는 배는 천상에 앉은 것 같고
> 畫角船如天上坐
> 연이은 성의 불은 수중에 떨어지는 듯 보이네.
> 連城火落水中看
> 먼 포구에서 들리는 어부의 노래에 갈매기는 평온하게 잠들고

15 관조의 사전적 뜻은 '고요한 마음으로 사물이나 현상을 관찰하거나 비추어 본다는 것이다. 다시 말해 장자에서 중요성이 부각된 관조는 자연 친화와 관련짓는 범위 내에서 긍정적으로 개념화되었다. 시적 자아가 자연물에 몰입, 또는 자연물을 시적자아에 투사시키면서 이루어지는 융화, 즉 객아일체, 망아(忘我), 상아(喪我), 물아개망(物我皆忘)을 위한 태도로 일컬어 왔다. 장자에 의해 중요성이 부각된 관조는 불가의 선(禪)과도 긴밀히 연관되어 있다. 정종진. 1993.「한국 현대 시평과 觀照론」.『語文論叢』 8. 청주대학교. 73-74쪽.

漁歌遠浦眠鷗稳

도롱이 입은 노인은 대나무 장대를 메고 홀로 돌아오네.

獨返蓑翁荷竹竿

〈次永嘉臺板上韻〉[16]

위 시 역시 영가대에서 바라보이는 자연 경관을 묘사하면서 시적 화자의 감정을 크게 이입하지 않고 덤덤하게 보이는 사실 그대로 읊고 있다. 역시 시에서 드러나는 심상은 '관조의 정서'이다.

수련의 첫 구에서 바다를 감싸 안은 산은 증산으로 불리고 있으며, 지금의 지형과 달리 좌우로 바다가 광활하게 펼쳐져 있었다. 둘째 구는 영가대는 남문 앞에 함선을 정박하는 공사를 하면서 나온 토사로 쌓아 그 위에 세운 정자이기 때문에 백 척이나 되는 듯 높게 보인다는 것이다. 함련은 비가 내리는데 바람이 부니 소리가 세차지고, 어슴푸레한 밤바다는 밤이 되니 추워진다는 상황을 그리고 있다. 경련에서 화각 소리 들리는 배는 전함일 것이다. 영가대 앞에 정박해놓은 함선이 마치 하늘 위에 떠 있는 것 같고, 왜적의 침입에 대비하여 부산진성에서 밝혀놓은 불은 바다에 비쳐 마치 물속으로 떨어지는 것 같다는 것이다.

미련에서 시적 화자의 마음, 즉 심성이 어떠한지가 읽힌다. 저 멀리 포구에서 어부의 노랫소리가 들리는데 갈매기는 마치 그 소리를 자장가 삼아 평온하게 잠에 빠진다는 것이다. 시적 화자의 마음자리가 그렇게 고요한 물처럼 평화로운데, 비를 맞지 않으려고 도롱이를 입고 긴 대나무 장대를 멘 노인이 일을 다 마치고 홀로 돌아오고 있다. 도와는 이처럼 작품 속에 자신의 마음이 투영되고 있다는 사실을 모르는 것 같다. 의도적이지는 않겠지만 다른 한편으로 본다면 또 다른 시적 장치

16 최남복. 앞의 책. 권1.

일 수도 있다.

다음은 현재 천성산으로 불리는 양산 원적산을 여행하면서 쓴 시이다.

> 구곡의 맑은 시내는 내 마음과 맞고 淸溪九曲協吾心
> 물 따라 깊은 골짝으로 흘러가는 걸 알지 못하네.
> 不覺沿流入洞深
> 천하에 기이한 경관은 원적산의 폭포이고 天下奇觀圓寂瀑
> 큰 바위 가운데 옛 자취는 불지의 누런빛이네.
> 巖中古蹟佛池金
> 학이 앉은 굽은 소나무는 높은 산과 높이를 다투고
> 怪松容鶴高爭岳
> 사자 모양의 가파른 바위는 숲에서 나올 형국이네.
> 危石如獅勢出林
> 연한 녹색 잎에 붉은 꽃이 응당 더욱 좋으리니
> 嫩綠新丹應更好
> 뒷날에 찾아올 기약을 노승에게 시로 남겨주네.
> 後期畱與老僧吟
> 〈圓寂山〉[17]

문집의 배열 순서로 보아 도와가 부산 유람을 마친 후 양산을 거쳐 올라가면서 원적산에 들렀던 것 같다. 위 시는 원적산의 자연적인 풍경을 마치 스케치하듯 파노라마식으로 묘사하고 있어 생동감이 넘친다. 그건 시절이 봄이라서 새순이 돋아나고 시내의 물소리가 더 선명하

17 위의 책. 권1.

게 들렸을 것이다. 또한 원적산은 풍광 또한 뛰어난 곳이어서 시적 화자도 밝히고 있지만 폭포의 경우는 천하의 최고 기관奇觀이지 않은가. 화사한 봄 풍경의 그의 눈앞에 펼쳐진 것이다.

아마 위 시를 읊을 때 원적산에 있는 한 암자의 스님이 함께 자리를 했던 모양이다. 훗날, 그러니까 다음에 또 원적산을 찾겠다는 의지를 시로 스님에게 드렸다. 즉 유자와 불자의 궁합이 잘 맞은 모양이다. 그도 그럴 것이 도와의 경우 그의 문집에서 읽히는 이미지가 온유하고 편안하기 때문에 그 누구라도 마찰 없이 잘 어울릴 것으로 분석된다. 산수 속에서 불만의 심경을 털어버리며 자연과 친화를 시도한 시이다. 즉 위 시도 시적 화자의 관조의 정서가 투사된 작품이다.

도와는 부산과 양산을 유람한 후 정확한 시기는 알 수 없지만, 포항 보경사를 거쳐 내연폭포를 유람하고 월송정→망양정→천축산→성류굴 등 동해안을 여행하면서 시를 읊었다.

먼저 보경사 내연계곡 위에 있는 내연폭포를 읊은 시를 보자.

푸릇푸릇한 벼랑은 형세가 빙 두른 듯한데
蒼崖翠壁勢盤回
물이 가운데를 터놓으니 밤낮없이 찾아오네.
水坼中間日夜來
맑은 하늘에 무지개 일어나는 비가 계속 부슬거리고
虹起晴空長作雨
새벽 골짝에 용이 돌아오는 듯 우레 소리 들리네.
龍歸曉洞但聞雷
바위가 원래의 기운을 따르는지 삼신 모습으로 보이고
石從元氣三神出
못은 저절로 하나의 거울이 되네. 潭自當年一鑑開

우혈은 아득히 어디에 있는가? 禹穴迢迢何處在
근원을 찾으려고 어풍대를 오르네. 探源更上御風臺
〈內淵瀑〉[18]

내연폭포는 내연산의 12폭포 가운데서 가장 크고 절경으로 알려져 있는 곳이다. 도와는 내연폭으로 가는 험한 절벽과 풍광을 덤덤하게 관조하듯 사실적으로 묘사하고 있다. 폭포로 가는 길은 절벽으로 이루어져 있고, 맑은 하늘에서 무지개가 일어나며, 폭포수가 우레 소리처럼 들리는 것을 용이 돌아온다고 읊고 있다. 지금은 아무나 폭포로 갈 수 있지만 도와가 살던 당시는 보경사에서 관리를 하고 있었기에 아무나 올라갈 수 없었다. 관리들이나 큰 선비들이 보경사 스님들의 안내를 받아 가던 곳이다. 위 시에서도 그는 풍광 등을 사실적이면서도 담담하게 '관조의 정서'로 그려내고 있다.

다음은 백련서사에서 가까운 사찰인 장천사에서 숙박하며 읊은 두 수 중 첫 수이다.

봄옷 새로 지어 입고 꽃 핀 곳을 찾아서
新成春服趂花開
옛 절 다시 찾아오니 오솔길에 이끼 끼었네.
古寺重尋一逕苔
창밖 허공은 밝아 달이 흐릿한 물에 비치고
窓外虛明渾水月
숲 사이 누대가 높이 솟았네. 林間高出是樓臺
스님은 구름 헤치며 어느 산으로 갔는가? 穿雲白衲何峰去

18 위의 책. 권1.

청노새는 술을 싣고 고삐 끌고 찾아왔네.

載酒靑驢落轡來

굽이굽이 골짝마다 기이한 경치 아닌 곳 없으니

曲曲無非奇絶處

노래 지어 은자 부르며 홀로 거니네. 歌成超隱獨徘徊

〈宿障川寺〉[19]

위 시에서도 알 수 있듯이 도와의 시적 묘사는 매우 아름답다. 봄에 장천사를 찾아 그곳의 자연을 묘사하다가 장천사의 기이한 경치를 노래하고 있다. 이 작품 역시 관조적 정서를 시에 깔고 있다.

수련의 첫 구의 표현이 멋지다. 봄이 되어 꽃 핀 곳을 찾아서 옛 절에 다시 찾아왔다. 그냥 찾은 게 아니다. 봄꽃을 맞을 새 옷을 지어 입고 찾은 것이다. 절로 가는 오솔길에 이끼가 끼어있다. 여기에서의 이끼가 끼어있다는 표현은 묵어 사람들의 발길이 드물다는 의미가 아니라, 봄이 되어 싱그럽다는 뜻이다. 희망이 담긴 뜻으로 묘사한 것이다. 함련은 허공이 밝다보니 달이 못에 담겨 있고, 숲에 있는 누대가 더 선명하게 높게 보인다고 한다. 경련의 묘사가 뛰어나다. 스님이 어디 출타하셨다. 그것을 구름 헤치며 가시고, 청노새는 술 싣고 왔다고 읊고 있다. 이러한 표현은 희작戱作이 아니라 그만큼 시적 화자가 장천사의 스님과 거리낌 없이 절친하다는 의미이다. 그러니까 스님을 놀려도 아무런 문제가 되지 않는 관계이기 때문에 이런 시구가 나온다.

장천사는 8세기 전반에 창건됐고 조선후기에 중건된 것으로 추정되고 있다. 조선 후기 장천사는 선비 유람객들에게 숙박지로 사용됐다.

위에서 도와의 유람 관련 시편을 살펴보았듯이 그는 자연과 그 상

---

19 위의 책. 권1.

황을 묘사할 때 따스한 시선으로 덤덤하게 관조하듯 사실적으로 그리고 있다. 관조의 정서로 시를 읊기 때문이다. 도와는 개체의 인정, 즉 상대의 가치를 있는 그대로 인정하면서 영물이나 사람이든 그와 관련된 세상에 대해서는 모두 조화로운 체계를 이루기를 바라는 신념을 가지고 있었기 때문일 것이다. 달리 말하자면 세계와 내가 무관하게 동떨어져 있는 것이 아니고, 나와 세계가 긴밀하게 연관되어 있다는 인식을 가졌기 때문일 것이다.

일상생활에서 맞닥뜨리는 모든 관계를 일컫는 '일산응연지처'日常應緣之處로 요약할 수 있다. 이러한 관계를 묘사할 때 그는 관조적 시선을 유지하고 있다. 이는 그의 원래의 마음이 그렇겠지만 세상의 명리를 다 벗어던진 은자였기 때문에 더욱 그런 표현, 또는 그런 시적 장치를 사용하였을 것이다. 따라서 도와는 유람 관련 시편들을 '관조의 정서'로 묘사하고 있음을 알 수 있다. 도와에게 관조의 정서란 번뇌와 욕심을 벗어난 진여眞如와 의미를 환치할 수 있을 것 같다. 그는 마치 오입진여悟入眞如, 즉 진여를 깨달은 경지에 든 것처럼 덤덤하다.

3. 백련서사를 중심으로 읊은 시

도와는 백련서사를 지어 은거하면서 경상도 중부지방에서는 드물게 구곡을 경영하였다. 그것은 도와가 단순히 혼란스런 현실에서 도피하여 살고자 한 것이 아닌 명철보신明哲保身[20]하는 한 가지 방편으로 추

20 총명하여 도리를 좇아 사물을 처리하고, 몸을 온전히 보전한다는 뜻으로, 매사에 법도를 지켜 온전하게 처신하는 태도를 이르는 말로, 『시경』의 대아(大雅) 증민편(烝民篇)에 나온다. 최남복은 위의 책, 권5, 잡저 「관택리지서시아배」(觀擇里誌書示兒輩)에서 붕당정치 등 세상이 혼란스러워서 연화산에서 명철보신한다고 상세히 설명하고 있다.

구된 측면이 강하다. 즉 그는 백련동천에서 온갖 시름과 번뇌가 소거된 청허淸虛한 경지[21] 속에서 살려고 했던 경향이 컸다고 볼 수 있을 것이다. 즉 백련서사에서 공부할 때는 물론이고 쉴 때에도 학문을 부지런히 닦는 것을 항상 마음에 두는 장수유식을 하였다. 도와는 백련서사를 중심으로 많은 시를 읊었다. 이는 그가 장수하려는 뜻을 품고 있는데다, 그의 삶을 이루고 완성하는 공간이 백련서사이기 때문이었다.

그러면 도와가 수옥정을 낙성하고 읊은 시를 한 번 보자. 수옥정은 백련서사의 원래 이름이다. 백련서사는 대곡댐 건설로 인해 현재 울산시 울주군 두동면 봉계리의 모 한의원에 이건되어 있다. 정자의 편액은 백련서사이고, 수옥정은 현판의 하나로 걸려있다.

> 굽이굽이 깊은 골에 하나의 길이 휘감아 돌고
> 九曲深深一逕回
> 안개 노을 많은 이곳이 정자이네. 煙霞多處是亭臺
> 가랑비에 구름 낀 병풍바위는 참 모습 드러나고
> 雲屛洗雨眞容出
> 하늘을 적시는 거울 같은 물이 앞을 열었네.
> 水鏡涵天正面開
> 늘그막에 기이한 곳에 의탁하여 자취 감출 것을 생각하고
> 晩託環奇思晦跡
> 처음부터 담박한 듯하여 그윽한 회포가 기껍네.
> 初如淡白愜幽懷
> 편안하게 노닐다 장수의 뜻 저버릴까 걱정이니
> 優遊恐負藏修志

21 이종호. 앞의 논문. 100쪽. 이 논고는 조선시대 구곡경영에 대한 전반적인 상황을 정리하고 있다.

홀로 아름다운 구슬 안고 빨리 가는 세월 아쉬워하네.

獨抱瑤微感歲催

〈漱玉亭落成〉[22]

위 시에서 알 수 있듯 도와는 수옥정이 처음 먹은 마음인 장수지처로서의 역할을 변함없이 해주기를 바라는 마음을 다시 한 번 되새기로 있다. 수련에서는 이 정자가 안개와 노을이 많은 깊은 골에 위치해 있음을 말해주고 있다. 함련에서는 구름 낀 병풍바위가 있고, 거울처럼 맑은 물이 앞에 있다고 한다. 경련에서는 승경지인 이곳에서 몸과 마음을 맡기고 옛 사람들의 글을 읽으며 살겠다는 감정을 드러내고 있다. 미련에서는 혹시나 장수하려는 마음이 사라질까 염려하고 있다.

즉 위 시에서 도와는 백련서사인 이곳에서 '장수의지'藏修意志를 보여주고 있다. 경련의 "늘그막에 기이한 곳에 의탁하여 자취 감출 것을 생각하고"와 미련의 "편안하게 노닐다 장수의 뜻 저버릴까 걱정이니"라는 표현이 그렇다.

도와는 자신의 문집 「행장」에서 수옥정을 건립한 내용을 적어놓고 있다. 내용은 다음과 같다.

> "옛 도읍지 경주의 연화산 기슭은 산수가 아름답다고 이름났는데, 본래 절이 있다가 허물어진 곳이다. 공公이 이곳 산수를 사랑해서 서사를 짓고 늘그막에 노닐면서 쉬는 곳으로 삼으려 했다. 당시 사나운 백성과 완악한 중이 있어 건립을 방해했는데, 다행히 현명한 자사刺使의 도움으로 단시일에 건

22 위의 책, 권1.

립해서 … 정자 이름을 수옥정이라 했다."[23]

수옥정이 들어선 자리는 어떤 곳일까? 이러한 내용을 가리켜 주는 글이 있다. 울산의 문사인 이운협(李運協·1771~1858)의 시 〈도와 최남복의 백련정 시 운을 따라〉(次崔陶窩景至南復 白蓮亭韻)의 서문에 다음과 같은 대목이 있다.

> "최공이 사는 마을에 백련암이 있는데, … 작년 겨울에 공이 기記 한 편과 시 한 편을 보여주며 말하기를, '내가 장차 백련암 옛터에 작은 정자를 지어 노년의 계책으로 삼으려 한다. … 나와 뜻을 같이 하는 분들은 화답하는 시를 지어달라' 했다."[24]

이로 본다면 도와가 노년에 장수하기 위하여 백련암 옛터에 수옥정을 지은 것이다. 본관이 청안인 이운협은 울산지역의 임란공신 이응춘李應春의 후손으로, 윤병호 등과 함께 울산 최초의 관민합작 교육기관인 삼일당三一堂을 건립한 문사로 도와와 교유하였다.

다음은 도와의 「백련서사 잡영」 10수 중 첫 수인 '수옥정'으로 이 정자의 이름을 얻은 내력을 밝히고 있다.

꿈에 창주에서 주자를 뵙고 절을 하였는데	夢拜滄洲宅
정자 이름 세 글자를 주셨네.	錫亭三字號

23 위의 책. 권8. 부록「행장」.

24 이운협.『愼巖集』권1.

꿈을 깨고 나니 첫 글자를 잊어버려　覺來忘第一
유고에서 수옥정을 따왔네.　漱玉取遺稿
〈漱玉亭〉[25]

도와는 「백련산수기」白蓮山水記[26]에서 수옥정이란 정자 이름을 짓게 된 경위를 자세하게 설명하고 있다. 즉 "지난 해 5월 21일에 꿈속 창주에서 자양선생(紫陽先生·주자)을 만나 정자 이름을 청해 얻었는데, 꿈을 깨고 나서 첫 글자는 잊고 다만 '옥정' 두 자만 기억할 수 있었다. 이에 『전서』全書 중에서 '먼저 지은 작은 암자'開先漱玉亭 이름을 취해서 수옥정이라 지어 주자를 사모하는 뜻을 나타내었다." 자양은 주자의 별호로, 주자가 중국 안휘성 자양산에 자양서원을 짓고 후학을 가르쳤기 때문에 붙여진 이름이다.

잡영 10수는 위 시를 포함해 〈낭음대〉朗吟臺·〈연어대〉鳶魚臺·〈정절대〉靖節臺·〈찬미대〉攢眉臺·〈사군봉〉使君峯·〈귤은대〉橘隱臺·〈도화동문〉桃花洞門·〈녹문〉鹿門·〈자하봉〉紫霞峯이라는 오언절구이다. 잡영 시를 통해 알 수 있듯이 백련서사의 주변은 경관이 빼어난 곳이 많았던 것 같다.

한편 도와는 백련서사를 경영하면서 후학을 양성하고, 또 그곳을 장수공간으로 삼았다. 그러면서 서사 앞의 골짜기인 대곡천에 1곡에서 9곡까지 각각의 곡을 지정하여 전체의 곡을 백련구곡白蓮九曲이라 명명하고 그곳의 산수를 즐겼다.

또한 구곡을 경영하면서 주희가 1184년 2월에 지은 「무이구곡가」를 본떠 「백련구곡도가」白蓮九曲櫂歌를 지었다. 백련서사는 울산 언양의 반구대 골짜기를 흘러 사연마을을 지나 태화강에 합수되는 계곡인 대

25 최남복. 앞의 책. 권1.
26 위의 책. 권6.

곡천 중 골짜기의 상류, 즉 천전리 각석보다 훨씬 북쪽 계곡에 위치하였다. 현재의 행정지명으로는 울산광역시 울주군 두동면 천전리 방리마을(잠방골)이었다.

그는 「백련구곡도가」의 서문에서 아래와 같이 이 시를 읊은 이유를 밝히고 있다.

> 무진년(순조 8년·1808년) 가을 칠월 열엿샛날에 풀섶으로 떼를 엮어 태을담太乙潭에 띄우고 아이들에게 「어부사」漁父詞를 이어 부르도록 하였다. 소용돌이치는 물을 거슬러 굽어드니 아득히 생각나는 사람을 보지 못하는 탄식이 있었다. 손을 씻고 주자의 「무이도가」 시에 차운하여 스스로 흥을 풀고, 또 함께 노닐던 여러 군자들에게 받들어 고하였다.[27]

위 서문에서 도와가 1808년 7월 16일 백련서사 앞의 태을담에 풀섶으로 만든 뗏목으로 뱃놀이를 하면서 아이들에게 「어부사」를 부르도록 하고, 주희의 「무이도가」에 차운한 작품을 지어서 함께 노닐던 사람들에게 보여주었음을 알 수 있다.

도와가 위 서문에서 말하고자 하는 뜻은 무엇일까? 주자의 「무이도가」를 차운하였다는 말은 백련서사를 장수지처로 삼아 평생 학문을 닦겠다는 장수의지를 밝히는 것에 다름 아니다. 따라서 여러 사람들에게 차운하여 지은 이 작품들을 보여주었다는 사실 자체가 자신의 장수의지를 천명한 것이나 마찬가지이다. 즉 백련서사를 장수지처로 삼아 세상을 버릴 때까지 명리와는 상관없이 공부를 게으르게 하지 않겠다는 뜻을 밝힌 것이다.

---

27 위의 책. 권1. 「白蓮九曲櫂歌 幷小序」.

먼저 서시序詩에 해당하는 작품을 보자.

> 연꽃의 상서로운 빛깔에 신령스러움이 숨겨져 있고
> 蓮華瑞色秘神靈
> 그 속에 건곤이 있어 만상이 맑네. 中有乾坤萬象淸
> 홀로 고깃배에 기대어 노를 치며 노래 부르니
> 獨倚漁舟歌扣枻
> 천년 창주를 거슬러 오르는 소리라네. 滄洲千載溯遺聲[28]

위 시는 「백련구곡도가」 9수 앞에 서시처럼 있는 작품이다. 셋째 구와 넷째 구를 통해 알 수 있 듯 「백련구곡도가」는 주자에게서 그 연원을 찾을 수 있다는 것이다.

그리고 위 시에 "연화산 가운데에 별천지가 있어서 참으로 은거하는 사람이 이리저리 돌아다니기에 알맞다"蓮華山中別有天 正合隱者盤旋라는 내용으로 도와가 스스로 붙인 주註가 있다. 아름다운 연화산 가운데서도 그가 은거하는 백련서사가 있는 곳이 더욱 빼어나다는 의미이며, 그곳이 도와 같은 사람이 장수하기에 아주 알맞은 곳이라는 설명이다.

즉 위 작품은 태을담 속에 깨끗한 별천지가 있어 세속의 번잡함과는 상관없이 이곳에서 노를 치며 뱃노래 부르면서 천년토록 변함없는 창주(푸른 물가)를 거슬러 오른다고 하였다. 변함없이 창주를 거슬러 올라간다는 표현은 공부, 즉 장수를 지속적으로 하겠다는 의지를 거듭 다짐하는 것이다. 즉 도와는 이곳이 장수지처로 적당하며 또 그렇게 살고 있음을 시적 형태로 보여주고 있다.

구곡 가운데 두 번째 곡도 한번 보겠다.

---

28 위의 책, 권1.

이곡은 침계루로 자하봉을 받아들이고 二曲溪樓納紫峯
오랜 시간 절을 하니 그 얼굴이 우뚝하네.
長時拱揖偃蹇容
도인과 선사는 잠 들지 못해 향 피워 앉으니
道禪不寐焚香坐
맑은 풍경소리 속에 수풀이 만 겹이네. 淸磬聲中樹萬重[29]

위 시는 침계루에서 밤을 새우며 도와와 스님이 정담을 나누는 정취를 담아내고 있는 작품이다. 셋째 구의 도인은 바로 시적 화자인 도와를 말한다. 즉 위 시는 도와가 백련서사에서 장수의지를 나타내며 생활하는 모습을 그대로 읊고 있다.

위 시에는 "장천사의 침계루는 자하봉 아래에 있다"川寺枕溪樓 在紫霞峯之下라는 주가 달려있다. 그러니까 침계루는 장천사에 있던 누각이며, 장천사는 백련서사 근처에 있던 절의 이름이다. 자하봉은 장천사 뒤쪽 봉우리이다.

삼곡도 보자.

삼곡은 물이 빠르게 흘러 배가 뒤집힐까 경계하고
三曲奔流戒覆船
푸르고 서늘한 바위에 앉으니 하루가 일 년인 듯하네.
蒼凉坐石日如年
은자를 초대하는 문장을 짓고 나니 앞길이 혼미하고
賦成招隱迷前路
바람 부는 티끌세상 홀로 서니 뜻이 가련하네.

29 위의 책. 권1.

獨立風埃意可憐[30]

위 시는 빠르게 흐르는 물굽이에서 배가 뒤집힐까 염려하면서 은거하는 선비를 초대하는 글을 짓고 나서 앞길을 잃었다. 속진에 혼자 서 있는 자신의 듯이 가련하다고 자위하고 있는 작품이다.

위 시에도 "부도동에는 위아래에 돌로 된 못이 있다. 지금 그 이름을 고쳐서 구도동이라고 부른다."浮屠洞有上下石塘 今改爲求道洞라는 주석이 적혀 있다. 부도동은 절이 있는 골짜기라는 뜻이다. 그곳에 장천사가 있기 때문에 붙은 이름이고, 구도동은 도를 구하는 골짜기라는 뜻이다. 도와는 거기에 정자를 짓고 살면서 스스로 은자의 도를 구하고 있다. 즉 도를 구한다는 말은 장수 의지를 표현한 것으로, 구도동에서 장수한다는 의미이다.

다음은 구곡을 보자.

구곡은 소요인데 가파른 절벽으로　　九曲逍遙壁嶄然
널찍하고 평평한 언덕이 긴 시내를 기르고 있네.
平坡浩浩畜長川
맑고 빈 보배로운 거울이니 속진에 걸림이 없고
淸虛寶鑑無塵累
구름 그림자와 별빛이 한 하늘에 함께 있네.
雲影星光共一天[31]

위 시는 넓고 평평한 언덕과 그 사이에 있는 녹우담鹿友潭이라는 이

30 위의 책. 권1.
31 위의 책. 권1.

름의 못을 그린 작품이다. 위 시에도 "녹우담 위에는 절벽이 있는데 이것을 소요逍遙라고 한다."鹿友潭上 有絶壁 是謂逍遙라는 주석을 붙이고 있다. 소요는 녹우담 위의 벼랑이다.

녹우담은 '사슴을 벗하는 못'이라는 의미이다. 그래서 녹우담은 속진의 걸림이 없는 거울과 같은 존재여서 거기에는 구름과 별빛이 하늘을 공유하면서 함께 비치고 있음을 표현하고 있다. 이것은 표면적으로는 상징하지만, 결국은 도와 자신을 투사시키는 말이다. 즉 세속의 허물로부터 벗어나 맑고 청정한 삶을 살며 장수하고자 하는 도와 자신의 의지를 투영시킨 작품이다.

다음은 월하(月荷·1773~1850) 스님이 도와가 세상을 뜬 지 5년 후에 수옥정을 찾아 도와를 추억하며 쓴 시다. 시제는 "도와 최상사공은 나와 뜻을 같이하는 바가 있었다. 불행히도 세상을 버렸고, 그 후 5년이 지나 장천사에 볼 일이 있어 갔다가 수옥정에 올랐다. 비통한 마음을 이기지 못해 이전의 운을 따라 시를 지어 회포를 풀었다."이다.

객이 빈 정자에 앉아도 학은 돌아오지 않고
客坐虛亭鶴不回
한가로운 계곡의 구름은 옛 널따란 바위를 가두네.
溪雲閒鎖舊岩臺
전날 도와옹은 나이 아직 여유 있었고 陶翁前日餘齡在
오늘 아침 혜원선사는 크게 한 번 웃네. 惠遠今朝一笑開
가을비가 막 개어 달의 색이 새로우니 秋雨初晴新月色
해질 무렵 산은 자줏빛으로 연이어 있어 고인이 생각나네.
暮山連紫故人懷
남기신 시 홀로 읊으니 마음 서글퍼져 獨吟遺饗心惆悵
나는 석양에 눈물 흘리며 장천사로 발길 재촉하네.

俺淚斜陽下寺催

〈陶窩崔上舍公 與吾有所取 不倖 卒後五年有事障川寺 登漱玉亭 不勝悲愴 拈前韻敍懷〉[32]

위 시에서는 법명이 계오戒悟인 월하스님이 도와가 세상을 버린 후에 수옥정을 찾아 그와의 인연을 되새기며 그리워하는 마음을 읊었다. 도와와 어떤 인연이 있었는지는 알 길이 없으나 그가 경주 출신인 데다 언양 석남사 주지를 역임하였기에 수옥정을 방문하여 교유를 하였던 것 같다. 월하는 비어있는 수옥정에 앉아 있으면서 티끌세상의 일을 잊고 오로지 이곳에서 장수하였던 도와를 생각하다가 어둑해져서야 장천사로 발길을 돌렸다. 어쩌면 「백련구곡도가」 가운데 제 이곡의 시에서 도와와 밤새도록 정담을 나누던 그 스님은 아닐까?

위에서 살펴보았듯이 도와는 백련서사를 중심으로 읊은 시를 통해 세상의 허물에서 벗어나 청정한 삶을 살아가고자 하는 마음을 묘사하고 있다. 그런 한편으로 드물게 대곡천에 구곡을 선정하여 경영하면서 구곡도가를 지어 장수 의지를 강하게 나타내고 있다.

Ⅳ. 끝맺는 말

이상으로 도와 최남복의 생애와 그의 시세계를 대략적으로 고찰하였다. 그의 296수의 시를 분류해 본 결과 시세계는 크게 교유 관련 시

32 月荷.『伽山集』권1.

와 유람 관련 시, 백련서사를 중심으로 읊은 시로 구분되었다.

'교유 관련 시'에서는 벗들과의 수창 또는 증답시 등에서 알 수 있듯이 무욕, 무위의 마음을 드러내고 있다. 이는 시인의 본질적인 심성인 자성심自性心으로 추측된다. 그러면서 영물이나 수창을 하는 상황을 묘사할 때는 따스하고 한없이 무욕한 시선으로 그려내면서 사람이든 상황이든 모두 받아내고 있다. 즉 벗들과의 관계에서 읊은 그의 시에서는 '한의 정서'가 배경에 자리하고 있음을 알 수 있다.

'유람 관련 시'에서는 산수나 상황을 묘사할 때 따스한 시선으로 덤덤하게 관조하듯 사실적으로 그려내고 있다. '관조의 정서'로 시를 읊는 태도이기 때문이다. 즉 일상생활에서 맞닥뜨리는 모든 관계를 묘사할 때 그는 관조적 시선을 유지하고 있다. 이는 그의 원래의 마음이 그렇겠지만 세상의 명리를 다 벗어던진 은자였기 때문에 더욱 그러한 시적 장치를 사용하였을지도 모른다. 도와에게 관조의 정서란 번뇌와 욕심을 벗어난 진여의 의미와 같을 것이다.

도와는 먼 지역까지는 유람을 하지 않고 부산과 양산, 포항을 비롯한 동해안 등지 정도만 다녔다. 그건 아마도 백련서사를 멀리 벗어나지 않으려는 시인의 마음 때문이었을 것으로 보인다. 백련서사로부터 멀어지면 애초에 다졌던 장수에 대한 의지가 약해질까 그런 것인지도 모른다.

'백련서사를 중심으로 읊은 시'에서는 장수를 하려는 시인의 굳고 단단한 마음이 읽힌다. 그건 수옥정 낙성시에서도 보았듯 그 공간에서 편안하게 즐기기만 하면 장수하려는 마음이 달아날지도 모른다며 염려를 하고 있다. 즉 그는 은자의 삶을 살아가지만 자나 깨나 공부하는 마음을 잃지 않으려는 절개와 같은 선비의 마음인 '장수 의지'를 나타내고 있다. 그래서 「백련구곡도가」를 통해 유유자적하는 생활을 보여주지만 그 저부에는 결코 원래 먹은 장수 의지를 잃지 않으려는 강한

희구심이 읽히는 것이다.

도와가 연화산에 백련서사를 지어 경영한 것은 결코 현실도피적인 자세가 아니라 티끌 세상에 야합하지 않고 선비로서의 절의를 지키기 위한 것이다. 따라서 그의 이러한 삶의 철학은 은거해 장수하려는 명철보신이자 위기지학을 실천하려는 것에 다름 아니었다. 18세기와 19세기 초에 경주에서도 중앙의 정세에 연계해 크고 작은 사건들이 일어났으며, 향반사회에도 기존의 문화와는 새롭고 다양한 문화가 얽혀 일어나기 시작하는 등 혼란스런 상황으로 변모하였다. 그런 차원에서 본다면 도와의 이러한 특별한 삶의 지향은 중앙이 아닌 경주 지역의 문사들에게 있어 중요한 의미를 지닌다고 할 수 있다. 그리고 애초에 다졌던 마음을 끝까지 고수했다는 사실에서도 그의 학문과 문학의 지향점이 어디에 있었는가를 여실하게 보여주었다고 할 수 있겠다.

앞으로 도와에 대한 보다 다양한 연구가 진행돼 그의 문학과 학문, 그리고 사상 등이 여러 각도에서 조명이 되길 바란다. 그는 18세기 경주지역에서 장수 의지를 실천하며 특별한 삶을 살았던 문사였기 때문이다. 그러한 작업을 통하여 천년 왕도였던 경주지역의 문화와 문학의 층위가 어떻게 적조되었는지를 규명할 필요가 있다고 생각한다. 그게 바로 우리나라 전체의 문화지형도를 만들어내는 필수 작업인 것이다.

참고문헌

金龍翰. 『念睡軒集』.
月荷. 『伽山集』.
鳴瑗. 『月谷集』.
李覲吳. 『竹塽集』.
李運協. 『愼巖集』.
趙友慤. 『蒼軒集』.
崔南復. 『陶窩集』.

劉若愚. 1994. 『中國詩學』. 李章佑 역. 明文堂.
조철제 편저. 2004. 『경주문집해제』. 경주시·경주문화원.

성범중. 2010. 「구곡원림과 울산의 구곡제영-도와 최남복의 「백련구곡도가」와 천사 송찬규의 「반계구곡음」」. 『한시 속의 울산 산책-울산의 경승과 사람살이』. UUP(울산대학교 출판부).
이종호. 2010. 「영남선비들의 구곡경영과 최남복의 백련서사」. 『영남학』 18. 경북대학교 영남문화연구원.
정종진. 1993. 「한국 현대 시평과 觀照론」. 『語文論叢』 8. 청주대학교.

저자소개

저자소개

김남기 : 우와 이덕표의 삶과 문학 세계

서울대학교 국어국문학과를 졸업하고 안동대학교 한문학과 교수로 재직 중이다. 규장각한국학연구원의 조교와 연구원으로서 간행 서적의 해제와 번역 등의 작업을 하였고, 안동대학교 퇴계학연구소의 연구원과 소장으로서 퇴계학연구소 '퇴계학자료총서'의 표점과 해제, 한국고전번역원 '권역별거점연구소협동번역사업'의 교열 작업을 진행하였다. 논문으로 「삼연 김창흡의 시문학 연구」, 「열성어제에 실린 국왕의 제화시 연구」 등이 있고, 국역서로는 ≪야연만록≫, ≪국역 열성어제 2~5≫ 등이 있으며 ≪소현동궁일기≫ 등을 공동 번역하였다.

E-mail: knk5671@andong.ac.kr

황동권 : 자희옹 최치덕의 「역대사기」 연구

계명대학교 대학원 국어국문학과(한문학 전공) 박사과정을 수료하였고, 현재 계명대학교 한문교육과 강사로 재직하고 있다. 영남학파 문학에 관심을 가지고 연구하고 있으며, 역서로는 『천사일로일기』(공역), 『국역 학음집』(공역) 등이 있고, 논문으로 「八友軒 趙普陽의 〈擬恨賦〉에 대하여」, 「滄洲 李昌鎭의 생애와 우언작품 연구」 등이 있다.

E-mail: kwon0637@hanmail.net

최종호 : 활산 남용만의 금수에 대한 시적 형상화

영남대학교 한자문화연구소 연구원. 서애 류성룡의 시문학 연구로 박사학위를 취득했다. 최근 논문으로 「정조와 문답한 '詩經講義' 연구(2021)」, 「西厓 柳成龍의 家書 연구(2020)」, 「다산 시에 있어서 개에 대한 상징과 그 의미(2018)」 등이 있고, 역서로 『敬庵集(2018)』 『震彙續攷(2018)』, 『蒼菱集(2015)』 등이 있다.

E-mail: jongho2327@naver.com

이규필 : 18세기 영남 남인 관료의 삶과 문학
- 약남 이헌락을 중심으로

계명대학교 한문교육과를 졸업하였다. 경북대학교 한문학과에서 석사학위를 취득하고, 성균관대학교에서 박사학위를 취득하였다. 현재 경북대학교 한문학과에 재직하고 있다. 한국한문학과 동아시아경학 및 고전번역학 등에 관심을 가지고 연구하고 있으며, 번서로는 『국역 무명자집』, 『묵자간고』(공역), 『수사록』(공역) 등이 있고, 「荻生徂徠의 古文辭學에 대한 반성적 고찰」, 「大全本 四書集注의 音注에 대한 고찰」등 다수의 논문이 있다.

E-mail: gdfeel@hanmail.net

한의숭 : 목재 황곡의 잡저 연구

경북대학교 한문학과를 졸업하고 동대학원에서 문학박사 학위를 받았다. 현재 전남대학교 인문학연구원 부교수로 재직 중이다. 저서로는 『19세기 한문중단편소설의 세계』가 있고, 논문으로는 「嶺南 南人의 祭文을 통해 본 家族의 의미」, 「〈芝峯傳〉의 성격 재고」, 「『闡幽錄』 계열 '雜錄'의 유전 양상 연구」 등이 있다.

E-mail: lovehes@hanmail.net

김윤조 : 청성 성대중과 몽암 정희의 교유

계명대학교 한문교육과를 졸업하고, 성균관대학교에서 석사, 박사학위를 취득하였다. 현재 계명대학교 한문교육과에 재직하고 있다. 18세기 후반의 문학과 함께 논어 연구를 전공으로 삼고 있다. 저서로 『배움의 기쁨을 기록한 논어』(계명대학교 출판부, 2018)가 있다.

E-mail: yunchao@hanmail.net

구진성(具珍成) : 설파 손성악의 생애와 산수 유람의 의미

경상대학교 한문학과 대학원에서 『17세기 남명학파 동향 연구』로 박사학위를 받았다. 현재 경남 산청군 시천면 소재 한국선비문화연구원에서 연구원으로 근무하고 있다.

E-mail: aaqqaa9@hanmail.net

조해훈 : 도와 최남복의 생애와 시세계

영남대학교 사학과에서 학부와 석사를 졸업하고, 부산대학교 고고학과에서 박사과정을 수료한 후 신라대학교에서 한시 연구로 박사학위를 취득하였다. 현재 동의대학교 사학과(외래교수)에서 강의를 하고 있다. 우리나라 한시와 고전인문학 등에 관심을 가지고 연구하고 있으며, 저서로는 『필사본 화랑세기로 본 풍월주의 세계』, 『조해훈의 발굴 유적 순례-부산·울산·경남지역』 등이 있고, 「한시에 타나난 선계(仙界)로서의 칠점산(七點山)」, 「농수 최천익의 詩에 나타난 交遊 양상」 등 다수의 논문이 있다.

E-mail: massjo@hanmail.net

18세기 경주의 문인과 문학

초판1쇄 인쇄　2021년 10월 10일
초판1쇄 발행　2021년 10월 20일

지 은 이　계명대학교 한국학연구원 편
펴 낸 이　신일희
펴 낸 곳　계명대학교 출판부
출판등록　제347-1998-1호(1970. 9. 1)
주　　소　대구광역시 달서구 달구벌대로 1095
대표전화　053-580-6233
팩　　스　053-580-6235
홈페이지　www.kmupress.com

ISBN 979-11-6516-090-6　93810　　정가 27,000원